台湾地区文化产业与
文化营销

○ 马群杰 著

科学出版社
北京

图书在版编目(CIP)数据

台湾地区文化产业与文化营销 / 马群杰著. —北京：科学出版社，2011.2
ISBN 978-7-03-030109-3

I. ①台… II. ①马… III. ①文化–产业–研究–台湾省②文化–市场–
市场营销学–研究–台湾省 IV. ①G124

中国版本图书馆 CIP 数据核字(2011)第 013375 号

责任编辑：侯俊琳　郭勇斌　苏雪莲/责任校对：邹慧卿

责任印制：李　彤 /封面设计：高海英

编辑部电话：010-64035853

E-mail：houjunlin@mail.sciencep.com

科 学 出 版 社 出版
北京东黄城根北街 16 号
邮政编码：100717
http://www.sciencep.com

北京凌奇印刷有限责任公司 印刷
科学出版社发行　各地新华书店经销
*

2011 年 6 月第　一　版　　开本：B5 (720 × 1000)
2022 年 2 月第三次印刷　　印张：13 3/4
字数：227 000

定价：**68.00** 元
(如有印装质量问题，我社负责调换)

序　言

杨开忠[*]

在智力-文化经济时代，消费、生产越来越重视文化意义为文化产品和服务创造着日益广阔的市场，而信息科技的发展则不断提高了文化产品和服务的生产率，从而不断丰富了文化产品和服务供给能力。因此，随着消费模式、竞争模式发展和科技进步，20 世纪 90 年代以来，文化创意产业已经成为世界性的朝阳产业，地位越来越重要，已成为许多国家和地区经济的支柱产业。例如，美国文化产业的产值已占 GDP 的 18%~25%，400 家最富有的美国公司中有 72 家是文化企业，美国音像业已超过航天工业居出口贸易的第一位。英国是仅次于美国的世界第二大创意产品生产国， 2001 年创意产业产值达 1120 亿英镑，占 GDP 的 8.2%。瑞典大约有9%的就业人口从事文化创意产业。日本文化娱乐消费占国民生产总值的4%，娱乐业产值仅次于汽车工业。2002 年韩国文化创意产业增加值达到了 GDP的 6.57%。澳大利亚 2000 年文化产业占 GDP 的 3.3%，占就业人口比重的 3.70%。另外，文化创意产业已成为国际贸易中的重要组成部分。另据联合国教科文组织（UNESCO）公布的《1994~2003 核心文化产品和服务的国际贸易趋势：定义和掌握全球文化贸易趋势》，全球文化产品（包括古物、出版品、音乐产品、视觉艺术产品及视听产品）贸易总额从 1994 年到 2002 年增长了近一倍，从 392 亿美元增加到 592 亿美元。

我国历史悠久，文化丰富。随着经济发展和人民生活水平的提高，文化创意产业逐渐兴起，正在成为当今中国内地经济发展中的一个亮点和中华文化艺术复兴繁荣的一个引擎。2006 年 9 月《国家"十一五"时期文化发展规划纲要》的发布，预示文化大繁荣大发展开始成为积极的国家战略。中共"十七大"提出：中华民族伟大复兴必然伴随中华文化的繁荣兴盛。要充分发挥人民在文化建设中的

---

* 著名学者，北京大学政府管理学院教授、博士生导师。

主体作用，调动广大文化工作者的积极性，更加自觉、更加主动地推进文化大发展大繁荣，在中国特色社会主义的伟大实践中进行文化创造，让人民共享文化发展成果。这标志着文化大发展大繁荣正式列入国家战略。

北京是 20 世纪 90 年代以来中国内地开始着力建设的最重要的现代国际城市之一。作为中国政治中心和文化中心，北京建设国际城市的一个特别重要的定位和目标，就是形成"具有高度包容性、多元化的世界文化名城"。自 20 世纪 90 年代中以来，随着自身经济逐步步入服务经济时代，适应智力-文化经济发展的世界潮流和国家文化大发展大繁荣的需要，北京开始通过推动向以文化资源和价值为基础的文化经济转型来加强世界文化名城的建设。这集中表现在：1996 年 12 月北京市委、市政府出台的《关于加快北京文化发展的若干意见》在中国内地率先提出"大力发展文化产业，使其成为北京的支柱产业之一"，标志着文化创意产业被提高到战略高度上来。2005 年发布的《北京市文化产业发展规划（2004~2008 年）》进一步强调使文化产业成为首都经济新的支柱产业、成为推动首都率先基本实现现代化的重要力量。2006 年北京市成立了高级别的市文化创意产业发展领导小组，制定和发布了《北京市促进文化创意产业发展的若干政策》和《北京市"十一五"时期文化创意产业发展规划》，明确提出把文化创意产业放在优先发展位置，使文化创意产业成为首都经济的重要支柱，争取文化创意产业增加值年均增长 15%左右，到 2010 年，文化创意产业增加值占全市地区生产总值超过 12%。

我从 2006 年 1 月起,在保持北京大学经济学与公共政策研究和教学工作的同时，任北京市发展和改革委员会副主任兼北京市经济与社会发展研究所所长。根据时任北京市发展和改革委员会主任、现任北京市副市长丁向阳同志的安排，我和北京市发展和改革委员会社会处、产业处的有关同事一起承担起研究起草《北京市促进文化创意产业发展的若干政策》的任务。这件事情使我有机会更加深入探讨文化创意产业的理论与实践。我以为，台湾地区在早些时候就开展的文化创意产业理论与实践工作对中国内地有参考和借鉴意义。于是，我安排北京大学首都发展研究院、北京市经济与社会发展研究所联合主办的内部刊物《决策要参》连续刊载了台湾地区在这方面的文献。同时，我请来台湾中山大学的马群杰博士并同他商量，他的博士后研究选题是否可以在台湾地区文化创意产业理论与实践方面加以考虑，以促进两岸文化创意产业理论与实践的交流与合作。结果是一拍即合。

在北京大学政府管理学院博士后流动站期间，马群杰博士专注于台湾地区文化创意产业与地区发展关系的理论与实践研究。他的研究，取得了较深入、较系统、较高水平的成果。这些成果整理、分析和评价了台湾地区文化创意产业先进的经验、政策体系，发现文化产业发展过程中的政府政策规划虽然重要，然而文化公众参与更不宜偏废。同时，这些成果也建议台湾地区在推展既有文化产业发展政策的同时，应兼重导引公私群体协力合作，藉由探求多元社群团体的需求，结合多元社群参与及导引民间资源投入机制，以期避免在文化产业发展政策推展过程中，产生解决错误政策问题的盲点。我相信，这项研究既有助于丰富台湾地区文化创意产业理论与实践，也有助于内地各地区借鉴台湾地区文化创意产业发展的经验与教训。

摆在读者面前的这本书即为马群杰博士后研究主要成果的系统梳理汇编。我希望，这本书的出版对两岸地区文化创意产业理论与实践的交流与合作有所帮助，并愿读者透过对本书的展阅能广泛吸收我国台湾地区文化创意产业发展经验，为推进文化大发展大繁荣做出新的贡献。

北京大学政府管理学院

杨开忠

2008 年 10 月于燕园

自　序

本书的出版，乃是基于个人作为炎黄子孙对中华文化怀抱憧憬的成果。

与内地学术情谊的建立，始于 1998 年我就读硕士班时与哈尔滨工业大学的交流联系。由当时的交流，个人首度感受到海峡两岸中华文化的同气连枝。也正是基于对中华民族血浓于水的深刻体会，导引个人于 2004 年时，争取到台湾地区"内地委员会"的奖助机会，到广州中山大学政治与公共管理学院进行博士课题取材。

在广州中山大学期间，自己除对所需研究主题进行数据搜集及与政务学院行政管理研究中心之老师进行对谈之外，更基于赴内地之前与学院老师及师兄弟的沟通联系，所以彼此相处时也极其融洽，未见隔阂，由此建立了较好的学术情谊。另外，学院在要求其博士生报告或学校相关研讨汇报时，也多提前通知，由于个人期望藉由更多学术与生活观摩互动，以达成更好的交流成果。因此关于政务学院所举办的开题、解题、毕业生预答辩及与指导老师的 Meeting、Proposal 等活动，自己也本着积极参访的学习态度，尽可能出席并参与研讨。因为政务学院当中有专研地方与区域发展方向的课题，所以在当中也要求学生进行专题发表，内容是对自己现正进行的学术研究与方向进行说明，并描述台湾地区相关研究的发展现状。多次的心得交流，不仅促使我对于两岸公共管理学术研究与地方发展现况有了初步了解，更扩展了我原本狭隘的研究视域。

除了进行学术研究与数据汇整之外，我还积极搜集信息，以"读万卷书不如行万里路"之心态，期望藉由勤走各地来了解内地南方沿海城市之地方发展实况。因此在各方协助之下，自己尝试下乡进行田野调查，藉以亲身体验内地居民的生活与想法。基于如此思维，个人足迹遍及广东与福建两省及珠江、东江、西江和北江，亦曾到达广西与湖南边界，当中包括广东省经济文化重镇广州市越秀、东山、海珠、荔湾、天河、白云、芳村及黄埔港等八中心城区与广州经济开发区，另有经济特区深圳盐田与蛇口两港、珠海及福建省会福州、外港马尾，其他还有中山市孙中山故居、东莞市、佛山市、肇庆市七星岩、鼎湖山、清远市、连州市地下河、连南瑶族自治区等十数地级市、县级市以及乡镇,搭乘过十数种在台湾时未见之交通工具,所宿者自学校留学生楼至地方民舍,亲眼见识到一般内地旅行所未能亲见之人事景物。此时心中除了有大开眼界之感外,更深刻体会到有别于台湾的风土民情与中华文化迷人的多元风貌。

基于此行的体验,个人也将探索中华文化的触角由南至北不断延伸,及至东北与西北封疆之界。详言之,东北包括旅顺、大连、沈阳、长春、吉林、哈尔滨与黑河,西北含括西安、天水、兰州、武威、张掖、酒泉、嘉裕关、敦煌、吐鲁番、乌鲁木齐与喀纳斯。综此前后,自己在长达十年的交流期间,走访了清华大学、中国人民大学、北京航空航天大学、中山大学、哈尔滨工业大学、西安交通大学、吉林大学、东北财经大学、武汉大学、厦门大学、福州大学、兰州大学、澳门大学与北京中华文化学院,最后落脚于首都的北京大学,自己在此领略到大国河山最真切的风土民情与最深沉的古文化之美,也由此启迪个人在获得博士学位后再度踏上学术征途的思维,并延伸至进一步享用难能可贵的博士后心灵盛宴。

思想的启蒙不仅在于大学的涵养,更在于大师的指导,个人何其有幸,可以两者得兼!

负籍北上,穿梭两岸,身为台湾地区首位进入北京大学进行博士后研究的工作者,所为的不仅是怀抱对北京大学的学术景仰,还是追求更远大的学术挑战;就个人所专注的政府管理研究专业而言,学术研究的重点除了在于掌握公共管理策略的行动规划外,更重要的在于应怀抱对历史人文的缅怀遥想,慎思民族的长远发展愿景,以此惕励出人生于世的公共价值!在时序进入到2008年8月8日北京奥运举办倒计时的今日,若能经由文化与理念的交流沟通,达成两岸互利共荣,这应是可见的未来对海内外中国人都较好的发展途径!也就是基于此,个人期望透过学术研究的系统论述与对台湾政策的实务引介,为华夏民族的复兴尽己之心,为再创美好的中华文化盛世而提供绵力。

在从事博士后研究工作期间,北京大学政府管理学院的杨开忠老师是我最感谢的贵人,因为有杨老师,我才能获得一个钻研与拓展学术视野的挑战机会;再者,万鹏飞老师也提供给我极大的学术资源与极有益的研究建议。此外,陆军老师关于评审事项的安排以及政府管理学院其他各位老师的指教,促使个人科研成果的展现更臻完备。对于以上老师的协助,或许只有范仲淹《岳阳楼记》所提的

"微斯人，吾谁与归"能表达个人最深刻的感受！最后则是程宏老师与李雯，他们的热心协助使远道而来的我感受到首都人民最温暖且真挚的情意。

如果说北京大学的老师是我学术生涯当中的贵人，那么我的父亲马武雄先生与杨雪韶女士就是我人生旅途中的最大贵人。是他们的鼓励与支持，我才能在辛苦而繁杂的学术旅程中，逐渐掌握到更深刻的人生哲学。这些人生哲学或许并不像学术理论般精深，却弥足珍贵，这些人生哲学为我日后的学术生涯奠定了更坚实的基础，也才能使我在面临一次又一次的挫折时，站稳脚跟，逐步前行。最后该感谢的则是我的手足马翠鸿与马义程，乃至于晓平、佩琪、建宁兄，以及蓝伯父母合家，也是他们的关心才使得我的研究最终得以修整至较完美的成果呈现出来。何其有幸，我能得到大家的协助，仅能藉由寥寥数语，表达个人最深刻的谢意与敬意！

本书的出版，特别应该感谢台湾地区中山大学汪明生教授、台北大学陈金贵教授、暨南国际大学黄钲堤教授、东海大学史美强教授以及台南大学胡兰沁教授在学术生涯上对个人的提携和扶持。此外，也该感谢台湾联电集团的曹兴诚先生，曹先生对中华民族和平共处文化的精辟阐述拓展了我对公共价值的理解视域，并为我未来研究的推展提供了更接近实务面的思维探索空间。最后，由于有科学出版社侯俊琳先生与台湾台南大学何家英小姐在本书出版过程中的协调联系，本书才能顺利付梓，个人在此也一并致意！

最后再一次感谢在博士后研究工作期间，北京大学政府管理学院、北京大学首都发展研究院及北京大学博士后管理办公室诸老师暨助理的悉心指点、协助照料，令个人有机会与全中国最优秀师生相聚一堂，并由其中获得极多研究启发，谨此致上最诚挚的感谢！

学术研究是辛苦也是甘甜的。辛苦之处在于过程中的秉烛夜读，甘甜之处在于研究完成后的晨曦拂面，两者的交汇，不正是我们人生最完美写照吗？

2008 年 8 月 8 日

谨志于 北京大学

目　　录

表 目 录

图 目 录

第一章 导 论

在面对加速变化的外部环境时，各国有条件的城市、地区和企业都开始抱持世界级标准来看待未来市场的竞逐，意识到要走向成功，首先得放眼全球，而后力争达到世界级水平。地方优势的形成不仅取决于各种内生性发展条件的成熟，其与全球其他区域的竞逐亦已成为当前最主要的发展趋势，地区营销的观念也由此应运而生。在面临亚太各大都会竞逐发展的情势下，应如何灵活地运用策略性规划才能奠定最有利的地区发展基础？是否能透过前瞻性营销(marketing)替代传统的促销(promotion)策略来唤回地区民众对居住城市的荣耀感，进而聚集世人的目光，使城市足以在往后的国际竞逐中占有一席之地，应该是当前我们要仔细探究的地方发展课题。

在地区的营销规划中，吸引观光游客、发展休闲事业、筹办会议产业、吸引商务投资进驻、创造就业机会，以及吸收高素质人才落户定居是六种最主要的发展策略，这六种发展策略的筹划重点在于藉由地区特殊性的考虑，引领出地区对外界的吸引力，促成地区特色品牌的经营。就此方面，文化与产业结合的发展，应可视为更具深层意涵的地区营销行动。进言之，以地区特有文化为基础，透过文化人力资源的创意理念与创新手法，导引文化产品与文化服务的生成，塑造本身特有的地区品牌，以促成地区营销所追求的吸引顾客进入地区从事观光、休闲、会议、投资、就业与定居，从而创造出地方有形与无形的文化附加价值。这也就是一种有形与无形文化的加值转型，也是文化、创意与产业的结合，更可视为一种藉由文化产业发展达成地区文化营销目的之理念运作。

地区文化营销不仅是一种强调企业性的地方发展行动，更是一种藉由文化投资与建设促成公共价值创造的规范性地方管理策略。其重视寻求切合文化发展环境的资源支持，衡量进行地方文化营销时地区本身资源的可及性，进而促进地区自我改造行动。换言之，依此观点进行的营销作为，不仅应重视地方文化产业发展目标的达成，且应关切由此行动所带来的地区文化资产的价值转型，以及高素质人力资源的引进，最重要的更在于是否能在追求文化经济活动与文化活动兴办之时，兼重地方民众参与文化公共事务讨论的热情。这是本书在从事文化产业发展研究时，吾人寻思最应深层掌握并深切体会的公共价值创造观点。

中华文化源远流长，文化底蕴精深，藉由亲近珍贵的中华文化遗产能达到精神心灵的升华，但在全球化的浪潮下，如何促成地区文化与全球脉动接轨，以提升地区文化的附加价值？如何透过创意加工，将古老的传统文化精髓与当前 21世纪的开放社会加以融合，以呈现出中华文化的新时代风貌？而在文化产业的推展过程中，除了文化与经济的因素外，文化人力素质的提升、高技术含量人才的引进，以及地区民众对文化发展事务的讨论，都与地区文化产业发展的成果良窳，息息相关，密不可分。上述议题或许是当前我们讨论到地区推动文化产业发展时更应深入探究的重点课题。

基于台湾地区保存有中华民族固有文化的丰厚遗产，经过多年的发展规划，已具备较好的全球化接轨经验，而普及的教育也使台湾奠定起深层的服务业基础，培养出具有高度服务理念的文化人力资源，从而促成台湾地区文化产业的进一步发展。由此，台湾地区当前文化产业发展所面对的理论议题、政策实务与相关行动成果，实可视为五千年中华文化发展历程中，较为特殊且值得参考的实践范例。

第一节　台湾地区文化产业发展背景概述

一、永续思考下的地方文化产业发展政策取向

到 21 世纪中期，由于跨国经济活动的发展、信息通信科技的进步，以及网络发达的大众传媒等因素，所谓全球化的趋势已在世界各地如火如荼地展开[①]。随着全球化的冲击，在美国、英国及日本，由于中央政府逐渐面临传播与沟通模式的快速进展及财政收入上的困境，因此无力顾及地方发展。这种传统的国家主权逐渐削弱的趋势，促使地域间的实质距离缩短，以致各地区或城市成为全球竞争市场中的单一元素，造成地方面对面的激烈竞争。换言之，在全球化经济发展、

---

① 明居正. 2000. 全球治理：趋势与局限. 新世纪智库论坛，(11): 36~42

国与国之间界限已不再重要的现在，随着跨国资本的流动及流动空间的形成，一种全球化城市(globe city)或世界都市(world city)的结构新风貌正逐步浮现，这便是地方经济发展兴起的开端①②。

基于上述情势，1999年3月在澳大利亚布里斯本举行的亚太城市会议即指出，未来世界政治进步与社会安定的重心已由"nation state"转移至"city state"，也就是城市(地方)③发展主导国家走向。换言之，以往所重视的经济发展问题通常以较大范围的区域为探讨的对象，如国家经济发展、区域经济发展或全球经济发展等，转而为兼重小范围的地区与都市发展课题；同时随着国际竞争日趋激烈，地区兴起、地方自主已然成为区域发展最有效的方向④。

基于全球化与在地化发展逐步走向整合的趋势，全球各地区间兴起利用文化以创造资源的新思维。地方在保存其本身文化传统的基础上，藉由各地区间的文化交流，共同运用各项文化资源，汇集成全球共同资产(world heritage properties)⑤。基于全球共同利益的思维，文化与经济产业走向结合，这种结合不仅关注既有文化的保存，还在兼顾文化资产(包括有形资产与无形资产)的永续维护与发扬利用的基础上，促成地区发展资源进一步得到提升。

为求深入探求文化与经济结合的内涵，在1999年5月举行的欧洲文化产业会议上，来自22个国家的250位与会代表齐聚德国的埃森，共同讨论文化产业在欧洲城市与地区成功发展的模型及其条件因素，并于会后发表《埃森宣言》(*Essener Erklärung*)⑥，明确列出文化产业与文化经济发展的十项指导原则，其中除认为文

---

① Sassen S. 1991. The global city: New York, London, Tokyo. Princeton. NJ: Princeton University Press

② Manuel C. 1998. 网络社会之崛起. 夏铸九译. 台北：唐山出版社

③ 本书所探讨者为相对于"中央政府"主导供给导向的地方/地区需求导向发展模式，并依台湾地区目前发展现状探究有别于传统"中央政府"主导规划的当代由下而上的地方发展行动，因此在书中即将地区(place)、地方(local)、城市(city)与都市(urban)并同讨论，其探讨概念均无二致。

④ Jacobs J. 1993. The death and life of great American cities. New York: Modern Library

⑤ Garriaud-Mayla J. 2007. Intangible patrimony, cultural diversity and sustainable development. "Cultural Diversity and Sustainable Development: a Dialogue between Taiwan and Europe" International Forum. Taiwan: Kaohsiung, May 25~26

⑥ 《埃森宣言》所列出的十项指导原则为：文化产业是一个自主的经济场域；文化产业是以未来为导向；文化产业能够持续地稳定及创造地区的就业机会；文化经济有助于地区本身潜力的强化；文化经济承继欧洲的历史遗产；文化经济需要有积极的文化政策；文化经济需要有积极的经济政策；文化经济需要城市建设政策的支持；文化经济需要整合性的城市与地区政策；文化经济急需在欧洲形成适当的发展环境条件。

化产业能持续稳定地创造地区就业机会外，更有助于地区本身潜力的强化。《埃森宣言》可说是当代文化产业蓬勃发展的极佳见证[①]。再依据联合国教科文组织(United Nations Educational, Scientific and Cultural Organization, UNESCO)所进行之统计，至 1996 年时，文化产业，涵括文化产品(cultural goods)与文化服务(cultural services)[②]的总产值，首度超越所有其他传统产业，成为美国最大宗产业输出品。由此可见，文化产业为全球化下的地区乃至国家的发展带来了帮助与贡献。因此2006 年 9 月中央发布的《国家"十一五"时期文化发展规划纲要》，即列出"文化创新"项，明定繁荣发展文学艺术、培育文化创意群体和内容提供商、推动文化企业成为文化创新主体、加快科技创新、加强知识产权保护等要点，期以文化产业为国家发展带来巨大的帮助与贡献。

二、全球竞争下的地方多元群体政策参与理念

面临全球竞争时代趋势的发展，地区应在全球化架构下，提出应对全球脉动的地区发展实践法则与策略[③]。由于传统地方向中央申请补助、被动执行中央政府决策的中央集权式政府管制形态难以切合在地需要，并可能产生政府失灵(government failure)，不足以有效响应来自大环境中的问题与挑战，因此，既有的行动成果已无法切合现阶段地区发展所求[④][⑤]。

为应对竞争日趋激烈的地区发展情势，在地方追求长远发展的过程中，政府被要求减少行政管辖，增加对于重要公共议题的信息回馈机制，并适时对政策各项规划执

---

① 刘维公. 2003. 台北市文化产业发展现况及振兴政策调查研究. 文化创意产业研究发表论坛

② 文化产品一般是指那些传达意念、符号和生活方式的消费品，透过这些消费品的信息传递与消费流通，有助于建立集体认同和有影响力的文化习俗。在知识产权的基础上，个人或集体创作，文化产品得以经由产业生产过程加以复制，并在全世界发行。其包含书刊、多媒体产品、信息软件、唱片、电影、录像带、影音节目、手工艺和时装设计等，构成多元化和多样性文化。至于文化服务，乃为旨在满足文化利益或需要的活动，这类活动并不代表物资本身，其通常包含政府、民间组织或准公共机构或企业可以提供给社会的实际文化行为与活动等整体配套措施支持设备，此类服务涵括推广表演、文化活动以及文化信息的传递与维护(图书馆、文献中心及博物馆)(UNESCO, 2007)。

③ 王文诚. 2004. 全球化趋势与地区发展. 公共事务评论，5(2): 75~92

④ Drucker P F, Nakauchi I. 1997. Drucker on Asia: a dialogue between Peter Drucker and Isao Nakauchi. Oxford ; Newton, Mass: Butterworth-Heinemann

⑤ Stough R R. 1998. Infrastructure and technology in US metropolitan regions. Paper presented at the Workshop on Infrastructure Policy, The Tinbergen Institute, Amsterdam, The Netherlands, February

行实施操作性控制与调整，发挥政策效能，其目的是为求降低政策结果与政策规划之落差，并符合地方需要，实现地方繁荣。但在地方发展的过程当中，相关的规划行动经常会牵涉多元社会中利益与认知的冲突①，民众对地方发展缺乏兴趣、地方发展的相关信息不易取得、相关信息过于复杂而不易了解等因素都直接或间接地导致民众对地方发展认知不足或不清，所以深入掌握利害当事人(stakeholders)及地方居民的参与行动差异，也就成为地方进行发展规划时所应重视的焦点。

以目前台湾地区的地方发展情形来看，由于适值经济自由化、社会多元化、政治民主化与政府效能化的转型期，因此各种类型的公共事务问题丛生，决策者一方面必须当机立断，制定最佳的地方发展政策；另一方面又必须能取信于民，以有利于相关政策的推展②。但多年以来，台湾地区所实施的地方发展多是建立在以台湾当局为"中心"，以县市政府为"边陲"的管理理念的基础上，多年来经验累积的结果是：地方自治的实施形同具文，县市政府只是扮演"小媳妇"的角色，根本没有发挥"因地制宜"的特色，顾及地方发展的多元群体观点，结果常导致地方发展问题丛生③。

台湾"文化建设委员会"（简称"文建会"）早于1995年文化产业研讨会中即提出"文化产业化、产业文化化"之构想，随后台湾"经济建设委员会"（简称"经建会"）于2002年提出《挑战2008：台湾发展重点计划》④，其中与文化发展息息相关的政策有两项，其中之一就是发展文化创意产业。虽然台湾地区发展文化创意产业的政策方向由此趋于明确，但在政策推展的过程中，决策者的思考及操作模式却较少涉及文化政策民间参与的议题⑤。因此，在推动文化发展的行动中，能否深刻探讨地方发展政策的当前问题，并对文化产业未来发展趋向提供因应之道即属必要。

---

① 谬全吉.1984.理性政治的共识.台北：黎明出版社
② 高永光.2004.地方民主与地方治理
③ 丘昌泰.1999.从公共政策过程的"中心论"到"边陲论"：修宪后地方政府角色的变迁与调整.空大行政学报，(9): 1~26
④ 由于本书之探讨焦点集中于地区性文化产业发展政策，因此关于台湾地区相关计划名称皆进行统整，将原文化产业相关计划名称统以台湾或台湾地区而不以原名代称之。
⑤ 黄金凤，洪致美.2003.文化政策与第三部门.第三部门与文化政策国际研讨会，台北：台湾艺术发展协会

第二节 台湾地区文化产业政策规划重点与核心要务

由于国家与地区文化之建立，是对于其生活方式之内涵与外在形式的整体表露，并非能依靠其政策营销或短期政策活动宣传，而应建立在整体的文化表现上。进言之，国家与地区的文化，不仅可视为人民素养与市民生活质量的象征，文化的发展与建设更已成为世界各国推销本身形象与总体竞争力的重要策略之一。北京市在"十一五"规划期间，即明定支持文化创意产业发展，不但先将大山子艺术中心、中关村创意产业先导基地列入文化创意产业的集聚区，还规划投资人民币 100 亿元于亦庄西部的国家新媒体产业基地，以期引进迪斯尼等旗舰级的大型外资企业。再者，北京市也鼓励所有制企业共同发展文化创意产业，支持中央电视台新址、北京电视台一期建设，打造一批在影视、出版、演出、体育等领域具有竞争力的大型企业集团。此外，2006 年年底在北京成立的中国文化产业协作体，投资 126 亿元，更以 8~10 年在天津滨海新区建成亚洲文化产业园区，将导引包括日本、韩国、新加坡、中国台湾与中国香港等国家或地区百余家文化产业企业进驻，以期把北京市建设成为中华文化创意产业首都。像这样把创意产业园区当成国际投资开发建设项目来做的现象，几乎遍及中国内地各大城市。至于北京奥运会、上海世博会带来的开发商机与磁吸效应，更是庞大得惊人[1]。

相较于中国内地，台湾地区文化产业政策规划则始于 2002 年，当年由台湾"经济建设委员会"将文化创意产业列为《挑战 2008：台湾发展重点计划》中之一项[2]，这是台湾首次将抽象的文化软件正式列入总体建设的重大政策行动，其希望人文与经济产业的结合，增加就业人口，提升人民的生活质量，进而创造高附加价值收益[3]。综上，地区文化建设与文化产业发展实力的累积，除了得以促成人文与经济产业成长、培养地区的相对竞争优势外，更有助于达到地区整体生活质量的提升，乃可视为台湾重点发展计划中兼具地方发展意涵的文化产业发展政策规划。

---

① 赖素铃.2007. 后来居上的强劲对手——北京与上海. 传艺双月刊，(73): 13~32
② 台湾行政主管部门经济建设委员会.2003. 挑战 2008：台湾发展重点计划
③ 台湾行政主管部门文化建设委员会.2003. 文化创意产业发展计划倡导手册

　　尽管近年来两岸对于地区文化产业发展的政策研究很多，然而台湾地区相关研究则多着重于地区短期营销与形象发展策略；再者，台湾地区文化产业发展规划虽已具规模，然所缺者在于相关研究多着重于观光休闲游憩、文化艺术美学、都市空间建筑、节庆活动规划以至产业经营策略等课题研讨，咸少对台湾地区文化营销政策进行整体、深入且具系统性的探索，并就地区文化产业发展政策进行统整梳理与分析，此确实对厘清地方文化产业发展盲点、促进地区资源适切化配置，帮助甚为有限。因此，当地方推动文化产业发展以期达成产业与人口素质提升之政策营销目的时，如何由地方整体发展层面着手，对台湾地区文化产业发展理论、政策与发展实务进行全盘性且具系统性的解构分析，乃为本书根本考虑的重点。

　　再者，由于传统以来台湾地区政策主管单位于地方发展中扮演着主导者角色，既有的文化发展政策规划行动若仍持续实行从上而下的方式推动，如此将无益于促成地方民众对地区文化发展的积极参与感。另外，若因地方县市政府与民间部门缺乏良好的沟通互动，则民众对于地方政府推动文化产业发展政策的信息了解将显不足，此除有悖民主社会中强调启蒙性民意(enlightened public opinion)的民众参与理想、难以有效凝聚对于政策发展行动的共识外[1]，并致影响到地方资源及力量的整合。因此，在配合台湾地区既定文化产业发展政策的同时，是否亦能了解地方民意，以将有限资源做最佳配置，以促成地方发展公共价值的创造，即为当前台湾地区县市政府推动地方文化产业与文化营销政策的核心要务。

　　基于地区营销的规划行动，往往牵涉多元社会中利益与认知的冲突，其需要地方公私部门、利益团体及市民的大力支持，因此在地方发展的过程当中，是否能确实掌握利害关系人及组织居民的公众参与行动差异，也就成为地方策略规划的核心问题[2]。再鉴于地区营销乃为兼重市场经济、多元社会、民主政治、效能政府、公共政策以及公共管理的多元社会的地方发展与公共价值创造理念[3][4][5]。

　　① 马群杰，陈建宁，汪明生. 2006. 多元社会下地方公众发展认知与共识策略之研究. 行政暨政策学报, (43): 27~80

　　② 马群杰，陈建宁. 2005. 多元社会的公民参与地方发展决策研析. 公共事务评论, 6(2): 51~84

　　③ Lasswell H D. 1971. A pre-view of the policy sciences. New York: American Elsevier Publishing

　　④ 马群杰，陈建宁，汪明生. 2006. 认知研究：高雄地方发展之公众认知. 公共行政学报, (21): 115~161

　　⑤ 马群杰，陈建宁，汪明生. 2007. 多元社会下公众参与地方发展之决策研议：互动管理的实证分析. 政治科学论丛, (31): 41~88

因此，在地方发展与营销的过程中，实有必要兼顾市场经济、多元社会、民主政治、效能政府、公共政策以及公共管理的多元群体参与地方发展理念，先行了解不同群体的文化参与差异现况，以期从根本掌握对问题的感知。此应为文化产业发展研究中需进一步考虑的重点。

经由对上述研究动机的考虑，本书除期望对文化发展理论、政策与实务进行系统性探讨外，同时也期能确实掌握台湾地区民众对文化发展事务的实际参与现况。故研究乃以台湾地区文化产业发展为探讨核心，先由地方文化产业发展理论文献切入，发展出"地区文化产业发展之公共价值创造结构"，以此结构为研究论述的基础，赓续引介台湾地区文化产业发展政策规划，复而进行台湾地区文化产业发展总体分析，最后再藉由区位商数(locational quotient, LQ)对台湾地区北中南等四个主要城市文化发展的产业政策演进加以深层结构解析，并对台湾地区文化活动的多元参与现况进行梳理。最后将全部研究成果汇整，付诸讨论并推导政策建议。研究除对台湾地区公众参与地方文化产业发展政策理论与政策实务有更深刻探讨外，还探究攸关台湾地区文化产业发展的政策趋向建议，提供文化产业发展政策与文化公众参与的理论基础与政策实务建议，裨益未来地区推展文化产业发展政策参酌。

基于以上研究背景与研究动机之阐述，本书的撰述目的有如下数项：

(1) 汇整台湾地区文化产业发展文献中，攸关全球化挑战下的地区营销、知识经济趋势下的体验经济与转型经济、地方文化产业发展以及公众参与文化发展政策行动之理论说明，藉以充实相关文献内涵，并尝试经由理论整理，推展出适于对台湾地区文化产业发展现况进行深层分析的探索性结构。

(2) 对台湾地区 2002~2008 年及其后之文化产业发展政策规划进行系统性引介。

(3) 以地方发展之文化经济构面的产业就业发展、文化创意构面的人力资源延揽与文化意象构面的艺术活动兴办等三重构面条件为探究核心，再辅以文化公众参与之理念作为参考基础，对台湾地区文化产业发展进行总体解析，并提供政策建议。

(4) 对台湾地区台北市、高雄市、台中市与台南市等北中南四主要城市之文化产业发展结构加以深层探索。

(5) 经由本书各章对台湾地区文化产业发展当前发展现况解析后，导引出台湾地区文化产业发展当前所面临的实际问题，并促成攸关未来文化产业发展趋向的讨论，由此提出国内各地区、各省市推展参考借鉴的政策。

第三节 台湾地区文化产业与文化营销的多元面向

在地区经济发展中有一个重要的政策角色存在，那就是一种新经济趋势的产生。在工业时代的旧经济体系中，政策是由政府所主导的，但却混杂着许多结果。在新的成长理论中，所有地区经济累积的过程可能都会造成本身的衰退或是持续成长，这个过程会持续一段时间，还会转变地区的形态。在独立的地区中，这种改变过程除了以生产者的地位将政策进行政策传输外，更重要的是藉由知识的互动与沟通来响应基层对地方发展的建言①。这是理性的地区经济发展及方针，也可视为知识经济时代的开端。

Stough②认为，在工业时代的旧经济体系中，地区经济发展政策是由政府主导的，这种发展模式只着重政策输出，并不考虑政策接收者的要求，一旦面临其他区域的挑战就不再得以维持以往的稳定发展。面对此情况，唯有植根于有着丰富文化体验内涵的经济体系，并深化以创意为核心的能力，推进地方经济转型，才能为地区创造独特且长久的竞争优势③。

台湾"文建会"在1995年提出"文化产业化、产业文化化"之构想，延续此一文化产业发展概念，台湾行政主管部门于2002年正式将文化创意产业列为《挑战2008：台湾发展重点计划》中之一项，希望结合人文与经济产业创造高附加价值的效益，增加就业人口，以提升民众的生活质量④，这是台湾首次将抽象的文化软件视为总体建设的重大工程，但文化政策的规划与研议不能仅着重由上而下

---

① Stough R R. 1990. Potentially irreversible global trends and changes: local and regional strategies for survival. Paper Prepared for Presentation at the Meetings of the American Association for the Advancement of Science, New Orleans, Louisiana, February 17~20

② Stough R R. 1998. Infrastructure and technology in U S metropolitan regions. Paper presented at the Workshop on Infrastructure Policy, The Tinbergen Institute, Amsterdam, The Netherlands, February

③ 吴思华. 2003. 文化创意产业的基础机制——人才培育与文化平台. 2003 文化创意产业：全球思考、台湾行动国际研讨会

④ 台湾行政主管部门经济建设委员会. 2003. 挑战 2008：台湾发展重点计划

的政策倡导与推展，应奠基于地方公私部门的协力与共识才能磨合出切合台湾当局规划与地方多元需求的实质产出①。因此，欲使既有的文化产业政策规划落实到地方，成为兼顾可行性与整体性之具体政策行动，不仅需要重视地方文化经济与文化产业规划，更重要者还有赖各地区政府与地方县市民众的积极参与，藉以建立起更紧密的文化发展网络。

台湾地区是我国最大的岛屿，面积约计3.6万平方公里，隔台湾海峡与福建省遥相对应，位处西太平洋东亚岛弧中央，地跨北回归线，区隔出台湾南部热带而北部副热带的气候与生态差异。自1895年甲午战争日人据台之后，日本殖民者一直以台北为其殖民统治的政治中心，因而殖民政府的政治、军事、文教以及商业营建均以台北城为建设中心。1945年国民政府进驻后，亦承袭此种建设的规划构想，使得台北的人口、各式工商业迅速地集中，都市不断地向外扩张，经济一片欣欣向荣，成为全台湾的政治、经济、金融与文化中心。然而由于长期的重北轻南政策，资源多半集中于北部，结果导致台湾南北两端有着不同的发展趋势。基于多年来自然地理与人文社会的发展变异，迄今，台湾地区北中南各地方县市也各自孕育出多样化的文化资产。尤其若以台北市——台湾政经文化中心暨北部地区最大都市、高雄市——台湾第一大港暨南部地区最大都市、台中市——台湾新兴文化城暨中部地区最大都市及台南市——台湾最古老及最早开发都市为例，更能发觉到这些城市不仅各自具有不同的自然与人文资产，且经由各项政策的规划，分别呈现出风格歧异的文化产业与文化营销发展面向。

基于上述，本书乃规划以台湾地区为研究范围，进行多重构面的解构研究。进言之，研究焦点乃在于先寻求多元社会之公众参与政策制定行动与地方文化产业发展意涵，经由理论整理，推展出地区文化产业发展之公共价值创造结构，并依此对台湾地区文化产业发展现况加以解构分析。接续对台湾地区2002~2008年与2008年后之文化产业发展政策规划进行系统性引介。再者，由地方发展之文化经济、文化创意与文化意象等核心发展构面着手，并辅以"结合公共管理观点之地区营销行动架构"为公众参与文化产业发展之分析理论依据，对包括台北市与

---

① 黄金凤，洪致美. 2003. 文化政策与第三部门. 第三部门与文化政策国际研讨会，台北：台湾艺术发展协会

高雄市在内之台闽地区 25 个地方县市文化产业发展进行总体分析。最后则藉由区位商数对台湾地区台北市、高雄市、台中市与台南市等北中南四主要城市之文化产业发展结构加以深层解析。期望通过本书分析,除得以对台湾地区文化产业发展总体现况进行完整分析外,还探究地方公众对台湾地区文化产业发展与文化营销的当前问题与未来趋向。

第四节 本书章节编排

本书的体例,有别于纯粹管理学或都市计划学领域的撰述方式,乃是藉由公共事务管理的观点,探究地区营销的理论基础与实务现况。至于其章节排列,乃以理论、政策与实务发展为分析脉络基础,首先经由汇整台湾地区文化产业发展文献中攸关全球化挑战下的地区营销、知识经济趋势下的体验经济与转型经济、地方文化产业发展及公众参与文化发展政策行动之理论说明,藉以充实相关理论文献内涵,进而对台湾地区当前地方文化产业发展政策规划与文化营销概况进行实务解构与分析。兹将本书章节分述如下。

1. 导论(第一章)

本章对地区文化营销和文化与产业结合的发展之基本概念进行简要说明,重点除引介藉由地方文化产业发展达成地区文化营销目的之理念运作外,还述及对地区文化产业发展的讨论,关键不仅在于追求地区文化经济利益与文化活动兴办的数量,还需注重地方民众对文化公共事务的参与情况。并依此对本书所欲探讨之地方文化产业发展背景、探究动机、研究目的、焦点与范围等进行概述说明。

2. 地区文化产业发展理论与观点(第二章)

本章是对台湾地区文化产业发展理论文献的回顾。主要探讨台湾地区文化产业发展文献中,攸关全球化挑战下的地区营销、知识经济趋势下的体验经济与转型经济、地方文化产业发展以及公众参与文化发展政策行动之理论说明等部分。经由理论整理,推展出地区文化产业发展之公共价值创造结构,并依此对台湾地区文化产业发展现况加以解构分析。

3. 台湾地区文化产业发展政策规划(第三章与第四章)

对台湾地区 2002~2008 年及 2008 年后之文化产业发展政策规划进行系统性引介。细言之,第三章之探讨重点在于引介《挑战 2008:台湾发展重点计划》与文化创意产业发展计划,第四章则在于探究 2008 年后台湾地区文化产业发展政策规划概况,涵括括文化创意产业发展计划后续推动措施与马英九上任后所欲实行之文化产业发展政策规划行动。

4. 台湾地区文化产业发展总体分析(第五章)

本章是对台湾地区文化产业发展政策规划的分析比较。由地方发展之文化经济构面的产业就业发展、文化创意构面的人力资源延揽与文化意象构面的艺术活动兴办等三重构面条件着手,并透过结合公共管理观点之地区营销行动架构所梳理的文化公众参与理念,以对台湾地区文化产业发展进行总体性探讨。

5. 台湾地区主要城市文化产业发展结构深层解析(第六章)

本章首先对台湾地区北中南等四主要城市之文化产业发展之政策规划背景与未来发展愿景进行了描述性分析,其后则对台湾南北四个主要城市(台北市、高雄市、台中市与台南市)文化产业进行区位商数产业结构分析,最后再对文化公民进行社群团体参与的现况进行分析比较。

6. 综论:台湾地区文化产业发展与文化营销趋向(第七章)

本章汇整本书各章节分析成果,对台湾地区文化产业发展总体政策规划、总体发展现况加以讨论,对台北市、高雄市、台中市与台南市之文化产业发展现况进行延伸讨论,最后归结出台湾地区文化产业发展与文化营销的当前问题与未来趋向,期以提供给国内其他省市地区文化产业发展规划之政策建议。

基于上述各节的说明,本书所欲传达给读者的"地区文化产业与地区文化营销"这一基本意念,重点在于阐明地方文化产业发展不只是花哨的地方装点行动,也不只是政府单方面由上而下式的政策促销,其最重要的内涵是要回归到尊重地区民意的需求,这也就是本书引介"地区文化产业发展之公共价值创造结构"所强调的"公共管理的价值界定"这一实质意涵。基此，本书之撰写，不以传统地区文化产业及地区营销理论论述为限，所重者还在台湾地区文化产业和地区文化营销政策与实务发展之探究。由于书中内容兼重理论与实务发展，因此所针对的读者不仅为公共管理(MPA)、行政管理、公共行政、公共政策、政治、都市计划、地政以及文化创意产业等大学部与研究所学生，供硕士在职专班乃至一般从事地方发展、地区公共管理理论与文化产业研讨及实务界人士参酌亦适当。

第二章　地区文化产业发展理论与观点

第一节　全球化挑战下的地区营销

一、企业性地区发展的竞争情势

成功企业是能构建与融入全球化网络的企业；同样地，能够繁荣成长的地区，是那些能与全球化环境保持互动关系的地区。地区并不是一个独立的岛，事实上，在 21 世纪的全球经济中，确认和了解全球的经济比地区经济的联结更为重要①。在 20 世纪 80 年代和 90 年代动态复杂性模型的影响下，此模型已成为地区研究者的热门课题，并且用来区分快速和缓慢变化的过程，此种缓慢修正地区结构在一个有更快速经济和政策变化的游戏中占有一席之地。在此情况下，地区政策应该投入更多的努力去建立一个竞争场所，而不是去参与快速的修正过程②。

一个地区虽由内生性政策起始茁壮成长，但最终必会面临其他区域的挑战，才能维持竞争力，地区必须自我成长，但重要的是其本身能不能保持高度竞争力，并与外界保持良好的互动沟通。若不能够有效把握外在世界的脉动，地区纵然短时间内得以自保无虞，但终究会耽误长远发展的契机。因此，学者认为，当面对加速变化的外部环境时，各国有条件的城市、地区和企业都应抱持世界级标准来看待未来市场的竞争。要走向成功，首先要放眼全球，而后力争达到世界级水平③。

Kanter 以波士顿地区、旧金山湾区及西雅图市为研究对象，认为这些地区之

---

① 萧元哲. 2001. 网络观念：公共管理观点. 二十一世纪公共行政新思潮研讨会，台中：东海大学

② Andersson A E. 1993. Economic structure of the 21st Century. *In*: Andersson A E, Battern D F, Kobayashi K, et al. The cosmo-creative society-logistical networks in a dynamic economy. Springer-Verlag, Berlin

③ Kanter R M. 1995. World class thriving locally in the global economy. Simon & Schuster, Inc

间都有其相似的特点：具有高质量的生活环境、宽松有活力的创业环境、能吸引人才产生原创性的观念意识以及引导高科技产品和知识产权的产生等，研究显示出地方优势的形成不仅取决于各种内生性发展条件的成熟，其与全球其他领域的接轨亦不可忽略。而在这个过程当中，地区本身是否足以培育出一套有效的竞争机制就成为一个关键，特别是与企业体的互动及地区工作量的供给更成为其核心要务[①]。这方面的缺乏不仅造成都市经济发展的问题，甚至也因此产生了诸多社会问题[②]。而地方政府及地区企业为求应对地区发展所可能面临的问题，也希望能强化本身的竞争优势，在此情况下终于促成经济性的地方主义(economic localism)或地区企业性主义(regional entrepreneurialism)的兴起。

二、计划管制 vs.市场竞争以促进地区发展

所谓经济性的地方主义或地区企业性主义，指的就是透过地方企业为地区的建设提供丰富的财政收入，而地区繁荣发展也对地方企业有正面的回馈，两者相辅相成，相得益彰[③]。地区欲求自我发展，摆脱以往全然接受中央政府掌控的传统，必得寻求一套现代化的发展途径，故而地区发展企业化的观念便随之应运而生。

就地方发展企业化的角度来看，典型的企业型政府是市场机能催化者，它会透过对市场力量的引导来鼓励民间扮演过去政府所扮演的部分角色。市场的重整能让政府获致足够的经济规模来解决大问题。公共部门以往在地区经济活动中扮演一个积极而主要的角色，但现在随着整体经济情势的转变，市场机制的地区发展已是复苏地区经济较为可行的途径。而整体经济情势之中最大的转变即是地区经济发展由以往注重供给面经济易帜为朝向需求面经济发展。

由表 2-1 可以得知，传统供给面认为地区若投入越多的生产要素，则越能得到完满的产出；相较之下，需求面的地区经济发展理论着重于出口面，认为若地区的出口产业发达起来，则地方经济亦随之发展，同时地方发展不应仅局限于出

---

① 张世杰，萧元哲，林宝安. 2000. 信息科技与政府治理能力之间关系的探讨：一个文化理论分析观点之提出. 第一届政治与信息研讨会，宜兰：佛光大学

② Porter M E. 1995. The competitive advantage of the inner city. Harvard Business Review, May-June: 55~71

③ Kearns G, Philo C. 1993. Selling places: the city as cultural capital, past and present. UK：Pergamon Press

口品的消费，而亦应提供产品或服务以刺激本地的消费，所以地方的管理者可从自身做起，到外面寻找促销地方。因此，就需求取向的政策面来看，其目的不仅是给予有成长潜力的企业协助，并从教育着手，造就人才，发展高科技，而且其更是视出口贸易为经济发展的重心，鼓励出口，奖励出口业者。

表 2-1　传统地区发展供给面政策和新的需求面企业化发展政策之对比

政策诉求	发展面向	
	传统供给面向	当代需求面向
追求成长的手法	透过政府对资本和土地的补贴、低税手段降低生产要素成本来追求成长	透过发掘、扩展发展、创造地区产品和服务的新市场来追求成长
对地区资本的看法	着重已成立的、潜在的流动资本之运用	着重新资本的建立
策略焦点	注重刺激资本、重新定位或资金的保留	注重新企业的创造和小企业的扩充
竞争模式	注重与其他地区相同投资者间的竞争	以滋养固有的资源作为发展途径
对风险的接受度	政府支持低风险的工作	政府涉入高风险的企业和活动
对地方企业发展的定位	每一个企业主都是发展目标的有效援助对象	有选择性地依据策略准则提供给予发展援助对象
地方政府的角色	政府的角色是追随和支持私人部门对于投资的地点、援助的企业以及销售的产品等的决策	政府的角色是界定投资机会，这些可能包含新市场、新产品和新产业等已然考虑到的或追求之意愿不高的机会

资料来源：Eisinger P L. 1988. The rise of the entrepreneurial state：state and local economic development in the United States. The Board of the University of Wisconsin System. 本书整理

　　美国联邦政府在不同的年代有不同的经济发展政策，从第二次世界大战前、1949~1974 年、1975 年后小型企业的管理到后来的经济发展行政、小区发展观念兴起及近年来对都会发展的关注，都说明了地区发展的日受重视。从这方面来说，工作保障及就业机会的创造仍是地方政府的核心课题，因此，从资金面来说，对贫困地域的援助是其焦点。直到里根政府时代，所谓里根经济学的兴起，以扩大税基、降低税率为政策发展重心。当时政策幕僚所提出"都会企业营运特区"的构想，不只重视税负问题，且主张放松联邦政府的管制权，使地方自主发展，兼重地区发展和经济成长，因此其对国家经济发展的贡献极为显著。

在第二次世界大战之后的 30 年间,对地区或都市发展所实行的计划管制模式逐渐随全球经济情势的改变而转向通过市场途径来推动地方发展。以往联邦政府对地区发展采取主导规划的方式来掌控地区发展,然而在 20 世纪 90 年代随着地区之间竞争的日趋激烈,地区发展工作也从原本的中央管制转变为地方分权,从而创造出适合地区特色的地区发展模式[①]。在这样的情况下,地区发展企业化的障碍无法透过计划管制的方式解决,而应以自由市场的概念,藉由私人资金、企业精神及自我协助信念间的有效汇合,经济发展目标才得以达成[②]。也就是说,地区应该以适合消费者需求的产品生产者自居,透过营销的手段持续塑造及刺激不同群体民众对于地区的消费需求。

三、地区营销的发展理念

(一)营销导向的地区发展行动

在 20 世纪 70 年代初期,西方国家许多城市历经了产业萧条、税收下降及公共支出衰退的发展困境,地区经济情势的转变削弱了传统产业文化及民众对消费的需求,在此前提下,地区营销的概念因而兴起。就地区营销的定位而言,学者认为其可说在都会永续发展的行动中扮演着一个绝对重要的旗舰角色[③](flagship role),这种地方营销的活动对地区整体的发展有相当正面的帮助。Varady 和 Raffel[④]更进一步指出地区应该提出软性的诉求来响应民众的需要,以达成吸引民众的最终目的。

地区为求吸引高素质人口、游客、产业及其他资源的进入,以致和其他地区间的竞争也日趋激烈,因此,地区以实行营销的做法推动地方发展的模式亦应运而生。地区营销与区域经济发展策略的目标除为既有的人口谋求适当的工作、获取区域经济的稳定以及建立多样化的经济和就业基础外,最终还是谋求都市整体

---

① Gold J R, Ward S V. 1994. Place promotion: the use of publicity and marketing to sell towns and regions. John Wiley and Sons

② Kearns G, Philo C. 1993. Selling places: the city as cultural capital, past and present. UK: PERGAMON PRESS

③ Smyth H. 1994. Marketing the city: the role of flagship developments in urban regeneration. UK: E&FN SPOT

④ Varady D P, Raffel J A. 1995. Selling cities. State Universary of New York Press

生活质量的提升①。由此可知，地区营销的行动除了以活化地区经济为重心之外，尚企望在维持地区经济稳定的前提下进一步谋取地区整体生活质量的提升。就此而言，其不仅只为因应传统地区发展工作只求取地区硬件建设的缺失，更希望透过策略性的规划手法来主导地区的长远经济发展。换句话说，以这种融合营销理念来推动地方发展的做法实已成为一种导引地区经济发展的策略性行动。

就学者的解释而言，地区营销是一种"去除地区过时销售的哲学、理念、企业导向。从以往的销售转移为今日的营销，过时的销售着重于供给者的需要，而今日的观念则着重于需求者的需要，从供给导向转换为需求导向"②。因此，地区营销也就是以特定顾客的需求为主的地区发展行动，用意在于拓展地区性的社会与经济效能，同时达成既定的地区发展目标。就此而言，地区营销与传统的营销观念相较，前者在产品、顾客与目标等细部定义上明显地有所转变，由此推衍出三点新的营销概念。

第一点为"非营利机构营销"的理念。这一理念针对为达到目标所必须解决的问题，并假设私人企业与公共、准公共机构的目标达成方法各不相同。在实务上，地区营销的目标绝非为某一组织牟利。由于顾客与机构间的关系并非直接以金钱数字来衡量，此种营销方式甚难评估其成效③。职是之故，由 Lovelock 和 Weinberg④所发展的另一形态的营销方式终告形成。此类营销结合了政府当局的各项更广泛、更长远的目标，同时也采纳了地区与顾客之间不发生直接的金钱关系的模式。目标上的分殊，固然导致了营销策略、顾客族群分析与观念沟通上的差异，但尚不至于形成对营销理念的排斥⑤。

第二点，营销之目标在于增进顾客与社会的福祉⑥，而非向个别顾客兜售某

---

① Kotler P, Haider D H, Rein I. 1993. Marketing places: attracting investment, industry, and tourism to cities, states, and nation. New York: The Free, A Division of Macmillan, Inc

② Schudson M. 1984. Advertising the uneasy persuasion: its dubious impact on American society. New York: Basic Books

③ Fines S H. 1981. The marketing of ideas and social issues. New Youk：Praeger

④ Lovelock C H, Weinberg C B. 1984. Marketing for public and non-profit managers. New York: Wiley

⑤ Capon N. 1981. Marketing strategy. Differences between state and privately owned corporations: an explanatory analysis. Journal of Marketing, 45(2): 11~18

⑥ Kotler P. 1986. Principles of marketing. 3rd. Englewood Cliffs, NJ：Prentice Hall

特定商品，故常被称为社会营销。此一概念在 20 世纪 70 年代大为风行并促成了许多差异取向[①]，它不但顾虑到长、短期利益，同时也把营销的理念扩展到"企图影响目标族群除直接购买行为外的其他行为"。此种"态度营销"旨在扭转或强化目标顾客的态度。

最后一点则是：20 世纪 70 年代以来，将产品形象加以营销已有愈来愈盛的趋势。此种产品营销之企图在于：为达到政治、社会或经济上之目的而操纵目标群众之行为模式。

以上三点营销学上的进展表明了营销理论的发展已不只适用于营利事业，公共事务方面对于营销观念的应用也正方兴未艾，尤其是有关地区营销的理念，其影响层面更是深远。地区管理者若能明确了解目标群体之需求，并透过适切规划研拟地区形象，其将得有效转化目标群体对于地区的传统而负面的刻板印象。进言之，在地区竞赛白热化的情况之下，传统上由政府来规划地方全部事务已不足以因应来自地方多元群体的要求。也因此，在求取地方重新发展的过程中，地区藉由发展营销的理念正成为地区在追求经济与社会发展行动下最为切合民众需求的适切做法。

(二) 强调需求面向的地区营销发展途径

产业流动供给量的逐渐减少所带来的高度失业现象，也促使地区投入更多心力在吸引私人投资和需求的工作上，地方在许多不同的面向上可能差异颇大，但这些不同且特异之处在于满足不同社群的心理需求方面，扮演了一个协调彼此获益的角色。因此，学者也将地区营销途径的成分要素划分为市场、需求者和消费者等三个族群，而在地区发展的工作中也可针对不同的族群运用不同的策略，使得各式样的地区营销信息广为散播[②]。在图 2-1 中，消费者和需求者之间透过市场的自由运作机能，两者可随自己喜好来互通有无，也就是在价格机能的引导下使地区产品供给者和消费者达成供需均衡。这当中地区营销和一般企业的不同之处乃是地区因其产品的特性截然不同之故，由于地区的发展并无法全然依靠地方经

---

① Rados D L. 1981. Marketing for non-profit organizations. Boston: Auburn House

② Gold J R, Ward S V. 1994. Place promotion: the use of publicity and marketing to sell towns and regions. John Wiley and Sons

济的表现加以衡量，所以地区管理者实际上并不容易对营销效益加以合理有效的评估。

Kolter 从营销学的角度来研究地区发展，所执持的就是从小政府的面向来作探讨，地区发展也可以以一种企业营销的方式来吸引顾客上门。换言之，一个成功的地区营销不但能有效地博取地区内外顾客的欢心，甚且能达成地区繁荣、经济发展的最终标目标，就如同企业一样，吸收到最佳的人力资源以后营运的远景自然可期，竞争力的提升指日可待。就 Gold 和 Ward 的研究而言，他们认为若

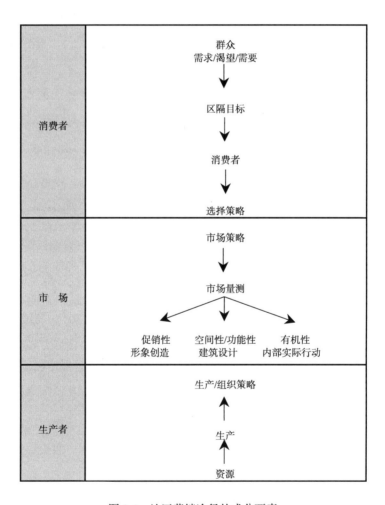

图 2-1　地区营销途径的成分要素

资料来源：Gold J R, Ward S V. 1994. Place promotion: the use of publicity and marketing to

sell towns and regions. John Wiley and Sons

地区管理者能对地区此一产品的购买者的购买决策途径有所关注，即能有效掌握购买者的需求，进而推展有效的营销方案。因此，他们勾勒出顾客对地区购买的决策途径，见图 2-2。

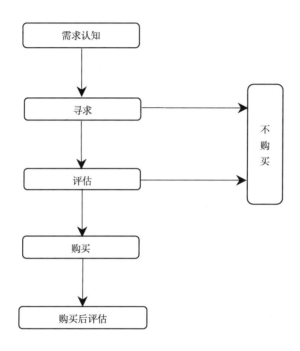

图 2-2　顾客对地区购买的决策途径

资料来源：Gold J R, Ward S V. 1994. Place promotion: the use of publicity and marketing to sell towns and regions. John Wiley and Sons

　　由顾客对地区购买的决策途径中可看出，其决策形成过程和消费一般性商品并无不同，也就是皆先形成个人购买的需求认知，而后经过寻求、评估的阶段，再决定是否购买或消费地区此一产品，在消费过后最终再作消费行为的总评估。在此过程中消费者心中都会经过寻求、评估两个关键阶段，在这两阶段之中消费者会对本身需求及产品条件作各种主、客观的考虑，而后才做出购买或不购买的决策。因此，地区民众的需求认知就成为影响地区消费与否的关键点，唯有确实掌握其潜在需求，地区管理者始得以进行正确政策行动。此一决策思考途径可由图 2-2 中清楚得知。

就地区营销概念的发展而言,地区顾客需求的界定是其中最重要的先决条件,不管营销发展的策略为何,如果无法真正切合消费目标群体的需要,则推展、促销、宣传、形象广告的手法再新颖,地区内部建设再精妙,对地区的发展亦无所帮助。相对地,若从协助地区产业发展、建设地区所需的层面来说,当地居民或企业如对地区的喜好程度极高,则对地区未来的发展将是一大帮助,则地区发展的荣景可期。因此,地区的促销不能仅有纯粹的促销手段,还要有一个完整的考虑,以评估各种可能的竞争特性。地区管理者如能了解地区公众群体的需求,并从这些意见中得到回馈,则地区的竞争优势将更为坚实。

四、结合公共管理观点之地区营销行动架构

自 20 世纪 70 年代开始,西方国家许多地区遭逢经济衰颓的发展困境,地区营销的地方发展概念因此而生。地区营销有别于传统的地区规划,它是将企业中的营销理论运用在地区发展的课题上,并在营销的行动过程中,将地区未来的发展远景视为一个置身于竞争市场的产品,透过了解产品的目标群体,来进行产品、促销、定价(如赋税奖励等措施)和通路(如促销管道和方式等)等营销策略的规划,它有别于传统上政府对地方发展的单方面施政规划。

地方政府掌握企业性的精神,引进“由下而上”(bottom-up)的营销理念,主动地与民间进行沟通对话,以策略性思考的眼光看待未来,在了解地区民众的需求特性后明确锁定目标市场,有效掌握整体地区发展方向[1][2][3]。透过这种由下而上的策略性营销规划行动,地区多元群体协力审核地方现状,掌握地区目标群体的需求,共同规划建构地区发展的远景。这种活化地区经济发展(revitalize economic development)的行动对于地方经济与地区未来的发展确是一大帮助[4]。

地区营销不仅可视为一种策略性的地方发展行动,其更具备深刻的行动意涵,尤其因为地区营销是一种拥有为“由下而上”理念的地方发展行动,所以若以此

---

① Mintzberg H. 1994. The rise and fall of strategic planning. Havard Business Review, Jan/ Feb: 107~114

② Perrott B. 1996. Managing strategic issues in the public service. Long Range Planning, 29: 337~345

③ Schoemaker P. 1995. Scenario planning: a tool for strategic thinking. Sloan Management Review, 36: 25~40

④ Luke J S, Ventriss B J, Reed C M. 1988. Managing Economic Development: A Guide to State and Local Leadership Strategies. San Francisco: Jossey Bass Inc, Publishers

理念为基，进行地方发展事务分析，则能对地区营销的公共价值内涵有更清楚的了解，如图 2-3 所示。

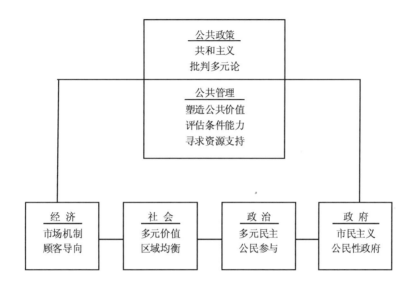

图 2-3 结合公共管理观点之地区营销行动架构

(一) 经济面向

活化经济是地方发展的首要之务，也是地方发展的最关键之处，因此本架构将经济团块视为推动行为面其他团块的启动关键。由于地区营销强调市场机制的自由运行与顾客导向的地方发展行动，因此可以藉由尊重市场机制[1]、强调顾客导向[2]的企业性地方发展精神进行地区营销招商，调整失衡的产业结构，增加就业机会，进而培养出足以展现本身发展特色的全球竞争优势。

(二) 社会面向

由于台湾地区今日发展已由精英社会向多元社会迈进，传统精英领导已不足以因应地方发展的多元群体需求。因此地区营销期望藉由活化地区经济来导引精

① Mintzberg H. 1994. The rise and fall of strategic planning. Havard Business Review, Jan/ Feb: 107~114

② Schoemaker P. 1995. Scenario planning: a tool for strategic thinking. Sloan Management Review, 36: 25~40

英，吸引具备高素质条件的人口进驻，促成地区人口素质提升，在人口素质提升的条件下，调和多元价值①，促进区域均衡②。

(三) 政治面向

在台湾地区由威权时代转化为民主时代的政治情势下，以往强调党派动员的一党执政时代，应由今日注重议题动员的政党理性互动来取代。由于地区营销着重多元民主、公民参与与公私协力，其倡议具备共和主义份民身份观③的群众积极参与行动表现，期望透过地方多元群体的共同参与，寻求地方发展盲点，凝聚地方发展共识，藉以调和个体与地方发展多元群体的认知差异。

(四) 政府面向

在以往，为求地区发展情势的稳定，各国政府一贯扮演大有为政府的角色，施政注重依法行政与文官中立、单凭少数决策者与技术官僚之考虑便径行推动。但在今日面临全球化的政经情势、地区政府在推展政务时若还是以少数决策者的考虑为依归，则难以因应时代快速变迁下的地方发展情势。由于地区营销重视地方分权及市民主义，期望促使过去官僚主义科层政府蜕变成为注重顾客需求导向的效能政府④，从而达成公民性政府⑤新派典要求的地方发展目标。

(五) 公共政策层面

先进国家以政策论证(policy argument)⑥对公共政策问题与方案进行深入分析，传统地区发展课题多强调经由将都市计划决策集中于少数行政官员与技术专

---

① Inglehart R. 1997. Modernization and Post Modernization: Culture, Economic, and Political Change in 43 Societies. Princeton University Press, Princeton New Jersey

② Stough R R. 1998. Infrastructure and technology in U S metropolitan regions. Paper Presented at the Workshop on Infrastructure Policy, The Tinbergen Institute, Amsterdam, The Netherlands, February

③ 毛寿龙. 2001. 政治社会学. 北京：中国社会科学出版社

④ Barabas J. 2002. Virtual deliberation: knowledge from online interaction versus ordinary discwwussion. Paper for the Prospects for Electronic Democracy, Sept 20, 21

⑤ 许文杰. 2000. 公民参与公共行政之理论与实践——"公民性政府"的理想型建构. 台北：政治大学公共行政学系博士学位论文

⑥ Dunn W N. 2003. Public Policy Analysis: An Introduction. (Thind Editim). New Jersey: Prentice Hall International, Inc

家的公共规划加以解决；在效能政府的时代发展趋势下，地区营销强调地方发展的主轴为批判多元论(critical multiculturalism)，期望藉由地方发展多元利害当事人(stakeholders)的互动沟通与理性论证，得以有效掌握民众对于地方发展政策参与的诉求，并培养民众理性评论时政的智识能力，摆脱依恃直觉与情感就决定政府重大政策的发展与未来的长远走向。

(六) 公共管理层面

地区营销不仅是一种强调企业性地方发展的行动，更是符合公共价值创造的规范性地方管理策略，其重视 Moore[①]所提出的价值、能力与支持(value, capacity and support, V C S)等三种公共管理的核心要素，藉由：①塑造公共价值(V)——创造地方发展的短、中、长期公共价值；②评估条件能力(C)——衡量进行地区营销时地区本身资源的可及性；③寻求资源支持(S)——切合政治环境的需求与规范，以期望依此建构策略分析模式以达成地方发展目标，进而创造地方整体发展的长远价值。

综上结合公共管理观点之地区营销行动架构解析，因面临到全球经济与现代社会的挑战，故民众在政策形成过程中，渐渐扮演积极的角色，参政形式由精英领导转成挑战、导引精英，进而在政治上将派系考虑减少、议题考虑提升，将以往着重依法行政与文官中立倾向的政府推向更能响应民众需求的效能政府，以促使权责相符，并达成地方永续发展的目的。在此过程中，经济上的市场失灵(market failure)与政府面的政府失灵(government failure)经常出现[②③④]，因此社会面向的发展应扮演起承先(经济面向)启后(政治面向与政府面向)的关键角色。

① Moore M H. 1997. Creating Public Value. Replica Books October, Hardcover

② Weimer D, Vining A R. 2005. Policy Analysis: Oncept and Practice. 4th. Englewood Cliffs, N J: Practice Hall

③ 吴定. 1993. 公共政策研究的未来发展. 行政管理论文选辑, 7: 185~201

④ 张世贤，陈恒钧. 1997. 公共政策：政府与市场的观点. 台北：商鼎出版社

第二节　知识经济时代的地方文化产业发展

一、知识经济趋势下的体验经济与转型经济

在地区经济发展中有一个重要的政策角色存在，那就是一种新经济趋势的产生[①]。在工业时代的旧经济体系中，政策是由政府所主导的，但却混杂着许多结果。在 21 世纪的新经济中，发展是由内生性的自我组织和自我修正过程所引导，而有最大的效果。在新的成长理论中，所有地区经济累积的过程可能都会造成本身的衰退或是持续成长，这个过程会持续一段时间，也会转变地区的形态。在独立内生性地方经济发展的地区中，这种改变除了涵括企业家精神、教育、从行动中的学习、获得公共机构的支持外，还包括工厂和家户单位的移入，使企业的观点和知识、技术和技巧能够具体化。也就是说，除了通过生产者的地位将政策进行政策传输外，更重要的是藉由知识的互动与沟通来响应基层对地方发展的建言。这是理性的地区经济发展及方针，也可视为知识经济时代的开端。

在知识经济发展趋势的带领下，市场不再只是买(如采购部门)、卖(如业务部门)双方价值交换的场所，市场更是合作网络各成员进行(包括顾客、供货商、通路、学研机构)多元交流、知识流通与加值的对话论坛。这就是新知识管理典范，而以这种新的知识管理典范为经营策略主轴的经济体就称作新经济[②]。在这种新经济概念的发展下，地方不能只重硬件规划与建设，软件面发展更是重要[③]，因此，地区应发展另一种和以往全然不同的思考模式，才得以突破传统发展理论在地区经济发展中遭遇到的瓶颈。就这方面而言，由 Blakely 提出的替代法则可以将现存的概念作一整合，并作为地区经济发展的思考与行动基础，如表 2-2 所示[④]。

---

① Stough R R. 1990. Potentially irreversible global trends and changes: local and regional strategies for survival. Paper Prepared for Presentation at the Meetings of the American Association for the Advancement of Science, New Orleans, Louisiana, February 17~20

② 李仁芳. 2001. 第三代"知识管理". 台北: 巨思文化股份有限公司

③ 萧元哲，马群杰. 2004. 多元社会下高雄地区营销策略研究——公共事务管理整合参考架构的观点. 公共事务评论，5(1): 65~103

④ Blakely E J. 1994. Planning Local Economic Development. SEGA Publications

表 2-2 地方经济发展新旧概念比较

元 素	旧经济概念	新经济概念
就 业	较多的工厂＝较多的工作	工厂应发展适合当地人口的工作
发展基础	建设经济部门	建设新的经济制度
区位资产	比较利益奠基于实质的资产上面	比较利益奠基于有形、无形的资产上面
知识资源	可提供的劳动力	知识就是财富的来源

资料来源：Blakely E J. 1994. Planning local economic development. SEGA Publications. 本书修改

如表 2-2 所示，其将替代法则的新概念与以前的旧概念进行比较。在新的地方经济发展观念之中，所谓的就业不再只是运用降低工资的手段来增加就业人口，而是更进一步提供诱因以改善地方的工作环境，从而达到增加劳动价值的目的。在此发展基础上，由传统的着重部门划分、忽略系统内部问题，转而为找出地区经济问题及改变制度的安排，透过建立一套完整的经济制度以求得总体经济发展。在地方资产方面，注重的是无形的文化资产而非土地价值；在知识资源方面，则强调地方经济发展将有赖地区创造活化地区经济的工作机会，同时维持这些工作的稳定性，并藉此导引高素质人力资源进驻。

在新经济概念的基础上，Pine II 和 Gilmore[1]进一步提出"体验经济"(the experience economy)的概念。他们认为，在经过农业经济、工业经济与服务经济的发展阶段后，当今时代的潮流已经推进到着重提高消费品附加价值之体验经济阶段，如图 2-4 所示。在体验经济里，消费是一个过程，消费者是这一过程的"产品"，因为当过程结束的时候，记忆将长久保存对过程的"体验"。消费者愿意为这类体验付费，因为它美好、难得、非我莫属、不可复制、不可转让、转瞬即逝，它的每一瞬间都是一个"唯一"。换言之，体验经济即是以服务为重心，以商品为素材，透过以客制化取代传统的商品化的做法为消费者创造出值得回忆的感受。进言之，传统经济系注重产品之功能强、外形好、价格优；现在趋势则是从生活与情境出发，塑造感官体验及思维认同，藉由抓住消费者之注意力，改变

---

① Pine II B J, Gilmore J H. 1999. The Experience Economy : Work is Theatre & Every Business a Stage. Boston : Harvard Business School Press

其消费行为，并为产品找到新的生存利基与空间[①]。

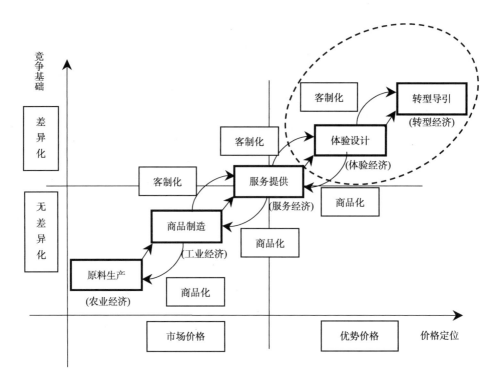

图 2-4 经济演进阶段

资料来源：Pine II B J, Gilmore J H. 1999. The Experience Economy: Work is Theatre & Every Business a Stage. Boston : Harvard Business School Press

　　在体验经济中，生产者不再生产初级产品(commodities)，而成为"舞台的提供者"(stagers)，在其精心制作的舞台上，消费者开始自己的、唯一的、值得回忆的表演。在体验经济中，劳动不再是体力的简单支出，劳动成为自我表现和创造体验的机会，劳动者需要发挥极大的想象力和艺术探索精神，需要深入理解阅读的视觉、语言、心理过程，需要洞悉社会文化风土人情，需要尽可能丰富的各类知识，消费的目标便转化为自我表现和创造体验的机会(表 2-3)。

---

① 张璠，张吉宏，朱琦文. 2001. 体验经济时代来临对工业区域发展之影响. 经济情势暨评论季刊，6(4): 1

表 2-3　不同经济阶段区分

经济提供物	产品	商品	服务	体验	转型
经济模式	农业	工业	服务	体验	转型
经济功能	采掘提炼	制造	传递	舞台展示	导引
提供物性质	可替换的	有形的	无形的	值得记忆的	有效的
关键属性	自然的	标准化的	定制的	个性化的	特有的
供给方法	大批储存	生产后库存	按需求传递	在一段时期后披露	持续一段时期
卖方	贸易商	制造商	提供者	展示者	导引者
买方	市场	用户	顾客	客人	渴望者
需求要素	特点	特色	利益	突出感受	特质

资料来源：Pine II B J, Gilmore J H. 1999. The Experience Economy：Work is Theatre & Every Business a Stage. Boston：Harvard Business School Press

　　然而，体验经济并非最终的经济产物，生产者可以在体验经济中建构转型，就像在服务经济上创造体验，将经济价值推展至第五个阶段的发展模式——转型经济(transformation economy) (图 2-4)。在此阶段中，卖方是导引者，买方成为渴望者，透过卖方对买方的导引行动，导引者改变了渴望者的客制化体验，并促成体验经济深层转型。此种经济模式的转型不只是在程度和功能上进行转变，而且是在态度、举止和性格等方面对消费者的改变，进而达成经济模式的种类和结构的转变。此时，转型导引者并非仅满足商品与服务需求，还须透过生理、感情、智识等精神层面来了解渴望者需求，才足以转移消费者内心真实的购买需求，建立特有的供给竞争优势，进而产生深远且持续的影响力。

　　体验经济与转型经济在商业领域的发展已呈现日新月异、多样化之形态①。反观地区的发展如果仍维持传统产品商品化做法，则仅足以达到无差异化与消极接受市场定价的经济发展模式。若能藉由不断客制化的过程，进行地方体验设计与转型导引促成经济改变其既有形态，挹注新体验经济乃至转型经济发展模式，即可望立基于较具差异化的竞争基础并取得较具优势的价格定位，建立地区独特且持久的竞争优势。

---

① 张璠，张吉宏，朱琦文.2001.体验经济时代来临对工业区域发展之影响.经济情势暨评论季刊, 6(4): 1

在工业时代的旧经济体系中，地区经济发展政策是由政府所主导的，以高度制式化的形式来维持地区的稳定发展，既不会面对外来的挑战，也不虞环境的激烈变动。这种发展模式只着重政策输出，并不考虑政策接收者的要求，一旦面临到其他区域的挑战就不再得以维持过往的稳定发展①。换言之，在地方发展中，廉价的劳力、有效率的制程与优待外资的投资环境是极易模仿且无法持久的竞争优势。当此之时，唯有植根于丰富文化体验内涵的经济体系，并深化以创意为核心的能力，推进地方经济转型，才能为地区创造独特且长久的竞争优势②。

二、文化产业定义与范畴

(一) 定义

基于全球化与在地化的地方发展逐步走向整合的趋势，全球各地区间兴起文化利用以创造资源的新思维。其在保存地方本身文化传统的基础上，拓展出全球共同利益的思维，藉由地区间的文化交流，共同运用各项文化资源，汇集成全球共同资产。如此一来，则文化与经济产业的结合不仅关注既有文化的保存，并得以在兼顾文化资产永续维护与发扬利用的基础上，促成地区发展资源的发掘与提升。由此，文化产业可视作为全球化下的地区乃至国家发展带来了极大的帮助，更成为许多先进国家都市再生的主要策略，实可视为 20 世纪末期的都市"象征经济"③(symbolic economy)。

关于文化产业的详细定义，联合国教科文组织认为其是"结合创作、生产与商业的内容，同时这些内容在本质上具有无形资产与文化概念的特性，并获得智能财产权的保护，而以产品或服务的形式来呈现的产业"④。吴思华认为文化产业乃是"以智财产业为核心的提供精神产品的生产和服务的产业。从内容来看，

---

① Stough R R. 1998. Infrastructure and technology in US metropolitan regions. Paper Presented at the Workshop on Infrastructure Policy, The Tinbergen Institute, Amsterdam, The Netherlands, February

② 吴思华. 2003. 文化创意产业的基础机制——人才培育与文化平台. 2003 文化创意产业：全球思考、台湾行动国际研讨会，台北：文化建设委员会

③ Zukin S. 1995. The Cultures of Cities. Oxford, UK: Blackwell

④ UNESCO. 2003. Cultural industry questions. 2008/2/24. http://www.unesco.org/culture/industries/ trade/html_ eng/question.shtml

文化产业也可以被视为创意产业；或在经济领域中，称之为未来性产业(future oriented industries)；或在科技领域中，称之为内容产业(content industries)"[1]。由于文化创意产业的发展有赖于创意与文化积累，透过智能财产的生成与运用，有潜力创造财富与就业机会并促进整体生活环境改善。因此，文化产业的核心价值(core value)，在于文化创意生成(culture and creative production)，而其发展关键则在于具有国际竞争力的创造性与文化特殊性[2]，这也是文化产业化的焦点所在。

由于文化工业(culture industry)与文化产业(culture industries)两名词所代表的意涵有所不同，因此学者认为也应该将两者进行定义上的区分。[3]详言之，文化工业乃是指称资本主义下的文化生产,有如工业一般，是标准化且大量生产的，制造了虚假需求，失去了文化(艺术)原来的真实性和解放潜能。因此，文化工业是个比较悲观的概念，认为资本和工具理性逻辑已经宰制了文化。至于复数的文化产业概念则指出，文化生产有其多样性，并非全然遵循同一逻辑，它也反对文化工业概念所预设的对于前工业文化生产形式的怀旧，而认为工业化新技术被引进文化生产，确实导致商品化，但也刺激了新的方向和创新。综言之，文化商品化的过程不是平顺而毫无阻碍的，资本主义进入文化领域的尝试并不完全且仍有所限制。基于上述，可以说文化产业还是一个有持续争议的地带。

(二) 范畴

在洪万隆[4]的研究中认为，以文化为焦点的经济发展有三个范畴：产业文化、文化产业和创意产业。产业文化(industrial culture)是将现有的产业加以文化包装，使其产值增加。文化产业(cultural industries)是一种纯粹性的文化活动，它可能是宗教性的、节庆性的，没有经济利益可言，但经过企业经营管理的过程之后，便可成为交易的商品。至于创意产业(creative industries)，其并非独立性的系统，它是一种过程而不是终结，实际上处于整个文化产业或产业文化的上游。由于这种

① 吴思华. 2003. 文化创意产业的基础机制——人才培育与文化平台. 2003 文化创意产业：全球思考、台湾行动国际研讨会

② 孙华翔.2003. 文化创意产业之产业定义.2003 文化创意产业：全球思考、台湾行动国际研讨会

③ 杨开忠.2006. 文化创意产业理论与实践. 北京：北京大学首都发展研究院

④ 洪万隆.2003. 文化焗长——文化佳肴的大厨. 台北：高竿出版社

以文化为核心的地区发展策略兼具有文化产业与创意产业的特色，因此亦可以文化创意产业(culture & creative industries)命名之。

文化创意产业是先进经济的新兴产业，其规模与成长率日益蓬勃增长[①]，这类产业的特质在于多样性、小型化、分布式，但其就业人口和产值一直保持成长，对于环境和生活质量的提升均有帮助，是所有进步国家极力推动的产业。析言之，在已开发社会中，服务业为最重要的产业，无论从其价值还是就业市场占有率来说皆然，而文化产业属于服务业的重要一环，其附加价值对国民生产毛额更是贡献良多，和劳动要素投入份额比率不相上下，尤其是对高技能的劳动。[②]美国在1997年生产了约4140亿美元的书籍、电影、音乐、电视节目和其他有版权的商品，而英国唱片业所雇用的人员和收入则都凌驾于其汽车、钢铁或纺织业之上。Howkins的研究中亦显示，1999年度全球创意产业的市场规模高达2.2兆美元[③](包括研发费用在内)，即使排除研发费用不算，仍有1.7兆美元。美国的台湾市场更是全球之冠，加上研发费用有9600亿美元，不算研发费用则有7200亿美元，年成长率则有5%，由此可看出文化产业在现代经济舞台上所扮演的重要角色。

文化创意产业本身是经济的一个组成部分，文化创意产业的充分发展，可以优化国家产业结构，有利于繁荣经济、扩大就业、提高人民生活质量，有利于全面实现社会进步[④]，因此文化创意产业对地方发展的帮助实在很大。这种结合了文化、艺术、生活、产业与空间环境的总体建设，不论在哪一个先进国家，都是所有城市和地方政府寻找生机与发展的基础。过去只重工程建设和经济产业开发的观念已经不符合现阶段地方发展的需求，展望未来，唯有以文化作为思考与规划地方建设的主轴才是地方行政的核心。[⑤⑥]

---

① Cunningham S. 2003. Developing the creative industries in Australia. International symposium on "creative industry": a global thought and future action in Taiwan. The Council for Cultural Affairs, Taipei, March 26

② Chen J R. 2003. Theory and policy of creation and commercialization of new cultural goods: an economists view. International symposium on "creative industry": a global thought and future action in Taiwan. The Council for Cultural Affairs, Taipei, March 26

③ Howkins J. 2001. The Creative Economy: How People Make Money From Ideas. Penguin Books

④ 吴思华. 2003. 文化创意产业的基础机制——人才培育与文化平台. 2003 文化创意产业：全球思考、台湾行动国际研讨会

⑤ McDowell L. 1997. Capital Culture: Gender at Work in the City. Oxford, UK: Black-well

⑥ Harvey D. 2000. Spaces of Hope. Berkeley, CA: University of California Press

三、文化产业的发展构面

基于文化产业具备地方发展多元贡献性，其又兼具文化、创意与产业经济之多重构面特性，涵括文化意象构面、文化创意构面与文化经济构面，本节乃从文化意象构面的艺术活动举办、文化创意构面的人力资源延揽与文化经济构面的就业机会创造分别作阐述。

(一) 文化经济构面的产业就业发展

经济发展一直以来是小区、地区与国家优先考虑的事务[①]。Lash 和 Urry 认为，当代社会已发生了质的变化，文化经济(culture economy)成为主要的发展模式，并且此模式带动了文化创意产业的兴盛。自 20 世纪 60 年代起，西方国家如美国、英国、法国、联邦德国与瑞士等陆续面临资本主义发展的危机，因而出现了经济结构重组的过程。在此过程中，逐渐形成了以文化为核心的经济发展模式[②]。资本主义的这一结构重组过程因而被解释为知识经济的诞生[③]。

文化经济是知识经济趋势下的主要发展模式，其所指的是整体经济体系层次。文化经济概念强调，对当代社会整体体系而言，文化是核心的动力来源。不论是对于生产过程(如企业组织管理文化)还是对于产品本身(如产品设计)，文化都扮演着重要的角色。任何产业都必须思考文化对其的帮助，以提高本身的竞争力。这些产业本身并非仅以重视从事文化活动为主要内容，更指涉以文化活动为主要项目的特定产业部门的生产过程与成果。

在当今，文化与经济越趋紧密结合，经济文化化与文化经济化的跨界活动频繁，以往文化与经济间所存在的界线逐渐变得模糊，文化不再是不事生产的，而经济也不再是唯物质的；文化强调经济效益，而经济也追求文化意义。文化经济的发展促使文化创意产业成为整体经济的核心部门，其兴盛将会连带促进如传统

---

① Kotler P, Jain D, Maesincee S. 2002. Marketing Moves: a New Approach to Profits, Growth, and Renewal. Publisher: Harvard Business School Press

② Lash S, Urry J. 1994. The Economies of Signs and Space. London: Sage

③ 杨开忠. 2006. 文化创意产业决策关键词释义. 决策要参，(2): 69~74

制造业与观光服务业等其他产业的发展[①]。简言之，任何产业都可以加入文化经济，但文化创意产业则是文化经济的发展核心，而若就文化经济层次而言，任何经济活动都属于文化产业。因此，若未能对文化经济背景进行深入了解，则可能导致文化创意产业政策只是为了改善文化工作者的社会生存条件这一误解的产生，却不能深切体会文化产业在当代社会扮演的关键角色。由此可知文化经济乃是把握与推动文化创意产业发展所不可忽略的因素。

文化本身并不为经济服务，有其自身存在的价值，然而，文化的活动与事物会产生特定的经济效益，创造产值并提供就业机会。当今社会重视文化的产业活动，就是因为发现到文化部门现今在增加产值与就业机会方面极具发展潜力[②]。由于创造就业机会是地方经济发展重要的目标之一，创造就业机会可观之是否有额外的劳工移入这个区域，造成劳力供给的增加。为达成此目标，除鼓励现有的企业增加开销外，更可透过诸多政策奖励措施，鼓励新文化产业的成立，此种就业机会的创造，得以促成地区经济结构朝向文化经济调整；透过文化经济结构的转型，地区亦得以获得回馈，促成就业机会的持续提升。

传统上促进区域的就业机会包含公部门和私部门工作的开展，然于今日，把城市文化产业作为参与主体的各类艺术节庆，则已为都市居民提供了诸多临时性与永久性的工作机会。再则，世界许多国家的城市正面临产业结构的升级与换代，产业结构的调整必然会造成亟待分流的富余人员，而城市文化产业的发展将开辟新的都市就业空间，缓解都市经济结构调整的压力[③]。基于产业文化化与文化产业化对社会分工与就业、产业结构的变迁等面向所产生的深远影响[④]，因此，文化经济构面的产业就业因素，乃成为今日文化产业发展研究中亟须深刻关注的焦点课题。

(二) 文化创意构面的人力资源延揽

当地区经济系统的知识基础是经由学习而被提升时，它就会变成不断创造竞

---

① 杨开忠.2006. 文化创意产业决策关键词释义. 决策要参, (2): 69~74
② 杨开忠.2006. 文化创意产业决策关键词释义. 决策要参, (2): 69~74
③ 陈立旭.2002. 都市文化与都市精神: 中外城市文化比较. 南京: 东南大学出版社
④ 李向民，王晨.2005. 精神经济: 经济增长的新范式. 北大文化产业前沿报告, 2: 226~246

争优势和独占力的来源。同时，经由内部学习可望引导出新基本政策，进而提升发展[1]。

Maillat 和 Kebir 检验学习概念深入在地区经济或区域生产系统的情况[2]。学习过程被认为是在非物质资源中地区竞争性的重点，比硬件资源更能提供和获得经济的成功。有分权倾向的地方政府，其政策都是朝向创新的地方体系来发展，这种挑战是非常多面向的，涉及对小型企业的科技教育与服务。当地区环境有不同面向以及对面临到的资源的缺乏，却成为选址的标的时，在这种情况下，运用整合性的政策来面对是极为有用的。这种支持企业与员工去学习的地区体系乃可称为创新的地区体系。这种联结全球知识与科技网络的地区体系是由地方企业所产生而来的。对地区经济的发展来说，这种能和全球网络相沟通串联的工作极为重要，其融合了科技、企业、管理与营销技能，并以此来推动企业纳入网络活动当中，如此方能赋予地区掌握创新性与行动力，使发展中的地区得以与先进体系并驾齐驱，成为全球性的产业中心。

创意与创新是一体两面的概念，创新是基于工业社会时期的技术革命，创新可能是发明，是把原来没有的东西制造出来；而创意不仅是预知未来，还包含了发现过去。易言之，和创新概念相比较，创意处在一个更深层次的思维活动之中[3]。虽然创意与创新两者具有发展层次上的差异，然随着信息社会的来临，创意可以被界定为创新的能力，而且不只限于个人，也指一种集体互动的过程。这些复杂的过程替今日的"新经济"社会创造出了资源[4]。

由于文化产业的核心价值是原创性的文化内容，没有文化内容的创新，产品数量再多也缺乏价值，因此，文化创新能力已成为最为宝贵与最核心的文化产业发展能力[5]。易言之，在文化创意方面，考虑重点则在于关注文化、艺术和创意的活动和特殊质量。一个有利于文化参与活动的社会环境能产生新思想和新主见，

① Romer P M. 1990. Endogenous technological change. Journal of Political Economics, 98: 71~102

② Maillat D, Kebir L. 2001. The learning region and territorial production systems. *In*: Johansson B, Karlsson C, Stough R R. Theories of Endogenous Regional Growth, Lessons for Regional Policies. Heidelberg: 255~277

③ Howkins J. 2001. The Creative Economy: How People Make Money From Ideas. Penguin Books

④ Wiesand A J. 2003. Creative Europe: on government and management of Artistic creativity in Europe. ERICarts: European Research Institute for Comparative Cultural Policy and the Arts

⑤ 花建.2005. 文化产业竞争力的内涵、结构和战略重点. 北京大学文化产业前沿报告. 北京: 北京大学出版社

从而有利于促进创意的生成。①

人力资本是经济增长的关键，在一个社会里，人力资本的大量流动更加容易促成文化交往、技能和知识的传递及新思想的产生②。为求促成地区文化产业的创新与创意生成，文化人力资源的取得相当重要。高质量的文化人力将会主动执行文化创意与创作等非例行的程序作业，透过高附加价值技能作业，可以为文化产业注入新发展构念。相对地，具备创新与创意的文化意念亦能激发出更好的文化产品与文化服务。进言之，文化创意的生成与文化人力资源的充实乃为一体两面，相辅相成，两者的结合有助于涵养并促进文化产业的创意素质提升。

(三) 文化意象构面的艺术活动兴办

Bell 与 Castells 认为，知识与信息已经取代机械而成为当今社会生产力的动力来源③④。然而，依循 Lash 和 Urry 的观点，知识经济论点仅掌握到当代社会发展模式的部分特点⑤。因为当代社会在积极开发知识与信息(如基因)的同时，也在产品的生产与消费过程中运用大量的符号和象征元素(如品牌形象)，使产品成为文化意义的承载者。文化经济主张，挑动现代人消费欲望的，往往不是产品的功用好坏，而是其文化意义(符号价值)⑥。就此而言，地方发展中的地方文化意象(cultural image)的重要性也渐趋提升。

意象(image)又称心象(mental image)，是感觉经验的心理表象，是将外在世界中的事物进行编码转化后储存在长期记忆中的意识图像。地方意象是关于一个地方的一整套看法，也是对地方的看法、观念和印象之和⑦。地方意象是大量地方信息的精炼之物，是人们加工和提炼地方大量原始资料的产物。如果没有这些数

① 许焯权. 2005. 香港文化创意产业及创意社群研究. 2005 年艺术与文化学术研讨会, 台湾艺术教育馆、台湾中山大学艺术管理研究所主办, 高雄: 中山大学

② 许焯权. 2006. 新的财富之源——创意产业的作用. 第二届中国国际文化产业博览交易会文化产业发展论坛, 国务院文化部主办, 深圳

③ Bell D. 1999. The Coming of Post-Industrial Society: A Venture in Social Forecasting. Paperback, Basic Books

④ Castells M. 2000. The Rise of Networking Society. Blackwell Publishers

⑤ Lash S, Urry J. 1994. The Economies of Signs and Space. London: Sage

⑥ 杨开忠. 2006. 文化创意产业决策关键词释义. 决策要参, (2): 69~74

⑦ Lynch K. 1960. The Image of the City. Cambridge, Mass.: The MIT Press

据，就无法加工；若得不到有利数据，就会产生消极的加工结果。

魅力城市着重整体城市的经营，因此政府部门现在也开始了解到运用文化产业扭转地方意象与地方经济的潜力。由于地方意象的设计与建设是社会经济发展进步到一定阶段的必然产物，其对于促进当地经济与社会的全面发展具有极为重大的意义，因此其重要性不言而喻，但各地区间由于本身实质条件与建设的差异，所以所面临到的营销做法亦有极大的差异①。就此方面来说，学者即认为都市在进行营销行动时应有主轴，营销可以以建筑、古迹等静态事物来表现，也可以以活动、节庆来展现，各县市都可以藉由整体设计以找出自己的特色②。

传统上一般认为文化政策即艺术政策，但其实文化政策包含的活动范围更广③。艺术政策包含官方资助博物馆、视觉艺术(绘画、雕塑及陶艺)、表演艺术(交响乐、室内乐、圣乐、爵士乐、现代舞、歌剧、音乐剧及严肃戏剧)、史迹保存及人文作品(如创意写作与写诗)等活动。而文化政策除了支持前述活动之外，也包括支持其他官方资助的机构，如图书馆、典藏馆、战争纪念地、动物园、植物园、水族馆、公园，同时也支持各式地方庆典、博览会和节庆，民俗活动如拼布、乡村音乐、民俗舞蹈、手工艺等也在范围内，还有一些特定的巡回表演、马术竞赛会及乐旗队游行或许也包括在其中。

文化意象活动可能是具备传统艺术的形式或发展出更为创新的表现方式④，不管是哪一种，其都在地方发展中扮演了一个重要的角色，同时在发展形象再造策略过程中，文化意象活动的规划也成为协助地区作出明确定位的核心要素，因此 Ward 即认为推展文化活动可说是塑造地区良好形象，进而营销地区的最佳行动⑤。

由上述可知，文化产业的作用包含文化经济、文化人力资源和文化意象等三个层面的资本形态。其中以文化内涵最为基础，在地方发展政策上扮演了核心角色；再者，一个社会如果没有市场经济的流通机制，则文化的内涵将无从展现，

---

① Ashworth G J, Voogd H. 1990. Selling the City: Marketing Approaches in Public Sector Urban Planning. London: Belhaven Press

② 刘大和. 2002. 台湾发展文化创意产业的思考. 知识台湾电子报, 台北：台湾经济研究院

③ Mulcahy K V. 2007. What is cultural policy? Transformation and imagination. 2007 International Symposium on Theater Art and Administration Proceedings, National Sun yat-sen University, Taiwan: Kaohsiung

④ Ward S V. 1996. Rereading urban regime theory: a sympathetic critique. Geoforum, 27: 427~438

⑤ Ward S V. 1998. Selling Places: The Marketing and Promotion of Towns and Cities. London: E&FN Spoon

文化的价值将无法发挥。然若仅考虑文化与经济发展，却缺乏具备创新与创意构念的文化人力资源来将文化与经济联结，则无由促成经济转型，导引文化境界提升。依此，文化产业在文化经济、文化创意与文化意象等三构面的发展同样值得关注。进言之，发展文化创意产业，必须重视创意人才的培养、社会文化氛围的营造以及社会包容性的提升，经由对此三项构面同时探究，才足以对文化创意产业发展政策进行全面且系统的解构。

第三节　文化产业政策的公众参与

文化产业竞争力有与传统产业相同的共性，也有因对社会伦理、国家凝聚力、文化普及程度与国际影响等具有巨大作用而产生的特殊性，其为文化产业与社会、人文、生态环境、资源等相协调，从而获得永续发展的能力。依此，文化产业并不是一个自我维持、独立运转的封闭系统，它要不断获得信息、智能、技术、资金及自然资源等支持，避免过多地消耗不可再生的自然资源与人文资源，而通过智能资源等的不断投入与优化整合，推动文化产业发展，并实现扩大再生产[①]。由此，文化产业的发展若能结合信用、互惠、合作和充足的社会网络，除有利于增加集体福利、活化社会表达机制和市民承诺机制外，相对也能使个人和集体的创意能力更形兴盛[②]。

一、　文化政策参与的要件、特征与盲点

一个公众文化政策要能满足个人美学观感、增加社群价值并获得公众支持，须具备三样要件，可以以文化政策模式来说明[③]。

1. 文化民主

使文化作品得以透过一些方案与在地博物馆及表演艺术团体合作，并确保能

① 花建.2005. 文化产业竞争力的内涵、结构和战略重点. 北京大学文化产业前沿报告. 北京：北京大学出版社

② 许焯权. 2005. 香港文化创意产业及创意社群研究. 2005 年艺术与文化学术研讨会, 台湾艺术教育馆、台湾中山大学艺术管理研究所主办, 高雄：中山大学

③ Mulcahy K V. 2007. What is cultural policy? Transformation and imagination. 2007 International Symposium on Theater Art and Administration Proceedings, National Sun yat-sen University, Taiwan: Kaohsiung

继续得到对艺术及文化组织的实际支持，以教化观众。同时也提供机会发展及保存在地标准的文化机构，包括博物馆及表演艺术团体等。

2. 文化民主化

重视艺术及文化娱乐的能力，且不只是关心品位极其相同的文化活动。要支持的范围应包括非商业性文化活动、业余活动、在地博览会与节庆、纪念遗址，以及教育和科学机构如动物园、植物园、水族馆、天文馆与自然历史博物馆等。

3. 文化发展

提供各式可行方案教育儿童、青少年及各年龄层的成年人，使其懂得欣赏并学习文化作品的技术。可藉由小学、中学、大学等美术、音乐、跨文化欣赏课程、音乐技巧、纯艺术与传播艺术的训练，以及终身学习和参与的方式来达成前述目标。其中，在地图书馆对文化活动及青少年活动可谓至关重要。

文化政策极其复杂，需要为数众多的个人及组织参与艺术文物、演艺活动、产物和手工艺品的创造、产出、呈现、推广及保存[1]。以实际面来说，文化政策可被视为政府在艺术(包括营利文化产业)、人文及传承方面的活动总和，因此，文化政策的推展乃保有如下诸项特征[2]：

(1) 和文化政策有关的组织单位比一般想象的还多；

(2) 将这些组织与其活动的结合看做是要建立一个整体概念的观点并不普遍；

(3) 大部分文化政策都是隐含政治意图所采取之行动与决定；

(4) 大部分的文化政策并非是直接资助的结果，而是经过诸多斡旋才成立的。

基于上述，因此为更深刻了解文化与艺术的价值，应该消除三项影响公众支持文化政策的盲点[3]：①支持艺术只是为求宣传效果(handout)；②支持艺术是多余的(frill)；③支持艺术是精英主义(elitist)。换言之，文化与艺术除对当地经济有实

① Wyszomirski M J. 2002. Arts and Culture. Washington, DC: Brookings Institution Press

② Schuster J M. 2003. Mapping State Cultural Policy: The State of Washington. Chicago: University of Chicago Cultural Policy Centre

③ Mulcahy K V. 2007. What is cultural policy? Transformation and imagination. 2007 International Symposium on Theater Art and Administration Proceedings, National Sun yat-sen University, Taiwan: Kaohsiung

质影响，且对社会的生活质量有其必要贡献外，艺术与文化也可用以解决社会问题，并也欢迎全民参与。

二、文化产业发展的公共参与模式

文化创意产业的发展其实是透过文化的议题诱发新的公共参与模式，并藉由地区动员来培育新的地方能量[①]。即因此 Cliché 等提出了"创意文化统辖管理体系"之概念[②]，其认为文化的创意与创新仰赖诸多元群体(如评论家、经纪人、专业组织、工匠与店员、艺术与媒体实验室等)的信念与经验，这群人间的互动与网络，让创作的"统辖者"(补助机制与法令的决策者)了解文化艺术的创意与作品，这也称之为"创造力管理"的过程。此过程超越狭隘的文艺作品之管理与推广，需要一套一致的文化创意策略，并结合有效的机制贯彻执行，相关利害关系群体间之统辖体系可由图 2-5 中得知。

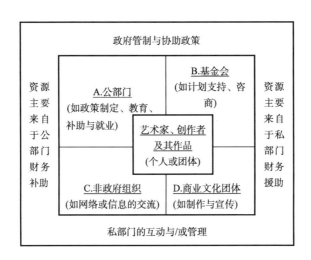

图 2-5　创意文化的统辖管理体系

资料来源：Cliché D, Mitchell R, Wiesand J A, et al. 2002. Creative Europe. ARCult Media, Bonn, Germany

图 2-5 中显示出各群体间的互动程度，其依国情、法令、传统、财务策略、

---

① 蒋耀贤. 2003. 艺术策略与区域平台. 第三部门与文化政策国际研讨会, 台北：台湾艺术发展协会

② Cliché D, Mitchell R, Wiesand J A, et al. 2002. Creative Europe. ARCult Media, Bonn, Germany

中央集权程度及国家或地区的大小而有不同，不过通常其变化并不大。进言之，此创意管辖体系中所呈现出的转变特性，不应被误认为是全盘模式的转变，而应该被视为不同区域中或以不同速度发生的一种过程。因此，此创意管辖体系显示的是不同文化群体的需求已不再集中于单一方向，也就是说在追求多重支持或赞助体系的同时，相当程度也促进了公部门、私部门及第三部门在文化制造链中积极地进行合作与发展创意。虽然图 2-5 显示出了相关群体在此统辖体系中的基本结构与传统的分工，但在今日，由于文化政策制定者、公家赞助部门、私人文化企业团体及消费者等都已经变得更多样化，公部门、私部门及第三部门中的多元群体也都超越旧有模式，重新定义了相互的关系，Wiesand 即进一步针对此体系中主要群体的调适过程进行了阐述(图 2-6)[1]。

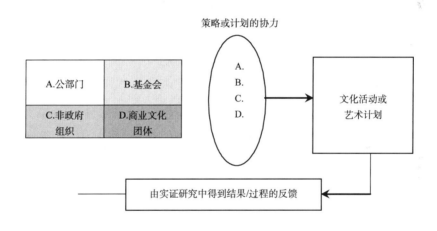

图 2-6　互动统辖体系中主要群体的策略性调适过程

资料来源：Wiesand A J. 2003. Creative Europe: on government and management of artistic creativity in Europe. ERICarts: European Research Institute for Comparative Cultural Policy and the Arts. 本书修改

　　在图 2-6 中，一方面其显示利害关系群体的伙伴关系正在互动系统中发生，从独立的个别计划朝向更正式的关系发展，进而成为一个相互依存并不断扩大的动态统辖体系；另一方面，卢建明更将全球化下的地方发展差异观念引入，认为

---

① Wiesand A J. 2003. Creative Europe: on government and management of artistic creativity in Europe. ERICarts: European Research Institute for Comparative Cultural Policy and the Arts

在文化结合产业化的发展过程中，文化被视为消费商品[①]，因此使得文化产业成为新产业结构基础的一部分，同时也成为产业结构的表面形式之一。作为产业基础时，文化产业得以存于现地不被淘汰，而随着外来的消费行为，文化产业被消费者所接受，文化产业也因此得以在现地之外流通；作为文化产业的形式，消费的诱因来自于文化的差异性，因为只有文化的差异性才使得消费成为供需的可能，使得消费得以跨地而行，这样的基本条件使得文化产业的发展与全球化之间形成一种动态系统。进言之，由于不同地区间的整合会加速此一过程，因此跨国性与全球性的交流与合作也益形重要，在此情况下，唯有结合现地文化并找出本身条件的差异特性，才是当前地区进行文化发展的首要之务。

　　基于本章讨论，由于面临着全球化与在地化的地方发展逐步走向整合的趋势，因此今日全球各地区间兴起文化利用以创造资源的新思维。在工业时代的旧经济体系中，地区经济发展政策是由政府所主导的，这种发展模式只着重政策输出，并不考虑政策接收者的要求，一旦面临其他区域的挑战就不再得以维持过往的稳定发展。在当前的知识经济趋势下，地方发展已由精英社会朝向多元社会迈进，传统精英领导已不足以因应地方发展的多元群体需求，若能思考藉由地方民众的主动参与，则得以促成参与地方发展事务的理性分析。循此，地方发展除了应植根于独特文化体验内涵的经济体系，深化以创意为核心能力，藉以推进地方经济转型外，更应深刻了解渴望者的需求，才足以转移消费者内心真实的购买需求，建立特有的供给竞争优势，进而产生深远且持续的影响力，此也才能为地区创造独特且长久的竞争优势。

---

① 卢建明.2003. 在地化与区域性文化产业. 第三部门与文化政策国际研讨会, 台北：台湾艺术发展协会

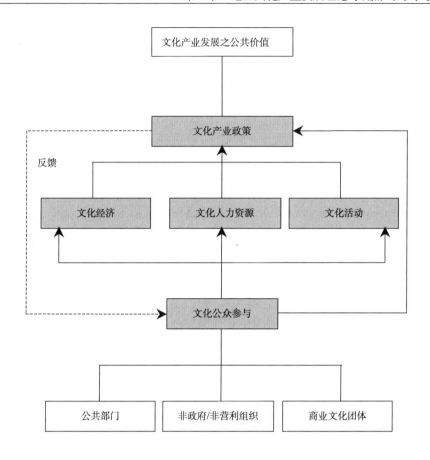

图 2-7 地区文化产业发展之公共价值创造结构

由上，地区文化发展与营销之公共价值创造实应透过文化的议题诱发新的公共参与模式，并藉由地区动员来培育新的地方能量，进一步促成文化创意产业的发展与回馈(图 2-7)。进言之，文化的创意与创新仰赖如公部门、私部门以及第三部门等多元群体的信念与经验，这种文化群体间的网络互动与创造力管理，其过程超越狭隘的文艺作品之管理与推广，即需要透过对地区文化经济、文化人力资源与文化活动之产业发展的条件分析，并结合地方多元群体共同参与地区文化发展行动规划，"由下而上"地探讨地区文化产业发展的政策愿景，如此才能确实掌握地区文化产业发展之公共参与的核心价值。

第三章　台湾地区文化产业发展政策规划

第一节　挑战 2008：台湾发展重点计划概述

鉴于文化产业为地区经济与发展所带来的正面效益，因此自 2002 年起，台湾"经建会"乃正式编列预算，将文化创意产业列为《挑战 2008：台湾发展重点计划》——十大重点投资计划中之一项[①](表 3-1)，这是台湾首次将抽象的文化软件视为总体建设的重大工程，以开拓创意领土，结合人文与经济发展文化产业为计划目标，以成立文化创意产业推动组织；培育艺术、设计及创意人才；整备创意产业发展环境；发展创意设计产业及创意媒体产业为执行策略，希望结合人文与经济产业创造高附加价值的效益，增加就业人口，提升人民的生活质量[②]。综上，地区文化建设与文化产业发展实力的累积，除了期能促成人文与经济产业成长，并培养地区的相对竞争优势外，更兼顾地区整体生活质量的提升，应可视为一种兼具文化、经济乃至地方总体发展意涵的前瞻性产业发展政策规划。

表 3-1　挑战 2008：台湾十大重点投资计划

	投资计划项目	计划目标	策略	计划预算比率/%
1	E 世代人才培育	培育具有创意活力及全球对话能力的新世代，也就是能够娴熟应用信息与英语的新世代	营造全球化生活环境，提升全民英语能力；推动全民网络教育；活化青少年教育；建立 E 世代终身学习的社会环境	0.36
2	文化创意产业发展	开拓创意领土，结合人文与经济发展文化产业	成立文化创意产业推动组织；培育艺术、设计与创意人才；整备创意产业发展环境；发展创意设计产业及创意媒体产业	0.25

① 赖素铃. 2007. 后来居上的强劲对手——北京与上海. 传艺双月刊, (73): 13~32
② 台湾行政主管部门经济建设委员会. 2003. 挑战 2008：台湾发展重点计划

续表

投资计划项目		计划目标	策略	计划预算比率/%
3	全球创新研发基地	鼓励民间投资研发,在六年内使研发投资达 GDP 的 3%,建设台湾成为在特殊领域亚洲最好的创新研发基地	吸引全球研发人才,引进全球研发资源;提供 500 亿元新台币研发贷款,活络创新研发活动;设立重点产业学院,鼓励产、学、研合作培育产业人才,蓄积创新研发能量;成立创新研发中心,建构特殊领域研发优势;推动重点产业科技研究,建立核心产业技术领域	5.25
4	产业高值化	提高产业附加价值,建设台湾成为全球高附加价值产品的生产及供应中心	共同筹募 1 000 亿元新台币创投基金,扩大新兴产业资金之取得管道;协助开发产业核心技术,包括电子/信息、光电、通信、机械、纺织、生技等,以提升产业附加价值;推动重点产业,包括传统产业高附加价值化、两兆双星产业、四大新服务业及绿色产业;奖励投资全球通路与品牌;促进劳动力升级;开发建设产业园区,作为产业发展基地	10.31
5	观光客倍增	发展台湾成为优质观光目的地,并使来台旅客在 2008 年增长到 500 万人次	整备现有套装旅游路线;开发新兴套装旅游路线及新景点;建置观光旅游服务网;宣传推广全球观光;发展会议展览产业	1.27
6	数字台湾	六年 600 万户宽带到家,建设台湾成为亚洲最 e 化的地区之一	发展宽带到家所需的基础设施;积极扶持新兴且具高潜力的数字产业,包括数字符娱乐、数字典藏、数字符学习等;推动电子化应用,包括电子化政府、智能型交通系统、产业/企业电子化、网络化社会、电子化生活等	13.34
7	营运总部	建设台湾成为台商及跨国企业设置区域营运总部的最佳地区	规划自由港区;以全套的租税行政措施,协助企业筹设运筹总部;建设北、中、南三大海空联港,整合海空运,以配合复合型运输之需求;简化各项通关贸易文件与作业,使通关无障碍;产业全球运筹电子化,使供应链管理顺利 e 化	1.40

续表

	投资计划项目	计划目标	策略	计划预算比率/%
8	全岛运输骨干整建	投资大众运输，整合大众交通服务，以提升台湾整体竞争力与强化运输服务功能	建设高速轨道运输系统，提供快捷、准时、安全的大众运输，包括完成高速铁路及联外道路、投资都会区捷运网，促进东部铁路快速化；协助台铁转型再生，改造台铁成为区域性的都会捷运；健全公路路网建设，包括补助地方公共交通、延伸/扩建高快速网，形成便利完善的生活圈道路网	52.78
9	水与绿建设	逐步恢复台湾的自然生态，创造亚热带地区生态岛屿典范	水资源合理规划利用；地貌改造与复育；发展再生能源；推动污水下水道建设，绿色营建计划	13.58
10	新故乡小区营造	利用在地资源，引入人才及创意，营造活泼多彩的地方小区	活化小区营造组织；小区营造资源整合；推动原住民新部落运动、新客家运动；发展医疗照顾服务小区化	1.46

资料来源：赖素铃.2007. 后来居上的强劲对手——北京与上海. 传艺双月刊, (73): 13~32. 本书整理

　　关于《挑战 2008：台湾发展重点计划》之规划，其所涵盖产业具有多样性、小型化、分布式特质，产业内容包括：①文化艺术核心产业。是指精致艺术之创作与发表，如表演(音乐、戏剧、舞蹈)、视觉艺术(绘画、雕塑、装置等)、传统民俗艺术等。②设计产业。是指建立在文化艺术核心基础上的应用艺术类型，如流行音乐、服装设计、广告与平面设计、影像与广播制作、游戏软件设计等。③创意支持与外围创意产业。是指支持上述产业之相关部门，如展览设施经营、策展专业、展演经纪、活动规划、出版营销、广告企划、流行文化包装等。计划主要是针对上述不同类型之文化艺术产业，就人才培育、研究发展、信息整合、财务资助、空间提供、产学合作接口、营销推广、租税减免等不同面向提出整合机制，配合地方政府、专业人士、民间和企业之协作，共同推动文化产业发展。目标是希望能够使就业人口增加一倍，产值增加两倍，并在华文世界建立台湾地区文化创意产业的领先地位。

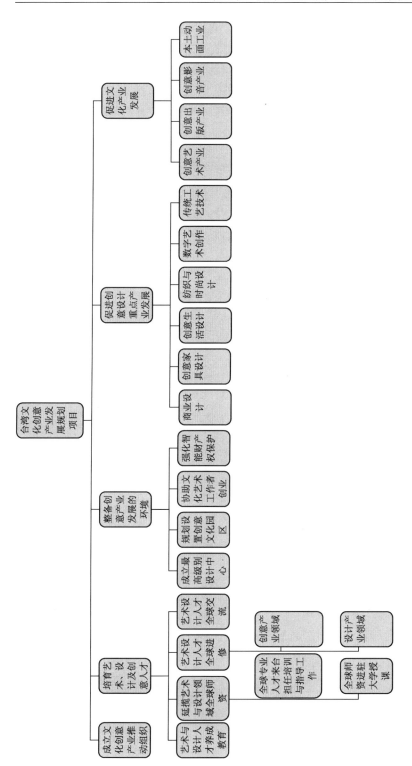

图 3-1　台湾地区文化创意产业发展规划

资料来源：赖素铃. 2007. 后来居上的强劲对手——北京与上海. 传艺双月刊, (73): 13~32

一、成立文化创意产业推动组织

2002~2007 年，由台湾经济主管部门工业局主导规划成立了文化创意产业推动组织。该项目由台湾经济主管部门、"文建会"、台湾教育主管部门及"经建会"共同成立文化创意产业推动小组及办公室，统筹研拟台湾地区文化创意产业之年度及中、长程发展策略与措施；并规划成立跨部门之文化创意产业顾问小组，聘请海内外文化、艺术、创意、设计等领域的专家组成顾问团，专责议定台湾总体文化创意产业发展政策，落实推动创意文化产业之发展。期望透过顾问小组及推动小组之运作机制，统合台湾地区内外部资源与经验，发展台湾以文化、艺术为基础之创意型产业。

二、培育艺术、设计及创意人才

(一) 艺术与设计人才养成教育

2002~2007 年，由台湾教育主管部门担任主管机关，推动艺术与设计人才养成教育。针对该计划所涵盖的各类型文化、艺术、创意、设计相关领域，组成全球咨询顾问小组(如文化创意产业推动小组等)，评估台湾艺术与设计教育制度，提出改善计划，并研定落实策略。期望透过改革大专院校艺术及设计人才养成教育体系的具体行动，提升台湾艺术与设计人力素质。

(二) 延揽艺术与设计领域全球师资

1. 全球专业人才来台担任培训与指导工作

此项目规划由"文建会"担任主管单位，拟于2003~2007 年，导引全球专业人才来台担任培训与指导工作。具体行动规划乃在台湾行政主管部门原有《科技人才培训及运用方案》中，增设有关艺术与设计领域，协助台湾产、官、学、研各界扩大延揽海外人才，针对音乐(不分古典与流行音乐)、戏剧、舞蹈、电影、建筑、视觉设计、服装设计与环境设计等各项专业领域，来台举办各式论坛与讲座，培训高阶文化创意产业策划与设计人才，协助企业与全球顾问间建立诊断与交流互动平台。项目期望藉由整合台湾地区产、官、学、研各界资源，致力自海外延揽人才，填补原有培训师资水平与数量之不足。

2. 全球师资进驻大学授课

鉴于台湾艺术与设计领域之教学与研究水平相对于科技水平尚有待提升，为延揽科技人才，台湾行政主管部门订定补助延揽科技人才作业要点，俾培育相关优秀人才，同时加强延揽专科以上学校艺术与设计领域之海外师资。此项目由"教育部"提出项目计划，协助设有文化艺术产业与设计专业之大学院校延揽全球级顶尖师资，从事艺术与设计领域之教学与研究工作。其延揽方式，是以特聘教授或特聘研究人员的名义聘任。在聘任程序上，由学校提出申请，由台湾教育主管部门组成项目小组审查。

基于上述规划理念，设定相关聘任资格如下：

(1) 须为未满 70 岁之全球知名学者专家，且为台湾地区本身所不足之人才。

(2) 现任或曾任海外大学教授或研究机构之研究员，最近三年内有研究成果发表为全球所推崇者，在学术上有崇高地位与特殊成就，为全球知名者。

为能延揽全球顶尖人才，在薪俸方面，未来研拟在教授最高薪级之上再定九级薪级，根据其教学研究绩效，评定其薪级，且每隔三年重新评鉴其教学研究绩效之等级，再根据评鉴等级，重新评定薪级。每年补助 5~10 名。

该项目期望于 2003~2007 年，藉由全球顶尖人才之带动，提高台湾专科以上学校艺术与设计领域之教学与研究水平，并进一步提升台湾文化艺术发展领域之全球竞争力。

(三) 艺术设计人才全球进修

1. 创意产业领域

基于台湾地区文化创意产业人才普遍缺乏，因而于此计划项目中，规划由"文建会"主导，2003~2007 年，每年针对影像、流行、出版、艺术等四大类文化创意产业领域，选送台湾各行业相关领域杰出的从业精英，采用业者与政府对半出资的模式，分赴世界相关领域中的知名产业机构，展开为期半年或一年的进修，创造台湾地区高素质文化创意产业种子人才，带动台湾地区文化创意产业的整体发展。

透过上述项目规划，期能在 2003~2007 年为台湾地区文化创意产业培养出各类专业精英约 600 名，满足六年内文化创意产业的人才需求，并望对台湾地区文化产业的研发、创作、制作、技术等带来新的技术和知识，成为台湾地区发展文化产业永久性的人力资源。

2. 设计产业领域

为培养台湾地区创意设计产业人才，经济主管部门于 2002~2007 年每年针对创意家具、纺织与时尚、数字艺术、创意生活、传统工艺和商业等六类重点创意设计产业领域，遴选台湾内部优秀设计从业人才，并派赴设计先进国家与当地设计专业单位人员进行交流研习，并实地参访及共同参与工作。透过带案实作之合作机制，吸收海外开发产品之成功经验，体验将文化特色融入设计之开发手法，促进台湾设计技术水准之提升。计划学费乃采业者与政府各出资 50% 之模式办理。

为期对台湾地区创意设计产业的研发、创作、制作、技术等带来新的技术、知识，厚植台湾发展文化产业之人力资源。因此经由该项目规划，期望于六年间为台湾地区文化创意产业产业培养出约 600 名各类专业精英，满足六年内创意设计产业的人才需求；并透过出访海外研习做法培育 100 名高阶设计实务与管理之专业人才，以逐步提升设计业整体能量，进而带动设计产业迈向全球化。

(四) 艺术设计人才全球交流

在艺术设计人才全球交流项目下，研拟出《推动民间参与全球性艺术与设计产业组织计划》和《推动艺术与设计产业人才互换制度》。

1. 推动民间参与全球性艺术与设计产业组织计划

补助台湾地区创意艺术与设计产业业者出访海外参与有关艺术与设计产业之全球性会议、论坛、研讨会、年会等活动费用，透过外交体系协助艺术与设计产业参与全球性艺术与设计产业非政府组织(NGO)，奖助艺术与设计业者创作作品之全球发表。

2. 推动艺术与设计产业人才互换制度

将焦点置于发展文化艺术与设计产业，透过计划性人才互换制度，推动与全球知名艺术与设计产业进行人才互换驻点工作。

该项目由"文建会"与经济主管部门主办，结合上述两规划机制，期于2003~2007 年，拓展艺术与设计产业人才之全球脉络，提升艺术与设计产业全球化视野，促成非官方民间艺术与设计产业知识、技术与创作之交流。

三、整备创意产业发展的环境

(一) 成立台湾地区总体层级设计中心

在成立台湾地区总体层级设计中心项目上，规划自 2002~2007 年由经济主管部门主导，进行台湾设计中心、全球设计大赛与设计服务网等三项具体行动。

1. 筹设台湾地区设计中心

建置涵括设计知识服务、电子化协同设计、设计创意交易服务等三大平台，以及设计创新研发、创业育成、产学合作、设计评鉴与设计推广倡导等五大体系，作为建构台湾地区优质设计与艺文发展环境之核心枢纽。

2. 举办全球设计大赛

带动产业界投入设计研发风气，在全球营造出台湾地区重视设计创新之新形象；并规划定期举办全球创意设计大展，提供产业界与消费大众观摩与学习之机会，彰显推动设计创新之具体成效。

3. 规划建置设计服务网

结合各地文化、艺术公共资源，形成设计与创意交流网络，以促进文化创意产业发展。

至其相关效益，则可归纳为如下数项：

(1) 协助产业提升设计能力，健全设计知识型等技术服务业发展，维持产业以创新为主轴的核心优势，建立具有竞争力的创新设计体系与环境；并透过各类文化艺术活动的推展，提高社会整体文化素养。

(2) 透过举办全球设计大赛，提升产业对创新设计之投入；并透过创意设计大展，促进台湾设计产业标杆学习成效，带动产业与设计业水平之提升。

(3) 透过设计服务网站，整合各地文化、创意资源，落实文化创意产业之发展，促成"文化产业化、产业文化化"。

(二) 规划设置创意文化园区

创意文化园区之设置，乃为结合财政主管部门民营化后之闲置酒厂，包括台北华山、花莲、嘉义、台中、台南等五地酒厂，与工业文明遗留下的厂房作有机的串联，使这些工业文化遗产成为台湾在工业发展后活化再利用的典范。基于此规划理念，园区规划成包含公园绿地、创意设计工坊及创意作品展示中心的创意文化特区等，并针对既有建筑物现况与结构安全调查、测绘、修缮与园馆营造，以及特区周围环境景观进行改造。

1. 创意工坊

以现有华山建啤、台中、嘉义、花莲各酒厂及台南烟酒公卖局、仓库基地为基础，整修现有厂房，进行基本设备配置；以低廉价格出租于创意艺术家、创意设计者作为工坊；以现有生活需求为主要设计项目，提升创意水平和设计产品产值。

2. 展场与卖场

为期活络创意文化园区的市场与参观人气，因此开辟专业水平场地，提供展演空间。具体做法包含开辟视觉设计展示中心、戏剧院、舞蹈厅、电影中心、传统艺术说唱茶馆，以及提供创意附加价值产品交易场地。

该项目期望乃由"文建会"主导，于2003~2007年设置创意工坊，让艺术家与创意设计者能够集中起来，彼此观摩学习，提升台湾设计能力，也提升人民生活的美学需求，增加附加价值的创意产品。展场与卖场提供创作者与消费者互通的平台，以最具台湾本地特色的创意表演与产品设计，吸引观光人潮，提升服务业就业机会，增加设计产品产值。

(三) 协助文化艺术工作者创业

设计工业与工艺振兴发展条例拟议，为提供台湾地区工艺发展的长期性及一贯性辅导政策依据，藉由辅导及补助措施、经营资金的融通等，营造台湾地区工艺发展的良好环境及条件，让台湾地区创意产业能永续发展。鼓励企业投资台湾地区表演艺术、电影电视制作，提升企业形象，也提供艺术与经济结合的思考组合，改变台湾地区青年的就业形态，增加就业机会。

基于上述理念，此项目首先由"文建会"主导，2003~2007 年引进辅导基金、辅导创意工业及中小型企业经营模式，提升文化产业、设计产业和创意水平。其次，辅导青年工作者第一次创办小型设计创意工作室。再次，推动专责辅导机制，增加人口就业机会。最后，透过经济主管部门与"文建会"的结合，办理青年小型创业贷款创意设计，推动订定《设计、工艺振兴发展条例》，建立起台湾地区设计及工艺发展具长期性与一贯性的辅导政策依据。

(四) 强化智能财产权保护

1996 年经济合作与发展组织发表《知识经济报告》，认为知识已成为生产力提升与经济成长的主要驱动力，在全球化的潮流下，如何保护及重视智能财产权，将是未来经济能否持续发展之重要课题。因此，在强化智能财产权保护项目中，特研拟《加强保护智能财产权计划》，由经济主管部门主导，从健全法制、加强倡导、提升人员专业训练、推动"不做、不买、不卖""三不"运动、成立专责查缉警力、加强查缉仿冒、有效保护合法者的权益等方面着手，以建构一个良好的智能财产权保护环境。

在具体政策方面，此项目期望透过智能财产权的强化，促进研发风气，并藉由查缉仿冒与教育倡导双轨制度，提高人民尊重智能财产权的意识，营造文化创新发展及社会资源共享环境，落实智能财产权保护。因此要求于 2002~2007 年促成专利案件每年达 108% 之成长率，带动企业良性经营发展，提高总体经济成长。此外，建立使用付费观念，改善投资经营环境，促进企业永续发展，提升全球竞争力。

四、促进创意设计重点产业发展

(一) 商业设计

台湾地区商业蓬勃发展,其中商业设计服务业一直扮演着重要角色,导引商业经营活动更多元化增长,所以提升商业设计产业能力成了重要产业发展重点,故将如下课题列为优先发展项目:

(1) 全球商业设计新观念、技术及成功模式与经验引进。

(2) 建立商业设计服务体系与技术合作。

(3) 强化商业设计服务价值。

(4) 提高商业设计专业服务质量与能量。

相关项目的规划执行乃由经济主管部门担任主导单位,期望于 2004~2007 年达成如下三项效益:

(1) 全面促使商业设计服务产业达到全球化水平。

(2) 提供商业设计产业与其他商业服务业结合机制,以策略合作促进商业产值提高。

(3) 台湾商业设计人才养成及导引商业设计专业服务观念建立。

(二) 创意家具设计

家具工业为台湾地区重要的传统民生工业,迄今已发展成为重要之外销导向产业,2001 年家具产业之产值约合新台币 400 亿元,其中以金属家具为主要生产种类,家具工厂之规模则多属员工数 50 人以下之中小企业,对具时尚流行及高附加价值之新产品开发能力较弱。故此项目由经济主管部门主导,期望于 2003~2007 年藉由运用创新产品设计开发、制程改良等辅导措施,引导厂商提升家具产品设计能力,发展符合目标市场消费习性及设计趋势之家具产品,并促成新产品开发以增加产品附加价值,俾有助于厂商提升产业竞争能力。

(三) 创意生活设计

由于台湾地区所得及消费能力不断提升,为追求精致、舒适、有创意及有品位的良好生活，因此创意生活之推动系结合台湾地区既有产业制造基础，融入创意、科技与人文，提供产品、场所、活动、服务之整合型产业网络，以提升其附加价值来延续产业竞争力，并提升生活质量。

基于此，经济主管部门乃规划自 2002~2007 年采取如下两项具体政策行动：

(1) 预计评选 100 家示范性创意生活企业，扶植 50 个创意生活产业，提升创意生活产业产值 300 亿元，并支撑 10 万个就业机会。

(2) 开创既有产业之附加价值，加速既有产业升级转型，兼顾促进产业发展与改善生活质量，将"制造台湾"提升为"知识台湾"。

由上，期透过积极塑造创意生活产业发展环境，提供咨询辅导服务，评选及表扬示范性创意生活企业，并推动创意流通平台，建置创意生活产业数据库与办理相关推广及倡导活动等，以带动创意生活产业发展趋势。

(四) 纺织与时尚设计

鉴于台湾地区人造纤维原料及制程在全球市场上极占优势，但设计、营销则相对较弱，故为因应近年来全球市场环境骤变，在全球买主由过去单纯大量生产的采购模式转变为要求设计、生产、营销全方位的服务现况下，急需产、官、学、研之共同努力。因此，该项目乃由经济主管部门主导，于 2003~2007 年规划如下发展方向：

(1) 结合产、官、学、研各界之设计创新能量，对纺织设计相关之优秀人才提供各种知识、设计竞赛、研习活动、建教合作育成中心等培训活动管道，以提升未来投入纺织设计工作行列之意愿及向心力。

(2) 透过每年所办理之相关活动及各式媒体广告宣传可吸引社会大众及全球媒体对台湾纺织与时尚设计领域的关注与认知。

(3) 协助业者整合设计研发及市场营销能力，以建构设计产销全方位之加值型服务链，增进业者掌握全球品牌买家之竞争优势。

汇整上述，相关项目进一步提出具体政策行动，包括以研究机构专业人力办理一年两季赴校提供流行新知研讨会，由学校推荐优秀及具潜力的学生参加一年一梯次之新秀研习营，由研究机构代为甄选并培训专业设计人才 10~20 名等各项活动，有计划地培育符合产业需求及具全球观之专业设计与营销人才，以提升产业之自主设计能力；另鼓励台湾设计人才参与全球化竞赛，以教育及参加竞赛方式强化台湾地区本身设计人才实力，提升设计水平；并以举办时尚周的方式邀请全球知名人士来台，藉以吸引媒体聚焦；最后，并藉由直接参与营销活动，进行设计与营销结合以配合全球市场趋势潮流，藉以深植台湾地区纺织产业设计营销能力与挂帅实力，带动纺织产业转型以增强全球竞争力。

(五) 数字艺术创作

科技时代的来临为艺术发展带来了革命性的冲击，数字艺术成为全球重要的艺术范畴，因此，2003~2007 年由"文建会"主导，进行了相关政策规划，较具体者为如下数项：

(1) 办理全球数字艺术竞赛，邀请全球知名之新媒体艺术机构负责人、艺术协会代表、艺评人、策展人担任评审工作，培育新生代优秀艺术家，加速提升台湾地区新媒体艺术的发展。

(2) 办理全球展览、全球讲座、高峰会谈、视讯论坛及建立网站等，并提升民众数字艺术涵养。

(3) 辅导数字艺术馆成立，鼓励数字艺术创作，推动企业认养制度，加强计算机软件设计。台湾计算机软件在亚洲占有极大市场，计算机普及率达80%，游戏软件公司 300 多家。

(4) 鼓励厂商与大学信息科系结合，提供奖学金奖励计算机软件研究，设计计算机软件艺术创作平台，举办游戏软件、应用软件、艺术软件等各项设计竞赛。

基于培养艺术人接受科技创新的新趋势，因此为迎向全球舞台发展，其项目的规划重点即在提供科技人参与艺术的平台，提高台湾地区的软件制作环境，从硬件的设计到软件设计，最终促成"科技艺术化"。

(六) 传统工艺技术

为使台湾地区工艺文化与传统产业能在全球化、知识经济的时代潮流中胜出，拟建构一利于台湾地区工艺传统产业往知识型创意产业蜕变发展的优质环境平台，促进台湾地区地方工艺振兴，激发当代工艺创新活力，提升民众生活文化品位。期能规划出兼具法源、制度、人才育成确保、支持体系、e化网络平台、区域整合发展据点等全面向的台湾工艺振兴发展计划。

基于此,该项目由台湾工艺研究所主导,规划如下:

(1) 推动订定《工艺振兴发展条例》计划。

(2) 地方工艺振兴发展计划。

(3) 传统工艺活化与创新计划。

(4) 21 世纪台湾生活工艺推广计划。

综上,期望 2003~2007 年透过建构地方文化活化、工艺创意产业发展的优质环境平台,促进工艺传统产业往现代创意型产业转型发展,在将传统工艺技术转型为文化创意产业的过程中,也得以促成台湾地区传统工艺技术的维护、保存与更新。

五、促进文化产业发展

(一) 创意艺术产业

此项目由"文建会"主导,于 2003~2007 年针对表演艺术、视觉艺术等文化艺术核心产业,协助艺术领域发展产业化,亦即包括人才培育、资金募集与流通、观众市场、展演场地通路、艺术创作提升、全球接轨与营销、文化行政升级等各项艺术产业政策操作。

1. 着重艺术负责人的培训与交流

协助负责人与其他产业领域业者交流(高科技、影音媒体、设计、教育等业者),提高艺术产业的能动性。同时协助建立艺术产业的人才供需机制,让好的艺术人才愿意留在艺术产业,让每个艺术业者都能找到好人才。

2. 在观众市场部分

采取计划性媒体宣传,搭配学校课外教学活动,倡导艺文付费观念,引导观众走进剧场、音乐厅和画廊,让艺文展演成为民众休闲活动的一环。

3. 在展场场地通路部分

全面检讨中小型展演场地需求与供给关系，对于既有闲置展演场地将重新检讨经营策略，或委外民间业者经营；对于供给不足地区，将利用既有学校礼堂、活动中心，结合地方文化馆计划进行小型工程改善，满足地区需求。

4. 在艺术创作提升部分

特别全面检讨艺术产业补助政策，加重补助新创作与展演，同时举办前卫创作竞赛，鼓励年轻艺术工作者大量从事前卫、实验型创作，提升创作能量。

5. 在文化行政升级部分

建立产业界与艺术界之合作关系，引进管理顾问机制，协助艺术产业健全人事、财务、营销、企划之基本经营能力。

期望藉由上述政策行动，初步建立起包括上游人才培育与供给、中游艺术创作、下游艺术展演、市场与传播等艺术产业体系与产业关系。

(二) 创意出版产业

发达的网络使出版业的全球制作成为可能。台湾地区目前拥有数量丰富的文字、美术编辑，翻译人才，足够的计算机排版、分色、印刷技术，因此在制作部分，将可透过坚强的专业阵容，吸引足够的成品到台湾地区进行出版品的后制，为相关产业带来商机。再者，在市场方面，规划配合多语政策，积极奖励翻译事业，一方面将外语出版品翻译为汉语，另一方面大量翻译台湾的优质书籍用以进军全球市场，为本地书籍开辟海外市场。并透过全球性书展的定期举办，一方面推广本地作家的创作，另一方面建立以台湾地区为亚洲主要的版权交易中心。

基于上述规划，本项目由台湾新闻主管部门主导，于2003~2007年提出如下发展策略。

1. 发展知识经济观念，以美学素养与设计专业创造产业附加价值

吸引全球发行的图书、杂志在台湾地区进行亚洲地区版本或华文版本的编辑、制版、印刷，并鼓励业者跨海承接精美图文出版品制作，行政主管部门对于在台进行制作的跨海图文出版品给予减税等实质优惠。

2. 发展台北全球书展成为亚洲版权交易中心，提升台湾文化出版形象

编列经费奖励翻译事业，除奖励大量翻译外语出版品外，也奖励请专人常态性翻译本地作品，供海内外民间出版社发行，并透过全球性书展等展示及版权交易场合向外国市场介绍。

3. 配合多语政策，促进翻译事业

为充实翻译、编辑人才，必须加强相关专业人员培训。一方面透过现有教育资源，另一方面与专业单位合作设计高阶人力培训课程。期望藉由译介本地的作品，让台湾除了输出硬件产品外，兼能输出文化。

(三) 创意影音产业

媒体数字符化后，通路容量大增，但最欠缺的将会是内容的产制，台湾应趁此机会，大力发展电视、电影的内容，这两者在未来的通路上也是趋于整合的。在华文世界中，台湾目前拥有内容产制的相对优势，但台湾应该发展出属于自己风格的媒体内容，并与好莱坞式的内容做出区隔，属东方的、有人文品位的、高质感的风格，是其追求的方向；并选择跨区域题材，以利全球性发行的市场考虑。此外，台湾的流行音乐事业已形成一个成熟的产业，尤其是在华语圈内更居领导的地位，亦即本地音乐市场深具潜力，急需继续加以推展，目前最大的问题是苦于盗版猖獗，如何压制盗版是关键。

基于上述规划理念，相关项目亦由台湾新闻主管部门主导，于2002~2007年提出如下发展策略：

(1) 以相对投资原则鼓励创作团队研提节目制作案。团队必须以过往作品证明自己的实力，并提出完整详尽的节目制作企划，通过"优质节目评选委员会"

的审查，提供制作节目的相对资金。制作团队在完成节目制作后，除了必须通过评审委员会的认可，并履行在公共性频道、通路上播出的一定义务之外，仍可自由进行作品的商业发行，官方将不会干涉，而且仍然鼓励商业发行，这是因为理想的优质节目创作，必须是能雅俗共赏、叫好又叫座的。

(2) 扩大并修正目前的电影辅导金制度，透过对制作、发行、宣传、票房、映演通路、海外市场拓展的整体奖励机制，重新提振台湾的电影产业。

(3) 将电视节目制作与电影拍摄作一定程度的结合。例如，同时发行同套作品的电视、电影版，透过电视的普及性为电影作免费宣传。

(4) 致力于办好影展与音乐奖，有计划地为台湾制的影音内容开发海外市场。东南亚、日本、韩国、全球华人区都是潜在市场。

(5) 加强取缔盗版的力度，保障创作者的智能财产权。

(6) 以投资奖励的政策，让企业界乐于投资电影、电视影像产业，第一阶段可以五年为期设计方案。

(7) 协助成立电影与广播学院及媒体文化园区。

综上，相关项目旨在降低台湾对于影音文化财大量入超的现象，以创意创造财富。从产业链的影响来看，前端制作经费的挹注，将会刺激包括导演、编剧、演员、企划、作词、作曲、编曲、制作、影音工程、美术设计、冲片、印片、录音、压片等各环节的工作机会，活络的产业又可反过来促进专业水平的提升。

(四) 本地动画工业

漫画以其图像为主的特性，深具全球性竞争潜力。台湾具备本地漫画人才，也是全球漫画工业重要的代工重镇，读者对漫画的阅读需求更是与日俱增，所以不论从市场面或产业基础面来评估，台湾都具有发展本地漫画工业的潜力。所谓漫画工业，包括平面出版到卡通动画制作的每个环节，包含创意设计、原稿绘图、版面设计、计算机动画制作等各面向。

基于建立本地漫画工业，带动周边产业繁荣的规划理念，该项目委由新闻主管部门主导，于2003~2007年推展如下发展策略：

(1) 鼓励漫画原形的出现，先规划一个出版业界的"2003 台湾漫画年"，结合出版社、美术专业学校以及社会上其他对绘制漫画有兴趣的职业或业余人士，举办台湾漫画展，鼓励受过专业训练的创作者秀出其作品。

(2) 配合"台湾漫画年"、台湾漫画展举办"漫画大赛"，以高额奖金、强度宣传培养本地的漫画人才。以相对投资概念，每年奖助若干部卡通动画片的拍摄或营销、发行(电影或电视)。

好莱坞成功向全世界推销了改良后的花木兰形象，日本人也已经多次用《西游记》画出受欢迎的动画，日本人还用其自身的神话故事成功创造了《神隐少女》、《龙猫》等经典卡通。台湾也不乏相关题材，但台湾却缺乏自创的卡通，故乃应该善于运用台湾特有的文化题材，创作出具台湾特色与风格的动画产业。

第二节　文化创意产业发展计划

一、文化创意产业发展计划简介

基于《挑战2008：台湾发展重点计划》之文化产业多样性、小型化、分布式特质，所涵盖产业具有文化内涵、文化创意与文化经济面向，因此提出"开拓创意领域，结合人文与经济，发展具全球水平之文化创意产业"作为计划愿景，并进而界定文化产业定义为"源自创意或文化积累，透过智能财产的形成与运用，具有创造财富与就业机会潜力，并促进整体生活环境提升的行业"(表3-2、图3-2)。

表 3-2　台湾地区文化创意产业之范畴及主办机关

项 次	产业名称	主办机关	产业概括说明	例示产业
1	视觉艺术产业	"文建会"	凡从事绘画、雕塑及其他艺术品的创作、艺术品的拍卖零售、画廊、艺术品展览、艺术经纪代理、艺术品的公证鉴价、艺术品修复等之行业均属之	

项 次	产业名称	主办机关	产业概括说明	例示产业
2	音乐与表演艺术产业	"文建会"	凡从事戏剧(剧本创作、戏剧训练、表演等)、音乐剧及歌剧(乐曲创作、演奏训练、表演等)、音乐的现场表演及作词作曲、表演服装设计与制作、表演造型设计、表演舞台灯光设计、表演场地(大型剧院、小型剧院、音乐厅、露天舞台等)、表演设施经营管理(剧院、音乐厅、露天广场等)、表演艺术经纪代理、表演艺术硬件服务(道具制作与管理、舞台搭设、灯光设备、音响工程等)、艺术节经营等之行业均属之	
3	文化展演设施产业	"文建会"	凡从事美术馆、博物馆、艺术村等之行业均属之	
4	工艺产业	"文建会"	凡从事工艺创作、工艺设计、工艺品展售、工艺品鉴定制度等之行业均属之	
5	电影产业	新闻主管部门	凡从事电影片创作、发行映演及电影周边产制服务等之行业均属之	影片生产、幻灯片制作业、影片代理业、电影片买卖业、电影片租赁业、映演业、影片放映业、电影制片厂业、电影冲印厂业、卡通影片制作厂业、影片剪辑业、电影录音厂业等
6	广播电视产业	新闻主管部门	凡从事无线电、有线电、卫星广播、电视经营及节目制作、供应之行业均属之	广播电台业、无线电视台业、有线电视台业、其他电视业、配音服务业、广播电视节目制作、录影节目带制作、广播电视发行业等
7	出版产业	新闻主管部门	凡从事新闻、杂志(期刊)、书籍、唱片、录音带、计算机软件等具有著作权商品发行之行业均属之。但从事电影发行之行业应归入电影片发行业细类,从事广播电视节目及录像节目带发行之行业应归入广播节目供应业细类	报社业、期刊、杂志出版业、书籍出版业、唱片出版业、激光唱片出版业、录音带出版业、录像带、碟影片业等

续表

项 次	产业名称	主办机关	产业概括说明	例示产业
8	广告产业	经济主管部门	凡从事各种媒体宣传物之设计、绘制、摄影、模型、制作及装置等之行业均属之。独立经营分送广告、招揽广告之行业亦归入本类	广告制作业、广告装潢设计业、户外海报制作业、户外广告板、广告塔制作业、霓虹灯广告制作业、庆典彩牌业、广告工程业、广告代理业、广告创意形象设计业、广告营销活动制作业、其他广告业等
9	设计产业	经济主管部门	凡从事产品设计企划、产品外观设计、机构设计、原型与模型的制作、流行设计、专利商标设计、品牌视觉设计、平面视觉设计、包装设计、网页多媒体设计、设计咨询顾问等之行业均属之	视觉传达设计业、视觉艺术业、工业设计业、工商业设计业、机构设计业、产品外观设计业、模型制作业、专利商标设计业、产品设计企划业、设计管理业、产品造形设计业、计算机辅助设计业、时尚造型设计业、流行时尚设计业、工艺产品设计业、包装设计业、企业识别系统设计业、品牌视觉设计业、平面视觉设计业、广告设计业、数字设计业、网页设计业、动画设计业、多媒体设计业、媒体传达设计业、视讯传播设计业等
10	设计品牌时尚产业	经济主管部门	凡从事以设计师为品牌之服饰设计、顾问、制造与流通之行业均属之	
11	建筑设计产业	内务主管部门	凡从事建筑设计、室内空间设计、展场设计、商场设计、指标设计、庭园设计、景观设计、地景设计之行业均属之	造园业、景观工程业、建筑设计服务业、土木工程顾问服务业、电路管道设计业、景观设计业、室内设计业、花园设计业等
12	创意生活产业	经济主管部门	凡从事符合下列定义之行业均属之：以创意整合生活产业之核心知识，提供具有深度体验及高质美感之产业	

续表

项 次	产业名称	主办机关	产业概括说明	例示产业
13	数字休闲娱乐产业	经济主管部门	凡从事数字休闲娱乐设备、环境生态休闲服务及社会生活休闲服务等之行业均属之。细分如下： 数字休闲娱乐设备：3DVR设备、运动机台、格斗竞赛机台、导览系统、电子贩卖机台、动感电影院设备等； 环境生态休闲服务：数字多媒体主题园区、动画电影场景主题园区、博物展览馆等； 社会生活休闲服务：商场数字娱乐中心、小区数字娱乐中心、网络咖啡厅、亲子娱乐学习中心、安亲班/学校等	上网专门店、电子游戏场业(益智类)、游乐园业、儿童乐园、综合游乐场、电动玩具、电子游乐器、电动玩具店(益智类)

资料来源：台湾经济主管部门文化创意产业推动小组. 2008-05-13. 文化创意产业发展计划简介. http://www.cci.org.tw/gov_support/. 本书整理

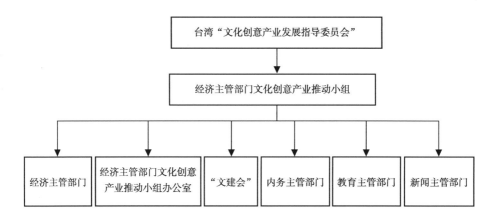

图 3-2　台湾地区文化创意产业发展计划跨部门推动组织

资料来源：台湾经济主管部门文化创意产业推动小组. 2008-05-13. 文化创意产业发展计划简介.

http://www.cci.org.tw/gov_support/. 本书整理

　　主办单位依权责区分为"文建会"、新闻主管部门、经济主管部门、内务主管部门等四大类。产业范畴包括：①视觉艺术产业。指凡从事绘画、雕塑及其他艺术品的创作、艺术品的拍卖零售、画廊、艺术品展览、艺术经纪代理、艺术品的公证鉴价、艺术品修复等之行业。②音乐与表演艺术产业。凡从事戏剧(剧本创作、戏剧训练、表演等)、音乐剧及歌剧(乐曲创作、演奏训练、表演等)、音乐的现场表演及作词作曲、表演服装设计与制作、表演造型设计、表演舞台灯光设计、表演场地(大型剧院、小型剧院、音乐厅、露天舞台等)、表演设施经营管理(剧院、音乐厅、露天广场等)、表演艺术经纪代理、表演艺术硬件服务(道具制作与管理、舞台搭设、灯光设备、音响工程等)、艺术节经营等之行业均属之。③文化展演设施产业。行政业务包括从事美术馆、博物馆、艺术村等之行业。④工艺产业。行政业务包括从事工艺创作、工艺设计、工艺品展售、工艺品鉴定制度等之行业。上述四项业务之主管权责单位为"文建会"。

隶属于新闻主管部门的行政业务则有如下三项:①电影产业。凡从事电影片创作、发行映演及电影周边产制服务等之行业均属之。②广播电视产业。凡从事无线电、有线电、卫星广播、电视经营及节目制作、供应之行业均属之。③出版产业。凡从事新闻、杂志(期刊)、书籍、唱片、录音带、计算机软件等具有著作权商品发行之行业均属之。但从事电影发行之行业应归入电影片发行业细类,从事广播电视节目及录像节目带发行之行业应归入广播节目供应业细类。

在经济主管部门担任主办单位方面,包括有:①广告产业。行政业务包括各种媒体宣传物之设计、绘制、摄影、模型制作及装置等之行业。独立经营分送广告、招揽广告之行业亦归入本类。②设计产业。凡从事产品设计企划、产品外观设计、机构设计、原型与模型的制作、流行设计、专利商标设计、品牌视觉设计、平面视觉设计、包装设计、网页多媒体设计、设计咨询顾问等之行业均属之。③设计品牌时尚产业。凡从事以设计师为品牌之服饰设计、顾问、制造与流通之行业均属之。④创意生活产业。涵括行业为以创意整合生活产业之核心知识,提供具有深度体验及高质美感之产业。⑤数字休闲娱乐产业。凡从事数字休闲娱乐设备、环境生态休闲服务及社会生活休闲服务等之行业均属之,并细分数字休闲娱乐设备、环境生态休闲服务与社会生活休闲服务等三类。至于在内务主管部门主管权责业务上,则包含从事建筑设计、室内空间设计、展场设计、商场设计、指标设计、庭园设计、景观设计、地景设计之建筑设计产业。

该计划由行政主管部门文化创意产业发展指导委员会担任主导单位,经济主管部门文化创意产业推动小组担任执行单位,协调包括经济主管部门、"文建会"、新闻主管部门、内务主管部门、教育主管部门与经济主管部门文化创意产业推动小组办公室等在内之文化产业相关业务。上述产业不仅在就业人口和产值方面持续成长，对于环境和生活质量的提升亦有帮助，是美国、英国、北欧诸国和日本等进步国家极力推动的部门。

该计划主要针对上述不同类型之文化艺术产业，就文化创意产业提升营业额、文化创意产业提升直接就业机会、文化创意产业提升娱乐教育及文化服务占家庭总支出比重、文化创意产业作品参加全球竞赛得奖额及文化创意产业区域性品牌项目等五方面计划目标提出整合规划，具体言之如下：

(1) 文化创意产业提升营业额。

(2) 文化创意产业提升直接就业机会为原来的 1.5 倍，由 18.6 万人提升至 28 万人。

(3) 娱乐教育及文化服务占家庭总支出的比重由 13.5% 提升为 15%。

(4) 文化创意产业作品参加全球竞赛得奖数量提升为原来的 2 倍，由 42 件提升至 84 件。

(5) 文化创意产业区域性品牌数量提升为原来的 5 倍，由 3 项提升至 15 项。

上述文化活动、文化人才培育与文化经济的多构面文化产业发展目标，有赖地方政府、文化专业人士、民间非营利组织和产业界之协力合作，共同推动。因此，在发展策略与措施方面，《文化创意产业发展计划》中即明确提出，"面对未来的挑战，首先要强化台湾人民因应全球化的竞争能力、营造全球化的生活环境和全民学习的条件。此外，下一代的体魄健康与文化涵养是台湾社会的基础，而建立全面性的终身学习体系、推动志愿性的社会服务，并整合包括政府体系在内的学习资源，更是政府决心落实的目标，以期建构台湾成为创意活力的新社会"①，进而将台湾建设成为华文世界中难以被取代的文化创意产业独特地位。

二、文化创意产业发展计划架构与分项执行计划

台湾文化创意产业发展乃发源于《挑战 2008：台湾发展重点计划》，并落实于《文化创意产业发展计划》中，关于计划之架构层级横跨行政主管部门与所属"文建会"、新闻主管部门与经济主管部门(图 3-3)，可区别为：①整备文化创意

---

① 赖素铃. 2007. 后来居上的强劲对手——北京与上海. 传艺双月刊, (73): 13~32

产业发展机制(跨部门)，涵括：A.强化推动组织与协调机制；B.建立网络流通整合机制；C.整合发展活动产业；D.加强智能财产权保护机制。②设置文化创意产业资源中心(跨部门)，涵括：A.设置教学资源中心；B.成立台湾创意设计中心；C.规划设置创意文化园区；D.成立台湾影音事业发展中心。③发展艺术产业("文建会")，涵括：A.人才延揽、进修与交流；B.创意艺术产业；C.数字艺术创作；D.传统工艺技术。④发展重点媒体文化产业(新闻主管部门)，涵括：A.振兴电影产业；B.振兴电视产业；C.发展流行音乐产业；D.发展图文出版产业；E.整合媒体产业信息资源；F.发展数字休闲娱乐产业。⑤台湾设计产业起飞(经济主管部门)，涵括：A.活化设计产业推动机制；B.开发设计产业资源；C.强化设计主题研究开发；D.促进重点设计发展；E.台湾设计运动。

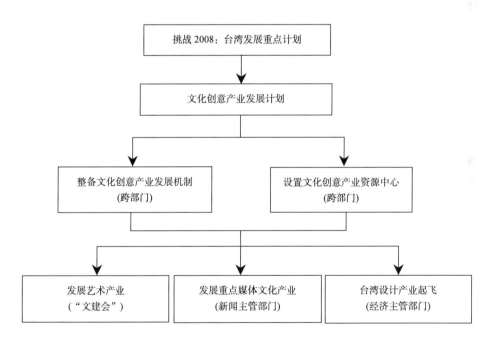

图 3-3　台湾地区文化创意产业发展计划架构

资料来源：台湾经济主管部门文化创意产业推动小组. 2008-05-13. 文化创意产业发展计划简介.
http://www.cci.org.tw/gov_support/. 本书整理

上述，较具政策发展优先性的指标性计划计有 14 项，政策发展优先程度相较为低之非指标性计划亦有 14 项，具体项目列示如表 3-3 所示。

表 3-3　台湾地区文化创意产业发展计划具体项目

项次	个别计划项	分项执行计划	指标性	细项执行计划	指标性
1	整备 文化创意产业 发展机制 (跨部门)	A.强化推动组织与协调机制	☑		
		B.建立网络流通整合机制			
		C.整合发展活动产业	☑		
		D.加强智能财产权保护机制	☑		
2	设置 文化创意产业 资源中心 (跨部门)	A.设置教学资源中心	☑		
		B.成立台湾创意设计中心			
		C.规划设置创意文化园区	☑		
		D.成立台湾影音事业发展中心			
3	发展 艺术产业 ("文建会")	A.人才延揽、进修与交流	☑		
		B.创意艺术产业			
		C.数字艺术创作			
		D.传统工艺技术	☑		
4	发展重点媒体 文化产业 (新闻主管部门)	A.振兴电影产业	☑		
		B.振兴电视产业			
		C.发展流行音乐产业	☑		
		D.发展图文出版产业	☑		
		E.整合媒体产业信息资源			
		F.发展数字休闲娱乐产业			
5	台湾设计产业 起飞 (经济主管部门)	A.活化设计产业推动机制	☑		
		B.开发设计产业资源			
		C.强化设计主题研究开发	☑		
		D.促进重点设计发展		a.创意家具设计	
				b.创意生活设计	
				c.纺织与时尚设计	☑

续表

项次	个别计划项	分项执行计划	指标性	细项执行计划	指标性
5	台湾设计产业起飞 (经济主管部门)	D.促进重点设计发展		d.商业设计	
				e.建筑设计	
		E.台湾设计运动		a.设计大展活动	
				b.设计理念与教育推广	
				c.全球推展与交流	☑

资料来源：台湾经济主管部门文化创意产业推动小组. 2008-05-13. 文化创意产业发展计划简介. http://www.cci.org. tw/gov_support/. 本书整理

(一) 整备文化创意产业发展机制

1. 强化推动组织与协调机制

该项目隶属经济主管部门业务，并界定为指标性计划，具体政策做法包括：首先，促进推动小组机能运作，藉以整合协调推动理念、分类、产业链与相关法令，其次，乃为建立文化创意产业整合推广辅导体系，整合人才培训资源及产学信息平台，最后，则进行文化创意产业专属网站营运，建置数字艺术创作服务平台，以及整建文化创意产业评价融资机制等文化产业政策规划。

2. 建立网络流通整合机制

该项目包括：协助业者进行数字流通技术研发与相关标准发展，协助业者建立数字出版版权认证与交易平台，以及进行数字版权观念与应用推广等三项。项目主管机关为经济主管部门。

3. 整合发展活动产业

该项目隶属"文建会"与体委会共同主管业务，并界定为指标性计划。具体政策做法包括：活动产业人才培育；辅导地方政府产业升级；办理县市全球艺术节；辅导办理活动产业博览会以及活动产业评估等相关政策行动。

4. 加强智能财产权保护机制

该项目隶属经济主管部门业务，并界定为指标性计划，具体政策做法包括：健全智能财产权相关法制；加强教育训练与倡导；办理智能财产权管理相关课程与训练；合理提高检举及查缉仿冒盗版之奖金，并扩大给奖对象；强化查禁仿冒商品小组组织功能。

(二) 设置文化创意产业资源中心

1. 设置教学资源中心

该项目隶属教育主管部门业务，并界定为指标性计划，具体政策做法包括：提升相关领域师资之质与量；建立回流教育在职进修体系；强化大学院校相关系所图书仪器设备；创新课程与设计整合性学程；强化学校就业辅导单位功能，建立产业界与学校沟通网络；扩大各校产学及建教相关合作事项；推动与教学相关之学术活动。

2. 成立台湾创意设计中心

该项目包括：设计产业策进与育成；创意设计产学合作；设计人才全球进修以及设计研究开发。由经济主管部门主管。

3. 规划设置创意文化园区

该项目隶属"文建会"业务，并界定为指标性计划，焦点政策包括：进行园区整体发展计划、都市计划变更及土地移拨；园区建筑物修复再利用及周围景观改善工程；园区内容产业之引入与营运管理工作之规划；创意文化园区人才培育计划；建立文化创意产业数字信息窗口，进以提供全球创意文化交流平台。

4. 成立台湾影音事业发展中心

该项目由新闻主管部门主管，业务内容最主要者为建置台湾影音产业信息平台，整合台湾地区各类型影音数据，包括电视、电影、有声出版、广播等，以及影音产业相关人才和信息数据管理，并期能加值运用。其次，乃为整理及保存台湾早期影音资产，补助相关影音团体，整理及修复台湾早期电影片、新闻片、广告片、纪录片等，并予以数字化保存。最后，则为发掘著作权相关问题，即对于影音数据于网络上的运用，期能藉由本计划的执行，发掘相关著作权问题，进而促成修法，以更加保障著作权人。

(三) 发展艺术产业

1. 人才延揽、进修与交流

该项目隶属"文建会"业务，并界定为指标性计划，具体政策做法包括：首先，策办文化创意产业全球性主题研讨会，培训专业人士；其次，与欧美文化产业机构合作，选送人才赴海外进修；再者，建置人才全球交流进驻机制，整合信息服务平台；最后，为策划文化创意产业全球竞赛，进而协助促成团体全球展演。

2. 创意艺术产业

该项目主管机关为"文建会"，具体政策规划涵括：策划台湾当代艺术专书出版及海内外参展等计划；每年除透过定期办理青年艺术作品典藏征件计划，鼓励扶持年轻人持续从事前卫、实验型创作外，还定期推动视觉与表演艺术产业现况及基础资料调查计划；另外则为办理艺术产业辅导措施与系列论坛及讲座等，藉以建立艺术管理交流管道，并协助媒合相关产业活动。

3. 数字艺术创作

该项目主管机关为"文建会"，相关规划包括：首先，办理全球数字艺术竞赛，邀请全球知名之新媒体艺术机构负责人、艺术协会代表、艺评人、策展人担任评审工作；其次，办理全球展览、全球讲座、高峰会谈、视讯论坛及制作倡导节目等；再者，引介欧美以数字科技为媒材之最新艺术创作方向、先端技术与代表机构信息；最后，筹设数字创意发展中心地点、建置维运数字艺术知识与创作流通平台，并求落实办理博物馆数字创意展示相关计划。

4. 传统工艺技术

该项目隶属"文建会"业务，并界定为指标性计划，相关政策规划包括设置工艺文化园区、发展地方工艺与推广台湾生活工艺等三项。

(1) 设置工艺文化园区。其重点为莺歌多媒材造型中心规划执行、设置台湾工艺文化园区及苗栗工艺信息研发联盟中心。

(2) 发展地方工艺。其涵盖办理补助地方工艺振兴活化、推行工艺标章制度、提升工艺产品开发能力与工艺人才培训，以及建立工艺证照制度。

(3) 推广台湾生活工艺。包括：①举办台湾工艺展演活动及推动工艺新生活运动；②设置台湾工艺之店及工艺之家；③建立有效营销体系及举办工艺产品发表展售会。

(四) 发展重点媒体文化产业

1. 振兴电影产业

该项目隶属新闻主管部门业务，并界定为指标性计划，相关政策规划包括 3D 旗舰、环境塑造工程与配套措施等三项。

(1) 3D 旗舰。辅导旗舰型 3D 影片，鼓励全球性合作高科技制作电影。

(2) 环境塑造工程。朝创意面、资金面、市场面、技术人才面及整合面全力推动，塑造电影产业发展环境。

(3) 配套措施。协助争取资金、技术，奖励电影产业创意开发，培训电影技术人才，以及奖励获全球大奖电影。

2. 振兴电视产业

该项目由新闻主管部门主管，相关规划包括：营造多元、公平的影音环境、创意影音台湾营销项目、奖励培育人才，以及数字技术之运用与推广等。

3. 发展流行音乐产业

该项目隶属新闻主管部门业务，并界定为指标性计划，具体政策做法涵括：

举办"金曲奖"及大型流行音乐演唱会活动；台湾原创音乐人才培育及独立出版计划；推广有声出版品资训数字化；办理流行音乐全球展演活动；开发台湾音乐海外市场，以及办理反盗版与保护智能财产权之政策倡导活动。

4. 发展图文出版产业

该项目隶属新闻主管部门业务，并界定为指标性计划，具体政策做法涵括：提升民众阅读率以促进产业发展；协助出版业数字化发展；辅导奖助本地漫画产业；提供海内外出版专业信息及培育出版专业经营人才等相关政策行动。

5. 发展数字休闲娱乐产业

该项目由经济主管部门主管，相关规划包括：举办数字休闲娱乐游戏机全台竞赛，提升产业技术整合与创新能力以及协助拓展海内外市场等三项业务。

(五) 台湾设计产业起飞

1. 活化设计产业推动机制

该项目隶属经济主管部门业务，并界定为指标性计划，具体政策做法涵括：推动行政机关导入设计管理机制，建置及营运电子化设计整合服务平台及办理设计业务推动人员教育训练。

2. 开发设计产业资源

该项目由经济主管部门主管，相关规划包括：开发公营事业机构设计服务需求，开发台湾当局与地方行政机关设计服务需求及开发民营企业设计服务需求等三项政策。

3. 强化设计主题研究开发

该项目隶属经济主管部门业务，并界定为指标性计划，具体政策做法涵括：办理台湾色彩研究与推广；台湾造型研究与推广；台湾材质研究与推广；台湾符号研究与推广以及台湾风格设计研究与推广等工作项目。

4. 促进重点设计发展

该项目隶属经济主管部门与内务主管部门业务，具体政策做法涵括：创意家具设计；创意生活设计；纺织与时尚设计；商业设计与建筑设计。其中，纺织与时尚设计并界定为指标性计划。

5. 台湾设计运动

该项目隶属经济主管部门业务，具体政策做法涵括：设计大展活动，设计理念与教育推广以及全球推展与交流。其中，全球推展与交流并界定为指标性计划。

经由上述分析，在《挑战 2008：台湾十大重点投资计划》中，虽将文化创意产业发展列为第二项重点发展项目，不过所规划之计划预算比率却仅占 0.25%，为十项发展计划中所编列预算比例最低者，相较于全岛运输骨干整建的 52.78%，相距难以衡量。由此可见，文化创意产业虽是台湾首次将抽象的文化软件视为总体建设的重大工程，然在《挑战 2008：台湾十大重点投资计划》中，对文化软件建设的重视程度却仍远不及实质条件的硬件建设。此或可归因于台湾地区的文化产业发展于 2002 年时也才刚处于政策规划的起步阶段，无法吸纳较多政策资金的投入。

虽然如此，我们却也发现台湾地区文化产业的发展基础也在逐渐确立，此方面较值得注意者应在于 2002~2007 年，由经济主管部门主导规划成立文化创意产业推动组织。藉由经济主管部门、"文建会"、教育主管部门及"经建会"共同成立文化创意产业推动小组及办公室，对台湾地区文化创意产业之年度及中、长程发展策略与措施进行系统性政策规划，此机构对纷杂多元的政策意见与行政资源，应发挥了垂直统合与跨部门的联系作用。

再者，在台湾文化创意产业发展计划架构中，不仅将整备文化创意产业发展机制与设置文化创意产业资源中心等跨部门措施加以确立，同时还将发展艺术产业、发展重点媒体文化产业与设计产业列为重点发展项目，并由其中再详列出更为具体且具指标性的分项执行计划，诸如加强智能财产权保护机制、规划设置创意文化园区，复考虑推动艺术人才延揽、进修与交流。这些政策措施的实行，正体现出台湾期望透过十大重点投资计划的研拟，结合人文与经济发展文化产业，以促成台湾地区文化产业发展的总体性政策行动。

第四章　2008年后台湾地区文化产业发展政策规划

第一节　《文化创意产业发展计划》后续推动措施

《挑战2008：台湾发展重点计划》之《文化创意产业发展计划》于2007年底执行完毕。藉由政策的推动与民间创意能量的发挥，对台湾地区经济转型发展及民众生活形态的改变，已经产生关键性之影响，由文化面、创意面、艺术面、设计面提升了人民整体的生活质量。为在先前政策推展的基础上，保持持续成长态势，2008~2011年，文化创意产业之后续推动事宜，将由"文建会"、新闻主管部门及经济主管部门等部门纳入相关项目计划共同推动，各部门执行重点如下。①

一、《文化创意产业发展第二期计划》

"文建会"《文化创意产业发展第二期计划》将聚焦于艺文产业的扶植及创新育成，强化交流平台及地方推动能量，扶植青年艺术家，建置数字创意银行，并结合产、官、学界相关资源，串联相关业者、地方政府及大专院校创新育成中心共同投入产业发展。基于艺术文化产业的特殊性，计划拟定了政策性的补助措施，并以第一期计划完成初步建置之五大创意文化园区及工艺园区为基础场域，搭配各园区之产业定位，推动产业扶植辅导及创新育成之相关计划，期使软硬件相互辉映，以促成美感创新及产业升级。计划架构如下。

---

① 台湾经济主管部门文化创意产业推动小组. 2008-05-13. 文化创意产业发展计划简介. http://www.cci.org.tw/gov_support/

(一) 强化产业环境发展计划

(1) 辅导成立艺文产业创新育成中心；

(2) 补助县市政府推动艺文产业发展；

(3) 补助艺文产业研发生产及营销推广；

(4) 建置数字数据库及数字创意银行；

(5) 青年艺术家展才计划。

(二) 工艺创意产业发展计划

(1) 建立台湾工艺育成网络 (资源人力面)；

(2) 强化工艺产业竞争力 (产出面)；

(3) 建构工艺产业市场机制 (市场面)；

(4) 工艺创新育成中心基地硬件设施整建计划。

(三) 创意文化园区推动计划

(1) 五大园区管理发展；

(2) 华山创意文化园区；

(3) 台中创意文化园区；

(4) 花莲创意文化园区；

(5) 嘉义创意文化园区；

(6) 台南创意文化园区。

二、《振兴流行文化产业方案》

为培育台湾影视、图文出版、流行音乐人才，重整台湾流行文化发展环境，繁荣台湾流行文化消费市场，形塑台湾流行文化品牌，奖励输出台湾包容多元的台湾影视、图文出版、流行音乐等产品，带动全球对台湾旅游、观光、服饰等消费性商品之品牌认同，《振兴流行文化产业方案》将目标市场设定为中国内地市场、欧美学习华文华语热潮的利基市场及邻近的亚太市场。策略除藉由奖励业者创意、人才、资金、营销等措施，建立具台湾本地特色的品牌形象外，还积极奖励输出台湾流行文化产品,期藉由全球营销开拓海外市场。其整体计划架构如下。

(一) 流行音乐产业冲刺计划

(1) 办理"台湾原创流行音乐大奖";

(2) 补助乐团录制专辑;

(3) 积极配合经济主管部门,倡导著作权保护之观念;

(4) 补助音乐团体及个人进行全球性音乐交流;

(5) 辅导业者开拓全球市场;

(6) 定期聘邀音乐产业从业人员进行交流;

(7) 办理音乐产业调查。

(二) 图文出版产业冲刺计划

(1) 补助发行数位出版品;

(2) 办理"数字出版金鼎奖"暨数位出版推广活动;

(3) 补助办理"BLOG"年会;

(4) 补助"台湾数位出版联盟"运作;

(5) 制作台湾出版信息网及数字出版网;

(6) 办理阅读活动;

(7) 协助业者开拓海外市场;

(8) 价购各国参展图书;

(9) 奖助版权输出;

(10) 出版专业人才培训;

(11) 办理出版产业调查;

(12) 奖助漫画产业(办理剧情漫画奖、补助漫画刊物发行)。

(三) 电影产业服务业冲刺计划

(1) 修正电影法;

(2) 推动《台湾电影策略投资及辅导五年计划》;

(3) 建立影视融资贷款制度;

(4) 建立影视投资机制;

(5) 培育商业电影人才;

(6) 成立 UniTaiwan 全球推广组织;

(7) 强化媒体营销、拓展台制影片人口;

(8) 举办台湾全球影视博览会;

(9) 搜整电影产业信息;

(10) 强化整合机制;

(11) 持续推动《电影产业振兴计划》。

(四) 电视产业冲刺计划

(1) 建立制播分离制度;

(2) 政策鼓励台湾地区内部电视业者购置台制节目;

(3) 补助优良节目外销翻译配音费用;

(4) 辅导制作业公协会;

(5) 建立影视融资贷款及投资制度;

(6) 培育招募各类制作业相关人才;

(7) 设置台湾电视节目营销常设组织;

(8) 台湾影音产业信息平台 Web2.0 化;

(9) 与知名媒体合作制播台湾主题纪录片。

三、《设计产业翱翔计划》

为使台湾成为亚太地区具有知识运筹能力之创意设计重镇,"设计产业翱翔计划"的策略首先为协助产业建立设计合作体系、跨领域合作机制,以及设计创新管理制度,提供全球设计情报及协助产业全球设计运筹等,来协助台湾产业的持续创新发展。其次在于加强拓展设计的服务市场,扩大设计应用领域与全球市场的需求。再者期望强化台湾地区本身设计人力的设计与营销管理能力,并协助产业引进全球设计师资源。最后则为整合岛内设计相关资源,全力办好 2011 年世界设计大会,加强台湾优良设计与全球接轨。藉由上述发展策略,加速台湾设计与产业能量并使之进入全球化,整体计划架构如下。

(一) 协助传统产业提升设计附加价值

(1) 推动技术创新设计应用，提升产业竞争力；

(2) 协助业者提升设计资源管理能力，强化设计应用效能；

(3) 办理商业设计辅导，提升商业设计发展。

(二) 协助科技产业全球设计市场运筹

(1) 建立设计管理制度，增加产品市场竞争能力；

(2) 连结全球设计资源，协助产品创新开发；

(3) 办理设计人力媒合与流通，提升设计全球能量。

(三) 协助设计服务业开发市场

(1) 开发华人区域设计市场，强化服务输出能力；

(2) 办理全球市场营销活动，展现台湾设计能量；

(3) 扩大台湾地区内部设计应用领域，增加设计服务业产值。

(四) 促进设计研究创新应用

(1) 办理未来趋势主题研究，协助产业设计开发新产品；

(2) 运作设计研究平台与网络，提供设计研究资源；

(3) 办理设计产业调查研究，研拟设计发展策略。

(五) 强化全球设计整合人才

(1) 强化设计营销人才，协助设计市场开发；

(2) 培训传统产业设计管理人才，提升产品开发能力；

(3) 培训科技产业全球设计人才，强化产业全球化程度。

(六) 推动台湾设计全球形象

(1) 办理海内外推广活动，展现台湾设计能量；

(2) 参与全球设计事务，建立台湾设计知名度；

(3) 推广台湾设计优良形象，参与全球奖赛建立 DIT 标杆。

综合上述，由于面临全球化的发展趋势，因此在《挑战 2008：台湾发展重点计划》之《文化创意产业发展计划》于 2007 年底执行完毕后，2008~2011 年，文化创意产业之后续推动事宜，规划有《文化创意产业发展第二期计划》、《振兴流行文化产业方案》与《设计产业翱翔计划》。进言之，《文化创意产业发展第二期计划》着重于推动艺文产业扶植辅导及创新育成之相关计划，强化交流平台及地方推动能量，期使软硬件相互辉映，以促成美感创新及产业升级。《振兴流行文化产业方案》规划奖励输出台湾流行文化产品。《设计产业翱翔计划》则期望藉由全球营销开拓海外市场，建立具台湾本地特色的品牌形象，以进一步促成台湾设计与产业全球化。

第二节　马英九任期文化产业发展政策规划

2008 年 3 月 22 日台湾地区领导人选举后，马英九上任，其上任时在对文化产业政策宣示中阐述，"在 21 世纪的全球竞争中，文化才是总体竞争力的核心元素"。他表示，在全球最热的文化产业竞争中，东亚来势汹汹，挑战北美及欧盟，其中较小的国家和地区往往以小搏大，如只有 400 万人口的新加坡和爱尔兰、有 1600 万人口的荷兰，却名列全球十大文化产品输出国榜上。台湾地区的教育水平、太民素质及公民社会条件是台湾最大的资产，基于此发展前提，马英九即提出于 2008 年 5 月 20 日上任后，以文化领政，推动以文化为核心的全球布局的系列文化发展政策规划(图 4-1)。

一、马英九文化产业发展政策理念

(1) 唯有将文化提升汇聚成整体力量，台湾才能以小搏大，才能永续经营。

(2) 文化是台湾的关键实力。尽管全球竞争激烈，加以全球处境艰难，但台湾地区的教育水平、人民素质、公民社会、艺文创新是台湾最大的资产。

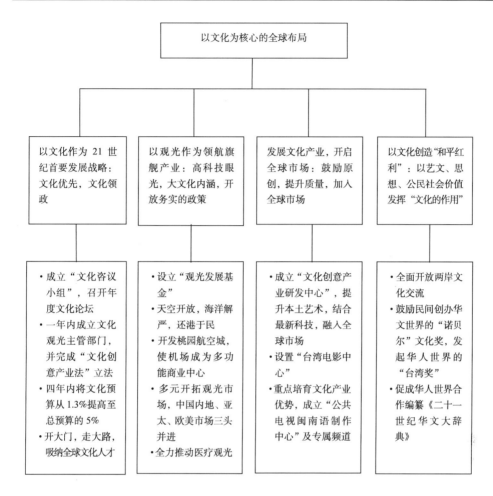

图 4-1　2008 年后台湾地区文化产业发展政策规划

资料来源：马英九、萧万长竞选网站. 2008-03-22. 文化发展政策.

http://www.ma19.net/policy4you/culture 2008/3/22. 本书整理

(3) 以文化为主，对内可以激发创意，厚培产业，对外可以开启对话交流，创造台湾新形象。

(4) 利用台湾已有的整体素质优势，把文化提升到总体发展战略最高地位，以文化思维浸润并整合经济、产业、环保、教育等，将传统的全球经济竞争态势转变为文化总体竞争。同时以文化为价值核心推动自然旅游及人文观光，使台湾成为亚洲观光重镇。

(5) 以文化作为 21 世纪的策略领航，以文化的软力量深耕台湾，使其走入全球。

二、马英九文化产业发展政策纲领

在政策纲领的规划方面，提出诸项重点，约可区分为：①以文化作为 21 世纪首要发展战略——文化优先，文化领政；②以观光作为领航旗舰产业——高科技眼光，大文化内涵，开放务实政策；③发展文化产业，开启全球市场——鼓励原创，提升质量，加入全球市场；④以文化创造"和平红利"——以艺文、思想、公民社会价值来发挥"文化的作用"。并可由以下对政策规划加以详述。

(一) 以文化作为 21 世纪首要发展战略

1. 文化提升为台湾总体发展的首要战略

将文化置于台湾总体发展政策的战略位置。21 世纪的全球竞争是内容的竞争，创意、知识、价值和标准的建制、人民素质以及文化独特性等，已经成为总体竞争力的核心元素。因此施政必须以文化优先，行政必须以文化统合，战略必须以文化主导。

2. 文化是公民社会的黏合剂

以开阔、包容、尊重的精神弭平政治纷争，重建社会互重及诚信的核心价值，公平共享资源，合力推动愿景。

(二) 以观光作为领航旗舰产业

如同过去重点培植高科技，观光就是 21 世纪的策略领航产业。以科学技术研究环境保护及永续经营；以文化的深度内涵串联观光行程的点、线、面；以开放务实的政策引进全球投资，广纳内地旅游，开拓东南亚及欧美市场。

(三) 发展文化产业，开启全球市场

区域特色和族群文化必须加厚底蕴，深耕基础，配合全球营销手段，成为台湾总体竞争力的一环。同时要求对少数民族的传统部落文化全力扶植，使其生生

不息。鼓励闽南语言精致提升，原创蓬勃。高雄、台中、基隆等地发展港都文化，金马澎湖发展历史及自然特色。

(四) 以文化创造"和平红利"：以艺文、思想、公民社会价值来发挥文化交流的作用

将政治问题暂置一旁，从文化、学术、思想、历史以及学生交流、交换开始，逐步培养两岸人民互信、互重的基础。

三、马英九文化产业发展政策主张

(一) 成立"文化咨议小组"，召开年度文化论坛

(1) "文化咨议小组"遴聘文化界之学者专家为成员，就文化如何融入政府行政建言献策，以为台湾总体文化政策规划之依据。

(2) "文化论坛"每年整合政府相关部门，并邀集民间艺文界及观光界学者专家等，广纳民意，确保文化进入台湾总体发展政策的所有层面，并得到落实。

(二) 一年内成立文化观光主管部门，并完成《文化创意产业法》制定

(1) 提高文化主管机构的行政位阶。将文化观光提升到台湾总体战略地位，使文化理念彻底融入台湾总体发展政策蓝图。

(2) 一年内完成《文化创意产业法》制定。全面改善创意产业环境及产业结构，将创作、市场、流通、创投及赋税条件等全盘翻新。

(三) 四年内将文化预算从总预算的 1.3% 提高至 4%

把文化当作基础建设，需大破大立之措施。文化是重大投资，既是民族生命力的传承，更是产业的策略经营。因此"文建会"升格至文化观光主管部门，结合观光，预算应由目前之 0.38% 提高到 3%，总文化预算提高到 4%。

(四) 开大门，走大路，吸纳全球文化人才

全面扩大吸引人才，重新制定产业吸引人才条例，创最大的诱因，纳引最多

的人才，尤其重点吸收中国内地优异人才以及东南亚华人，以厚植台湾竞争力。

(五) 设置观光发展基金

以观光作为领航旗舰产业，提拨 300 亿元新台币成立观光发展基金，协助地方发展文化及景观特色，改善公共设施。辅导并鼓励民间研发具文化深度、生态永续、质量达全球水平的旅游条件。

(六) 天空开放，海岸解严，还港于民

(1) 重新审视法令，地区内领空容许轻航机、热气球、滑翔翼等多元休闲，增加台湾观光能力。同时两岸直航可以藉由全球航线的转接，使台湾成为东亚枢纽，同时带来全球观光资源。

(2) 海岸解严，可以引进全球投资，在环境评估许可的前提下，打造全球级度假黄金海岸。有潜力的海港必须转型为多元休闲渔港或全球油轮停泊港，创造港都文化特质。

(七) 多元开拓观光市场，中国内地、亚太、欧美市场三头并进

除了逐步开放内地观光客来台之外，还全力加强开拓亚太及欧美市场。对内耕耘深度文化旅游，大幅提升基础设施，对外以全面文化及艺术交流为火车头，带动观光。

(八) 全力推动医疗观光

由于台湾拥有高质量的医疗服务和相对低廉的医疗成本，以及丰富的观光资源，在华人市场更有语言优势，因此台湾发展医疗观光极具潜力。预估 2009 年其产值可达 180 亿元新台币，并且带动 105.6 亿元新台币新增直接投资，创造 3 万个直接就业机会及 20 万相关就业人口。

(九) 成立文化创意产业研发中心，提升本地艺术，结合最新科技，融入全球市场

(1) 循台湾发展高科技产业模式，成立文化创意产业研发中心。扶植文化产

业的创投、研发、品牌建立及全球流通，刺激原创能力，建立全球品牌，对内结合观光产业通路，对外加强全球竞争力。

(2) 本地艺术，譬如歌仔戏、布袋戏、南北管等传统艺术，透过重点扶助以及专业科研，有机会提升为台湾总体创意资产，且营销全球，如同日本营销《三国演义》计算机游戏或美国好莱坞发行《花木兰》动画一样。

(十) 设置台湾电影中心

(1) 循英国电影中心模式，附设台湾电影院等，全力推动台湾的电影产业，从人才培育、创作提升、产业结构到全球营销，一条龙作业。

(2) 将电影艺术教育纳入学校教育内容，使人民自幼即接受电影艺术的熏陶，为台湾电影培养创作者及欣赏者，从根处培植台湾本地制影片。

(十一) 重点培育本地文化优势，成立公共电视闽南语制作中心及专属频道

全球约有 4900 万闽南语人口。闽南语是最优美的古汉语之一，也是台湾的重要文化优势。结合原有资源，全力提升闽南语的深度创作，以政策奖励闽南语的优质影视制作。设置专业闽南语专属频道，系统化典藏并推广闽南语文化，使台湾成为全球优质闽南语文化的输出中心。

(十二) 促进台湾价值输出，全面开放两岸文化交流

透过协商，促成两岸媒体相互驻点采访正常化，支持各级学校与中国内地学校交换交流，鼓励民间基金会深入内地，在内地设点推动公益，或扶贫济弱，或讲学启蒙，或培育人才，激发创意，扩大两岸接触面，做一个价值的输出地。

(十三) 发起华人世界的台湾奖

诺贝尔奖使小国瑞典成为举足轻重的价值大国。台湾以其海洋特质及开放精神，以高度专业之评审制度及数字可观之奖金发起华人世界的台湾奖，促进华人世界的价值交流，跨越区域之间的隔阂与敌意，是台湾对华人世界最可能落实的贡献。

(十四) 促成华人世界合作编纂《二十一世纪华文大辞典》

华人世界虽同文,但语言及文化意涵差异颇大。《二十一世纪华文大辞典》的共同编纂,以繁体字及简体字双版进行,除本身具学术及实用价值外,更可透过此文化平台,让华人世界超越政治的纷争,进入理性、深度、持久的沟通,是台湾发挥杠杆效用最可着力之处。

(十五) 创设文化基金

(1) 整合原有资源,提拨 50 亿元新台币成立文化基金。透过文化基金参与全球文化组织及艺术活动;设置奖学金,鼓励全球学生来台湾学习语言;支持汉学家来台湾研究;吸引海外导演来台湾拍片,作家来台湾写作;等等,与世界对话。

(2) 强化"阳光南方政策"。重视东南亚,加倍增加东南亚来台留学生人数,透过观光、留学、文化交流政策,重点吸引东南亚华人前来台湾留学、旅游、投资、创业,使台湾成为东南亚华人的文化故乡,同时将文化转化为经济产业的力量。

(十六) 设置境外"台湾书院",以文化交心

台湾是华人文化重镇,举凡儒教、佛学、禅宗、文学、建筑、工艺、传统民俗等,均得到较为完整的保存与发扬。有系统地与欧美国家小区合作设置"台湾书院",开设哲学、文学、艺术等相关课程,推动"台湾学",不仅可以拓展文化市场,更可以改变台湾的全球形象。两岸关系和缓后,"台湾书院"亦可驻北京、上海、广州各点,促进内地与台湾的深度交流。

由上,在马英九主政后,其提出应善用台湾本地语言——闽南语的独特性,发展出全球竞争优势。诸如设置专业公共电视闽南语制作中心及专属频道,研发最精致的闽南语影音节目,针对全球 4900 万闽南语人口营销,并结合民间捐款,积极参与全球文化活动,支持学生来台学习语言,支持汉学家驻台研究、鼓励海外导演来台拍片,等等;设置境外台湾书院,增加文化认同。借鉴中国香港是粤语文化输出地的做法,俾建立起台湾全球品牌,加强全球性与区域发展竞争力,进而促成台湾发展为全球优质闽南语文化的输出中心。最后,面临中国内地各省

市地方发展的茁壮兴起，台湾可以以文化为基础，全面开放两岸文化交流，包括两岸媒体相互驻点采访正常化，支持各级学校与内地学校交换交流，鼓励民间基金会深入内地。期经由相关行动的展开，促进华文世界的价值交流。

综观马英九主政后之具体文化发展政策项目，乃主张以文化作为 21 世纪首要发展竞争战略，成立"文化咨议小组"，召开年度文化论坛，并于一年内成立文化观光主管部门并完成《文化创意产业法》制定，"文建会"升格至文化观光主管部门，结合观光，除了开放中国内地观光客来台与推动医疗观光外，还设置观光发展基金，且将总文化预算提高到 4%。再者，重新审视法令，开放"领空"，也开放海岸限制。此外，也筹设文化创意产业研发中心、台湾电影中心与台湾书院，再进而创设"台湾奖"与文化基金，以文化创造台湾新形象，并将文化转化为坚实的经济产业力量。发起两岸合作编纂《二十一世纪华文大辞典》，期藉由上述种种规划，建立起两岸中华文化交流沟通的平台，促进两岸中华文化的再度整合与再创盛世荣景。

第五章　台湾地区文化产业发展总体分析

基于《挑战 2008：台湾发展重点计划》之规划理念，文化创意产业发展以"开拓创意领土，结合人文与经济发展文化产业"为计划目标，以"成立文化创意产业推动组织；培育艺术、设计与创意人才；整备创意产业发展环境；发展创意设计产业及创意媒体产业"为执行策略，希望结合人文与经济产业创造高附加价值的效益，增加就业人口，提升人民的生活质量[①]。由此可知，文化产业发展除应兼顾文化活动、文化人才培育与文化经济等多构面文化产业发展目标外，还应"营造全球化的生活环境和全民学习的条件，同时建立全面性的终身学习体系，推动志愿性的社会服务，并整合包括政府体系在内的学习资源，更是政府决心落实的目标，以期建构台湾成为创意活力的新社会"。综此，掌握文化产业发展的公众参与核心概念，藉由文化公共事务的参与，导引创意学习与志愿服务的社会建构，应有助于深度了解台湾当前地区文化产业发展实况。

第一节　台湾地区文化产业发展概况

"文建会"在 1995 年提出"文化产业化、产业文化化"之构想，延续此一文化产业发展概念，台湾行政主管部门于 2002 年正式将文化创意产业列为《挑战2008：台湾重点发展计划》中之一项，希望结合人文与经济产业创造高附加价值的效益，增加就业人口，提升人民的生活质量。就地区整体发展层次而言，这是台湾首次将文化、产业以及地方发展加以结合的重点政策规划，经由文化与产业的结合，将抽象的文化软件首度列为台湾总体建设的重大项目之一；而在地方发展层面，由于一方面都市需要文化产业创造工作机会，进行都市更新建设以及形塑都市意象，为都市带来巨大的发展动力；另一方面文化产业也需要都市多元的

---

① 台湾行政主管部门. 2003. 挑战 2008：台湾发展重点计划

生活形式、较少的社会束缚、巨大的消费能力，以让都市成为文化产业的发展腹地[①]。因此，地方发展与文化产业也逐渐成为台湾地区县市政府竞筑地方产业发展利基时的优先评估重点。

一、文化创意产业之经营年数结构

鉴于此，本节乃针对台湾地区各县市政府之文化创意产业发展概况进行结构分析，主要为 2002 年与 2005 年文化创意产业之经营年数结构以及台湾地区 24 县市文化创意产业之空间分布情形(表 5-1、表 5-2)。

表 5-1　2002 年与 2005 年文化创意产业之经营年数结构　单位：百万元新台币

总额组织形态	家　　数			营收总额[①]		
	2002 年	2005 年	成长比/%	2002 年	2005 年	成长比/%
1 年以下	4 532 (10.48%)	5 414 (10.48%)	19.46	14 400 (3.35%)	8 409 (1.50%)	−41.60
1~2 年	5 138 (11.88%)	5 819 (11.26%)	13.25	24 552 (5.71%)	28 329 (5.04%)	15.38
2~3 年	4 295 (9.93%)	4 866 (9.42%)	13.29	26 177 (6.09%)	27 334 (4.86%)	4.42
3~4 年	3 342 (7.73%)	4 215 (8.16%)	26.12	30 082 (6.99%)	56 470 (10.05%)	87.72
4~5 年	3 200 (7.40%)	3 655 (7.07%)	14.22	26 315 (6.12%)	28 523 (5.07%)	8.39
5~10 年	10 313 (23.85%)	12 037 (23.30%)	16.72	141 212 (32.84%)	181 127 (32.23%)	28.27
10~20 年	7 819 (18.08%)	10 040 (19.43%)	28.41	92 748 (21.57%)	154 045 (27.41%)	66.09

---

① 刘维公.2003. 台北市文化产业发展现况及振兴政策调查研究. 文化创意产业研究发表论坛

续表

总额组织形态	家　数			营收总额①		
	2002 年	2005 年	成长比/%	2002 年	2005 年	成长比/%
20 年以上	4 598 (10.63%)	5 625 (10.89%)	22.34	74 564 (17.34%)	77 807 (13.84%)	4.35
合　计	43 237 (100%)	51 671 (100%)	19.51	430 053 (100%)	562 047 (100%)	30.69

资料来源：① 营收总额=外销收入+内销收入。台湾财政主管部门财税数据中心磁带数据(2003~2005)

表 5-2　台湾地区文化创意产业家数空间分布

县市	2002 年		2005 年		成长比/%
	营销家数/家	比率/%	营销家数/家	比率/%	
台北市	13 050	30.18	14 503	28.07	11.13
台中市	3 011	6.96	3 527	6.83	17.14
基隆市	564	1.30	655	1.27	16.13
台南市	1 788	4.14	2 000	3.87	11.86
高雄市	3 361	7.77	3 845	7.44	14.40
台北县	6 158	14.24	7 511	14.54	21.97
宜兰县	684	1.58	872	1.69	27.49
桃园县	2 113	4.89	2 629	5.09	24.42
嘉义市	601	1.39	753	1.46	25.29
新竹县	411	0.95	618	1.20	50.36
苗栗县	774	1.79	915	1.77	18.22
台中县	1 468	3.40	1 985	3.84	35.22
南投县	662	1.53	874	1.69	32.02
彰化县	1 377	3.18	1 683	3.26	22.22
新竹市	702	1.62	866	1.68	23.36

续表

县市	2002 年		2005 年		成长比/%
	营销家数/家	比率/%	营销家数/家	比率/%	
云林县	826	1.91	1 077	2.08	30.39
嘉义县	396	0.92	429	0.83	8.33
台南县	1 290	2.98	1 621	3.14	25.66
高雄县	1 471	3.40	1 968	3.81	33.79
屏东县	1 281	2.96	1 607	3.11	25.45
花莲县	638	1.48	897	1.74	40.60
台东县	361	0.83	454	0.88	25.76
金门县	34	0.08	134	0.26	294.12
澎湖县	216	0.50	248	0.48	14.81
合计	43 237	100	51 671	100	19.51

资料来源：台湾财政主管部门财税数据中心磁带数据(2003~2005)

首先，就营业总额组织形态来说，可区分为 1 年以下、1~2 年、2~3 年、3~4 年、4~5 年、5~10 年、10~20 年，以及 20 年以上等 8 组，详见表 5-1。在营业家数方面，2002 年时以经营 4~5 年者最少，以经营 5~10 年者最多，分别为 3200 与 10 313 家，所占比率为 7.40%与 23.85%；至 2005 年时仍以经营 4~5 年者最少，以经营 5~10 年者最多，分别为 3655 与 12 037 家，所占比率为 7.07%与 23.30%。而若就两年间之成长比率观之，则成长幅度最大者为经营 10~20 年之组织形态业者，幅度为 28.41%；相较之下，成长幅度最小者则为经营 1~2 年与 2~3 年之组织形态业者，幅度分别为 13.25%与 13.29%。

其次，由文化创意产业之经营年数与营收总额结构探讨，2002 年时以经营 1 年以下者最少，但仍以经营 5~10 年者最多，分别为 3200 与 10 313 家，所占比率为 7.40%与 23.85%；至 2005 年时仍以经营 4~5 年者最少，以经营 5~10 年者最多，分别为 14 400 百万元新台币与 141 212 百万元新台币，所占比率为 3.35%与 32.84%。若将两年度间成长比率相比较，则可见成长幅度最大者为经营 3~4 年之组织形态业者，次为经营 10~20 年组织形态业者，两者成长幅度分别为 87.72% 与 66.09%；相较之下，经营 1 年以下之组织形态业者，成长幅度不仅最小，且呈现出大幅负成长态势(–41.60%)。

二、文化创意产业之空间分布情形

就台湾地区 24 县市文化创意产业之空间分布情形进行之探讨，本书乃针对 2002 年与 2005 年台湾地区 24 县市文化创意产业营销家数加以比较说明，详见表 5-2。在县市营销家数与所占台湾整体比率之分析方面，首先，2002 年时经营家数最多的前五个县市分别为台北市(13 050 家)、台北县(6158 家)、高雄市(3361 家)、台中市(3011 家)与桃园县(2113 家)，所占全体比率超越全台总额达 60% 以上，分别为 30.18%、14.24%、7.77%、6.96% 与 4.89%。其次，2002 年时经营家数最少的县市以外岛之澎湖县与金门县为最，分别为 216 家(0.50%)与 34 家(0.08%)，而除本岛之外，其余未足 1% 之县市为新竹县(411 家)、嘉义县(396 家)与台东县(361 家)，所占比率则为 0.95%、0.92% 与 0.83%。由此观之，都市化程度越高者，其文化产业营销家数相对越多；与此对照，如离岛等地处偏远的城市，则可能受制于地区消费力有限的影响，营销家数较受局限。

另到 2005 年时，经营家数最多的前五县市仍与 2002 年时无大差异，分别为台北市(14 503 家)、台北县(7511 家)、高雄市(3845 家)、台中市(3527 家)与桃园县(2629 家)，所占全体比率超越全台总额达 60% 以上，分别为 28.07%、14.54%、7.44%、6.83% 与 5.09%。其次，2005 年时经营家数最少的县市，仍以外岛之澎湖县与金门县为最，分别为 248 家(0.48%)与 134(0.26%)，而除本岛之外，其余未足 1% 之县市为台东县(454 家)与嘉义县(429 家)，所占比率则为 0.88% 与 0.83%。

由上述，经过三年的发展，台湾文化产业仍呈现出：都市化程度越高者，其文化产业营销家数相对越多，而地处偏远城市，其营销家数依然较具发展上的局限性。然值得观察者，乃为两点：其一为营销家数较多之桃园县的文化产业营销家数所占整体比率超越 5.0%，达到 5.09%；其二则为营销家数较少之新竹县文化产业营销家数所占整体比率提升至 1.0% 以上，达到 1.20%。若再进一步相较 2002 年与 2005 年之各县市发展现况，则可知成长幅度较高者分别有金门县、新竹县、花莲县、台中县、高雄县、南投县与云林县，所占全台比率分别为 294.12%、50.36%、

40.60%、35.22%、33.79%、32.02% 与 30.39%，其成长幅度皆超越 30% 的水平。由此可看出，上述县市之都市化程度虽普遍不高，但其成长性却甚为可观，其中尤其以位居偏远地区之金门县与新竹县成长最多，分别达 294.12% 与 50.36%。

就 2002 年与 2005 年台湾地区文化创意产业之营销总额空间分布情形方面，研究乃针对台湾地区 24 县市文化创意产业营销总额加以比较说明(表 5-3)。

表 5-3　台湾地区文化创意产业营销总额*空间分布

县市	2002 年		2005 年		成长比/%
	营销总额/百万元新台币	比率/%	营销总额/百万元新台币	比率/%	
台北市	275 596	64.08	334 517	59.52	21.38
台中市	16 792	3.90	25 081	4.46	49.36
基隆市	1 996	0.46	2 544	0.45	27.45
台南市	7 208	1.68	8 179	1.46	13.47
高雄市	19 926	4.63	23 495	4.18	17.91
台北县	47 622	11.07	70 018	12.46	47.03
宜兰县	2 128	0.49	2 586	0.46	21.52
桃园县	13 762	3.20	21 450	3.82	55.86
嘉义市	2 193	0.51	2 624	0.47	19.65
新竹县	2 888	0.67	10 079	1.79	249.00
苗栗县	2 325	0.54	3 326	0.59	43.05
台中县	6 887	1.60	10 385	1.85	50.79
南投县	2 164	0.50	2 481	0.44	14.65
彰化县	4 620	1.07	5 025	0.89	8.77
新竹市	5 461	1.27	11 095	1.97	103.17
云林县	2 288	0.53	4 863	0.87	112.54
嘉义县	1 062	0.25	1 514	0.27	42.56

续表

地区县市	2002 年		2005 年		成长比/%
	营销总额/百万元新台币	比率/%	营销总额/百万元新台币	比率/%	
台南县	4 271	0.99	7 589	1.35	77.69
高雄县	4 939	1.15	6 542	1.16	32.46
屏东县	2 734	0.64	3 895	0.69	42.47
花莲县	1 829	0.43	2 660	0.47	45.43
台东县	680	0.16	981	0.17	44.26
金门县	214	0.05	465	0.08	117.29
澎湖县	457	0.11	641	0.11	40.26
合计	430 053	100	562 047	100	30.69

资料来源：※营收总额=外销收入+内销收入；结构部分之营收总额，未包括设计品牌时尚产业、创意生活产业及属于视觉艺术产业与出版产业子项的文学与艺术。台湾财政主管部门财税数据中心磁带数据(2003~2005)

在县市营销家数与所占台湾整体比率之分析方面，首先2002年时经营家数最多的前5县市分别为台北市(275 596百万元新台币)、台北县(47 622百万元新台币)、高雄市(19 926百万元新台币)、台中市(16 792百万元新台币)与桃园县(13 762百万元新台币)，此5县市所占全体比率超越全台总额达80%以上，分别为64.08%、11.07%、4.63%、3.90%与3.20%。其次，2002年时营销总额未达全台总量1%之县市极多，分别为台南县(4271 百万元新台币、0.99%)、新竹县(2888 百万元新台币、0.67%)、屏东县(2734百万元新台币、0.64%)、苗栗县(2325百万元新台币、0.54%)、云林县(2288百万元新台币、0.53%)、嘉义市(2193 百万元新台币、0.51%)、南投县(2164 百万元新台币、0.50%)、宜兰县(2128百万元新台币、0.49%)、基隆市(1996百万元新台币、0.46%)、花莲县(1829百万元新台币、0.43%)、嘉义县(1062百万元新台币、0.25%)、台东县(680百万元新台币、0.16%)、澎湖县(457百万元新台币、0.11%)与金门县(214百万元新台币、0.05%)等14个县市，此14个县市所占全台文化产业营运总额却未达10%，可见2002年时文化产业发展空间分布之极度差异现象。

而到2005年时，营销总额最高之前5县市仍与2002年时无大差异，分别为台北市(334 517 百万元新台币)、台北县(70 018 百万元新台币)、高雄市(23 495 百万元新台币)、台中市(25 081 百万元新台币)与桃园县(21 450 百万元新台币),所占全体比率依旧超越全台总额达 80%以上,分别为 59.52%、12.46%、4.46%、4.18%与 3.82%。另外,2005 年时营销总额未足 1%之县市分别为彰化县(5025 百万元新台币、0.89%)、云林县(4863 百万元新台币、0.87%)、屏东县(3895 百万元新台币、0.69%)、苗栗县(3326 百万元新台币、0.59%)、嘉义市(2624 百万元新台币、0.47%)、花莲县(2660 百万元新台币、0.47%)、宜兰县(2586 百万元新台币、0.46%)、基隆市(2544 百万元新台币、0.45%)、南投县(2481 百万元新台币、0.44%)、嘉义县(1514 百万元新台币、0.27%)、台东县(981 百万元新台币、0.17%)、澎湖县(641 百万元新台币、0.11%)与金门县(465 百万元新台币、0.08%)等 13 个县市,这些县市在文化产业发展方面也如2002 年一样,多数居于如中南部、花东地区与离岛地区等经济发展偏弱势地区。

由上述,2002~2005 年,台湾地方文化产业发展呈现两种情况:首先为台南县(4271 百万元新台币、0.99%)与新竹县(2888 百万元新台币、0.67%)由 2002 年营销总额比率低于 1%成长,分别提高至 2005 之年台南县 1.35% (7589 百万元新台币)与新竹县 1.79% (10079 百万元新台币),成长幅度达 77.69%与 249.00%,相对于其他低营销总额地区,显示出台南县与新竹县在文化产业上的努力与成效。其次则为彰化县自 2002 年之 4620 百万元新台币(1.07%)成长至 2005 年之 5025 百万元新台币(0.89%),历三年时间虽有成长,然成长幅度却相对有限,因此落至占全台总营销额度 1%以下,而此成长幅度也成为所有县市当中最低者,如此文化产值趋缓现象有待彰化县进行更深入的探讨与前瞻规划。

基于上述两项分析,且鉴于文化产业的全球发展趋势,因此可就营销总额中之内外销情势进行解析(表 5-4)。在外销方面,2002~2005 年,多数县市都呈

表 5-4 台湾地区文化创意产业内外销收入空间分布

县市	外销收入			内销收入		
	2002 年/百万元新台币	2005 年/百万元新台币	成长比/%	2002 年/百万元新台币	2005 年/百万元新台币	成长比/%
台北市	17 772	18 040	1.51	257 823	316 477	22.75
台中市	2 705	847	−68.69	14 087	24 234	72.03
基隆市	304	18	−94.08	1 692	2 526	49.29

续表

县市	外销收入			内销收入		
	2002 年/百万元新台币	2005 年/百万元新台币	成长比/%	2002 年/百万元新台币	2005 年/百万元新台币	成长比/%
台南市	1 042	127	−87.81	6 166	8 051	30.57
高雄市	2 802	870	−68.95	17 123	22 625	32.13
台北县	5 508	5 129	−6.88	42 113	64 888	54.08
宜兰县	277	29	−89.53	1 851	2 557	38.14
桃园县	1 371	1 063	−22.47	12 391	20 386	64.52
嘉义市	672	40	−94.05	1 520	2 584	70.00
新竹县	980	5 423	453.37	1 908	4 655	143.97
苗栗县	410	57	−86.10	1 914	3 268	70.74
台中县	749	323	−56.88	6 138	10 061	63.91
南投县	312	102	−67.31	1 851	2 379	28.53
彰化县	831	51	−93.86	3 788	4 974	31.31
新竹市	1 808	4 805	165.76	3 652	6 290	72.23
云林县	458	0.7	−99.85	1 829	4 862	165.83
嘉义县	140	10	−92.86	921	1 503	63.19
台南县	784	69	−91.20	3 486	7 519	115.69
高雄县	900	107	−88.11	4 038	6 435	59.36
屏东县	743	0.4	−99.95	1 990	3 895	95.73
花莲县	312	7.9	−97.47	1 516	2 652	74.93
台东县	235	0	−100.00	445	981	120.45
金门县	0	0	—	214	465	117.29
澎湖县	135	0	−100.00	322	641	99.07
合计	41 262	37 127	−10.02	388 790	524 919	35.01

资料来源：台湾财政主管部门财税数据中心磁带数据(2003~2005)

现负成长趋势，仅有三县市出现正成长现象，分别为新竹县(453.37%)、新竹市(165.76%)与台北市(1.51%)；相比之下，则各地方县市的内销比率皆有所提升，当中更以云林县、新竹县、台东县、金门县与台南县五县较为突出，分别为165.83%、

143.97%、120.45%、117.29%与 115.69%。如再进一步分析，则可见占全台湾总额 80%以上之台北市、台北县、高雄市、台中市与桃园县等前五大县市中，唯有台北市在对外营收上持续成长，其他则为不等程度的下降，下降幅度为6.88%~68.95%。由此，台湾于 2002~2005 年，文化产业的外销越趋集中于个别县市，尤其以台北市为最，此种内销比重高于外销比重的结果，对于吸引全球资金内流，从而吸引文化产业与人才进驻难有具体帮助，对帮助地方文化产业的质与量的提升也将产生相当程度的限制。

最后，在地方文化创意产业营销总额成长比方面，新竹县、云林县、新竹市、台南县与台中县等县市之比率最高，分别为 249.00%、112.54%、103.17%、77.69%与 50.79%，皆超越 50%。细观之，这五县市之地区经济发展程度并非最高，且当中除新竹市以外，其他四县市经济发展相当程度上可归属于传统农业县市，然所促成之文化产值成长比却极高，当中还包含台南县 1.35% (7589 百万元新台币)与新竹县 1.79% (10 079 百万元新台币)等 2002 年时文化产值低于 1%以下之县市。由此说明，虽然各地方发展背景与基础条件存在差别，然透过地方的努力，确实有助于促成地方文化经济极大程度的发展。

第二节　台湾地区文化经济现况分析

关于台湾地区文化创意产业营业额面向，在《挑战 2008：台湾发展重点计划》之《文化创意产业发展计划》中已有提及，由于文化创意产业有助于促进就业人口和产值方面的持续成长，因此文化创意产业发展计划即针对不同类型之文化艺术产业，就人才培育、研究发展、信息整合、财务资助、空间提供、产学合作接口、营销推广、租税减免等不同面向提出整合机制，配合地方政府、专业人士、民间和企业之协作，共同推动。目标是希望能够使就业人口增加 1 倍，产值增加2 倍。基于此，本书即以文化创意产业发展计划所涵盖产业之文化经济面向为分析基础，针对 2002~2005 年台湾地区之视觉艺术产业、音乐与表演艺术产业、文化展演设施产业、工艺产业、电影产业、广播电视产业、出版产业、广告产业、设计产业、设计品牌时尚产业、建筑设计产业、创意生活产业，以及数字休闲娱乐产业等13项产业进行分析。

由表5-5可见，2002年时台湾地区文化创意产业营业额所占全台湾整体比率较高者有广告产业(1072.36亿元新台币)、广播电视产业(882.95亿元新台币)、出版产业(616.68亿元新台币)、工艺产业(605.53亿元新台币)与建筑设计产业(575.18亿元新台币)等分项行业，其营业比率分别为24.94%、20.53%、14.34%、14.08%与13.38%；至2005年时，台湾地区文化创意产业营业额所占全台湾整体比率较高者则为广告产业(1411.25亿元新台币)、广播电视产业(1009.32亿元新台币)、建筑设计产业(812.38亿元新台币)、出版产业(715.84亿元新台币)与工艺产业(674.68亿元新台币)等分项行业，其营业比率分别调整为24.29%、17.37%、13.98%、12.32%与11.61%。由两年度发展观之，此五大类分项行业于2002年时占台湾地区总体文化创意产业营业额达80%以上，至2005年时比率虽稍降，然整体比重仍将近80%，为79.59%，此显示出2002~2005年台湾地区文化创意产业的发展重点行业之所在。

表5-5　台湾地区文化创意产业营业额

行业	2002年		2005年		成长比/%
	营业额/亿元新台币	比率/%	营业额/亿元新台币	比率/%	
视觉艺术产业	—*	—	52.88	0.91	—
音乐及表演艺术产业	45.57	1.06	66.16	1.14	45.18
文化展演设施产业	27.87	0.65	26.96	0.46	−3.27
工艺产业	605.53	14.08	674.68	11.61	11.42
电影产业	141.85	3.30	130.79	2.25	−7.80
广播电视产业	882.95	20.53	1 009.32	17.37	14.31
出版产业	616.68	14.34	715.84	12.32	16.08
广告产业	1 072.36	24.94	1 411.25	24.29	31.60

续表

行业	2002 年		2005 年		成长比/%
	营业额/亿元新台币	比率/%	营业额/亿元新台币	比率/%	
设计产业	220.30	5.12	502.57	8.65	128.13
设计品牌时尚产业	—	—	—	—	—
创意生活产业	—	—	190.20	3.27	—
建筑设计产业	575.18	13.38	812.38	13.98	41.24
数字休闲娱乐产业	111.55	2.59	217.65	3.75	95.11
合计	4 299.84	100	5 810.67	100	35.14

※ "—"表示无法自财税中心处取得资料。

资料来源：台湾财政主管部门财税数据中心磁带数据(2003~2005)

　　进一步观察，2002~2005 年上述行业发展虽同样位居前五大文化创意产业发展行业项目，然其中仍有细微变动。广告产业与广播电视产业等行业仍居于前两项主导者地位，排序并无所变动，且两年度间所占总比重也仍然高达 40%以上；相较之下，后三者排列名次即有所更动，由 2002 年之出版产业、工艺产业与建筑设计产业排序，转变为 2005 年时之建筑设计产业、出版产业与工艺产业序列。当中差别较大者为出版产业与工艺产业，其排序各由第三、四位退居为第四、五位，所占整体文化创意产业比率则分别由 14.34%、14.08%下降为 12.32%与 11.61%；相对于此，建筑设计产业之变动幅度由位居第五(占 13.38%)进展为第三位(占 13.98%)。由此，2002~2005 年，台湾地区的出版产业与工艺产业可谓面对相当程度上的衰退现象。

　　延续上述观察，在文化创意产业附加价值(产值)方面(表 5-6)，2002 年营业产值较高之分项行业为广播电视产业(503.28 亿元新台币)、出版产业(431.68 亿元新台币)、工艺产业(417.82 亿元新台币)、建筑设计产业(402.62 亿元新台币)与广告产业(246.64 亿元新台币)等五类，其所占比率为 21.28%、18.25%、17.67%、17.03%与 10.43%；至 2005 年时，营业产值较高之分项行业为建筑设计产业(617.41 亿元新台币)、广播电视产业(504.66 亿元新台币)、出版产业(429.50 亿元新台币)、广告产业(423.38 亿元新台币)、工艺产业(384.57 亿元新台币)与设计产业(356.83 亿元新台币)，其所占比率为 20.02%、16.36%、13.92%、13.73%、12.47%与 11.57%。在上述产业中，设计产业至 2005 年时产值比重首度提升到 11.57%，为 13 项文化相关产业中成长幅度最高之产业，成长幅度高达 131.39%。除了设计产业之外，其他诸如数字休闲娱乐产业与广告产业也有相当程度的成长，成长幅度分别达到 95.11% 与 71.66%。综合以上，诸类文化产业产值的提升，应可视为台湾文化创意产业的新发展趋势。

表 5-6　台湾地区文化创意产业产值※

行业	2002 年		2005 年		成长比%
	产值/亿元新台币	比率/%	产值/亿元新台币	比率/%	
视觉艺术产业	—	—	38.07	1.23	—
音乐及表演艺术产业	31.44	1.33	45.65	1.48	45.20
文化展演设施产业	19.23	0.81	18.60	0.60	−3.28
工艺产业	417.82	17.67	384.57	12.47	−7.96
电影产业	80.85	3.42	65.39	2.12	−19.12
广播电视产业	503.28	21.28	504.66	16.36	0.27
出版产业	431.68	18.25	429.50	13.92	−0.51
广告产业	246.64	10.43	423.38	13.73	71.66
设计产业	154.21	6.52	356.83	11.57	131.39
设计品牌时尚产业	—	—	—	—	—
创意生活产业	—	—	50.49	1.64	—
建筑设计产业	402.62	17.03	617.41	20.02	53.35
数字休闲娱乐产业	76.97	3.25	150.18	4.87	95.11
合计	2 364.74	100	3 084.73	100	30.45

※产值=营业额×(1−中间投入)，即所谓附加价值。

资料来源：台湾财政主管部门财税数据中心磁带数据(2003~2005)

经上，研究持续针对文化创意产业营业额成长比方面进行了比较。2002~2005年，营业额成长幅度较大者有设计产业与数字休闲娱乐产业，所占比率分别为

128.13%、95.11%；其次为音乐及表演艺术产业与建筑设计产业，所占比率分别为 45.20%与 41.24%，此四类别行业成长比率皆高于同时期其他类别文化产业。相较之下，电影产业与文化展演设施产业不仅未有所成长，相对还呈现出负成长的下降趋势，成长比分别为−7.80%与−3.27%。由此文化产业营业产值的比较发现，设计产业与数字休闲娱乐产业虽营业额非最高(分别为 502.57 亿元新台币与217.65 亿元新台币)，但所占台湾地区文化产业比率仍很低(分别为 8.65%与3.75%)，然其成长性极高，此可谓其逐渐扮演起台湾地区文化创意产业发展的主流角色，而电影产业与文化展演设施产业则逐步呈衰颓之势，已面临需重新进行产业规划与进一步的政策调整，以促成产业转型与升级。

第三节　台湾地区文化人力资源现况分析

当地区经济系统的知识基础是经由学习而被提升时，它就会变成不断创造竞争优势和独占力的来源。同时，经由内部学习可望引导出新基本建设政策，进而提升发展[1]。人力资本是经济增长的关键，在一个社会里，人力资本的大量流动更加容易促成文化交往、技能和知识的传递及新思想的产生[2]。为求促成地区文化产业的创新与创意生成，则文化人力资源的取得相当重要。

关于台湾地区文化创意产业之文化人力资源探讨，本书所探讨者乃为2002~2005 年文化创意产业就业人数。观之表 5-7，2002 年时台湾地区文化创意产业就业人数所占全台湾整体比率超越总体的 10%以上者有广告产业(41 850 千人)、出版产业(40 462 千人)、广播电视产业(31 375 千人)与数字休闲娱乐产业(23 859 千人)等分项行业，其营业比率分别为 22.43%、21.68%、16.81%与 12.79%；至 2005 年时，台湾地区文化创意产业就业人数所占全台湾整体比率较高者则为广告产业

① Romer P M. 1990. Endogenous technological change. Journal of Political Economics, 98: 71~102
② 许焯权. 2005. 香港文化创意产业及创意社群研究. 2005 年艺术与文化学术研讨会，台湾艺术教育馆、台湾中山大学艺术管理研究所主办

表 5-7 2002~2005 年文化创意产业就业人数※

	2002 年		2005 年		成长比/%
	人数/千人	比率/%	人数/千人	比率/%	
视觉艺术产业	—	—	—	—	—
音乐与表演艺术产业	—	—	—	—	—
文化展演设施产业	—	—	—	—	—
工艺产业	—	—	—	—	—
电影产业	4 706	2.52	4 694	2.40	−0.25
广播电视产业	31 375	16.81	30 669	15.67	−2.25
出版产业	40 462	21.68	40 554	20.72	0.23
广告产业	41 850	22.43	46 158	23.59	10.29
设计产业	12 500	6.70	19 939	10.19	59.51
设计品牌时尚产业	—	—	—	—	—
建筑设计产业	2 980	1.60	14 246	7.28	378.05
创意生活产业	—	—	5 296	2.71	—
数字休闲娱乐产业	23 859	12.79	34 128	17.44	43.04
合　　计	186 595	100	195 684	100	4.87

※就业人数的资料来源如下：电影、广播电视、出版与广告等四产业为行政主管部门主计处 2005 年人力资源调查统计，建筑设计产业及设计产业为行政主管部门劳工委员会台湾地区职类别薪资调查，数字休闲娱乐产业则由经济主管部门数字内容推动办公室提供。

资料来源：台湾财政主管部门财税数据中心磁带数据(2003~2005)

(46 158 千人)、出版产业(40 554 千人)、数字休闲娱乐产业(34 128 千人)与广播电视产业(30 669 千人)等分项行业，其营业比率分别调整为 23.59%、20.72%、17.44%与 15.67%，并新增一项设计产业(19 939 千人、10.19%)。观察此两年度发展，2002年时前四大产业占台湾地区总体文化创意产业营业额 70%以上，为 73.71%；至

2005年时,比率稍有提升,整体比重为77.42%,已将趋近80%,此显示出2002~2005年台湾地区文化创意产业的人力供给与就业机会趋向之所在。

再就2002~2005年之文化创意产业就业人数成长幅度加以分析,可见成长幅度高于全台湾平均成长比率(4.87%)者计有建筑设计产业(378.05%)、设计产业(59.51%)、数字休闲娱乐产业(43.04%)与广告产业(10.29%);至于成长幅度低于全台湾平均成长比率(4.87%)者则有出版产业(0.23%)、电影产业(−0.25%)与广播电视产业(−2.25%),其中之电影产业与广播电视产业甚至呈现负成长态势。由此分析,建筑设计产业从业人员数额占全台总比率之快速成长,以及电影产业与广播电视产业从业人员数额占全台总比率之反向下跌,反映出近年来台湾对建筑设计产业从业人员之人力需求大量增加,以及影视产业之大环境不景气情势,影响所及则相关产业就业机会也出现大幅下降等发展困境。关于此种产业发展情势,文化人力资源之主管机关——教育主管部门应探讨相关配套措施,以尽速响应并调整文化产业发展所需之人力资源配置,俾求由人力素质与人才供应量面向双管齐下,解决当前所面临的文化产业发展人力资源失调困境。

所需补充说明者在于,由于本书所采用研究数据之来源为财政主管部门财税资料中心,然由于2002~2005年关于视觉艺术产业、音乐与表演艺术产业、文化展演设施产业、工艺产业、设计品牌时尚产业与创意生活产业等项数据无法自财税中心处取得,因此可能产生分析上之盲点与局限,由此则无法取得资料之分析乃付诸保留,以待后续相关信息取得时再付予补述。

第四节　台湾地区文化活动现况分析

魅力城市着重整体城市的经营,因此政府部门现在也开始了解到运用文化产业得以扭转地方意象与地方经济的潜力[①]。文化政策包含的活动范围极广,除了包含官方资助博物馆、视觉艺术(绘画、雕塑及陶艺)、表演艺术(交响乐、室内乐、圣乐、爵士乐、现代舞、歌剧、音乐剧及严肃戏剧)、史迹保存及人文作品(如创

---

① Stevenson D. 2002. The potential of cultural industries. The Cultural Industries and Practices Centre (CIPS), University of Newcastle

意写作与写诗)等艺术活动外，也包括支持其他官方资助机构，如图书馆、典藏馆、战争纪念地、动物园、植物园、水族馆、公园，同时也支持各式地方庆典、博览会和节庆，民俗活动如拼布、乡村音乐、民俗舞蹈、手工艺等，以及特定的巡回表演、马术竞赛会及乐旗队游行等皆涵括于其中[①]。

就台湾地区文化展演活动所进行之探讨，研究乃针对 2002 年与 2005 年台闽地区艺文展演活动分类统计进行比较说明(表 5-8)。在 2002 年时，台闽地区艺文展演活动中，以美术类、音乐、其他类与一般讲座等四大类活动数量较多，分别为 4809 个(22.38%)、4702 个(21.88%)、4524 个(21.05%)与 2205 个(10.26%)，其占全台湾整体比率皆超越总体 10%以上。至 2005 年时，台闽地区艺文展演活动中，占全台湾整体比率超越总体 10%以上者则有五大类活动，除上述美术类、其他类、音乐与一般讲座等大类外，还增加影片一大类，就其个数与分类比率而论，分别为 7250 个(20.26%)、6447 个(18.02%)、6334 个(17.70%)、3615 个(10.10%)与 5351 个(14.95%)。观之美术与艺术类活动的数量，可见台湾地区之表演艺术与人文作品(如创意写作与写诗)等艺术活动之普及与盛行，此种发展除了得以扭转地方意象与地方经济的潜力外，对社会文化风气的提升与人文素质的涵养，也应能达成正面带动的效益。

延续上述，针对 2002~2005 年之台闽地区艺文展演活动变动程度进行探讨，在两个年度之间，呈现较大成长幅度的产业乃有影片、民俗类、舞蹈与一般讲座，分别达 356.57%、111.84%、75.88%与 63.95%。由此可见，经历三年时间，影片类成长幅度最为巨大，由 2002 年之 1172 个活动成长为 2005 年之 5351 个活动；再者，民俗类活动也由 1461 个增长到 3095 个，此两类活动增长幅度之高，相当程度上应可归诸于"文建会"与"体委会"协力主管，办理县市全球艺术节、辅导办理活动产业博览会及活动产业评估等相关政策行动，将全球化与台湾本地文化进行适切结合之成果。

---

① Mulcahy K V. 2007. What is cultural policy? Transformation and imagination. 2007 International Symposium on Theater Art and Administration Proceedings, National Sun yat-sen University, Taiwan: Kaohsiung

表5-8　台闽地区艺文展演活动分类统计

分　类		活动个数/个			成长比/%
			2005 年		
2002 年	2005 年	2002 年	2002 年分类标准	2005 年分类标准	
美术类※	视觉艺术	4 809(22.38%)	7 250(20.26%)	4 623	50.76
	工艺			2 064	
	设计			563	
音乐	音乐	4 702 (21.88%)	6 334(17.70%)		34.71
戏剧	戏剧	1 766(8.22%)	2 197(6.14%)		24.41
舞蹈	舞蹈	850(3.96%)	1 495(4.18%)		75.88
影片	影片	1 172(5.45%)	5 351(14.95%)		356.57
民俗类	民俗	1 461(6.80%)	3 095(8.65%)	2 992	111.84
	说唱			103	
一般讲座	语文	2 205(10.26%)	3 615(10.10%)		63.95
其他类	图书	4 524(21.05%)	6 447(18.02%)	1 078	42.51
	综艺			2 100	
	其他			3 269	
总计		21 489	35 784		66.52

※美术类涵括绘画、版画、书法篆刻、雕塑、陶瓷、工艺、摄影、设计、媒体艺术、装置艺术、竞赛、综合展及其他等类项。

资料来源：台湾行政主管部门经济建设委员会. 2003. 挑战 2008：台湾发展重点计划. 经济建设委员会；台湾行政主管部门文化建设委员会.2006.2005 文化创意产业发展成果报告. 本书整理

　　本书分析同时提出值得注意的相关说明。本书所采用分析之资料来源为台湾行政主管部门文化建设委员会，由于该单位所保存之 2002 年与 2005 年台闽地区艺文展演活动分类资料有分类上的修整，因此 2002 年与 2005 年之分类标准有所歧异。细言之，2002 年时之类别区分项目为美术类、音乐、戏剧、舞蹈、影片、民俗类、一般讲座与其他类等，计有八大类。然至 2005 年时，类别区分项目除如上所述美术类、音乐、戏剧、舞蹈、影片、民俗类、一般讲座与其他类等八大类外，尚区分为各中类，如美术类涵括视觉艺术、工艺与设计中类，民俗类区分为民俗与说唱中类，以及其他类所辖之图书、综艺与其他等中类。为切合研究统一基础之需，因此在分析时乃以八大类项目进行探讨，裨益结果之系统性呈现。

第五节　台湾地区县市文化公众参与现况分析

文化产业竞争力有与传统产业相同的共性，也有因对社会伦理、国家凝聚力、文化普及程度与全球影响等巨大作用而具有的特殊性，其为文化产业与社会、人文、生态环境、资源等相协调，从而获得永续发展能力。依此，文化产业并不是一个自我维持、独立运转的封闭系统，其要不断获得信息、智能、技术、资金以及自然资源等支持，避免过多地消耗不可再生的自然资源与人文资源，而通过智能资源等的不断投入与优化整合，推动文化产业，并实现再扩大生产[①]。此即说明文化产业发展有待公众参与的重要性。

由表 5-9 可见，2002 年与 2007 年台闽地区各县市艺文活动个数概况比较，2002 年时台湾地区艺文活动个数所占全台湾整体比率较高者为台北市(18.67%)、台南市(8.63%)、台北县(7.19%)、台中市(6.40%)、宜兰县(5.73%)、高雄市(5.71%)、新竹市(5.66%)与南投县(5.05%)等县市，其比率皆高于 5%；至于艺文活动个数所占全台湾整体比率较低者则有金门县(0.96%)与连江县(0.52%)等两县市。至 2007 年时，台湾地区艺文活动举办个数占全台湾整体比率高于 5%者则为台北市(12.29%)、台北县(10.87%)、高雄市(8.39%)、桃园县(8.11%)、台中市(7.90%)、台南市(6.89%)、新竹市(5.71%)与宜兰县(5.48%)等八县市；至于艺文活动个数所占全台湾整体比率较低者则有屏东县(0.97%)、澎湖县(0.89%)、金门县(0.74%)与连江县(0.30%)等四县市。由两年度发展观之，艺文活动举办个数占全台湾整体比率高之桃园县由 4.66%成长至 8.11%，而南投县则自 5.05%下降至 3.82%；艺文活动

---

① 花建.2005. 文化产业竞争力的内涵、结构和战略重点. 北京大学文化产业前沿报告. 北京：北京大学出版社

举办个数占全台湾整体比率低之县市则由 2002 年的两县市增为四县市,新增之两县市分别为屏东县(0.97%)与澎湖县(0.89%)。

表 5-9　台闽地区各县市艺文活动个数概况比较

县　市	2002 年		2007 年		成长比/%
	活动个数/个	比率/%	活动个数/个	比率/%	
台北市	4 013	18.67	5 703	12.29	42.11
高雄市	1 226	5.71	3 893	8.39	217.54
台湾省	15 933	74.14	36 334	78.29	128.04
台北县	1 545	7.19	5 043	10.87	226.41
宜兰县	1 232	5.73	2 545	5.48	106.57
桃园县	1 001	4.66	3 764	8.11	276.02
新竹县	434	2.02	1 130	2.43	160.37
苗栗县	351	1.63	893	1.92	154.42
台中县	751	3.49	1 325	2.85	76.43
彰化县	648	3.02	1 208	2.60	86.42
南投县	1 086	5.05	1 773	3.82	63.26
云林县	385	1.79	878	1.89	128.05
嘉义县	486	2.26	664	1.43	36.63
台南县	526	2.45	2 162	4.66	311.03
高雄县	454	2.11	1 061	2.29	133.70
屏东县	517	2.41	450	0.97	−12.96
台东县	346	1.61	783	1.69	126.30
花莲县	533	2.48	952	2.05	78.61

续表

县 市	2002 年		2007 年		成长比/%
	活动个数/个	比率/%	活动个数/个	比率/%	
澎湖县	216	1.01	411	0.89	90.28
基隆市	256	1.19	741	1.60	189.45
新竹市	1 216	5.66	2 652	5.71	118.09
台中市	1 375	6.40	3 665	7.90	166.55
嘉义市	721	3.36	1 038	2.24	43.97
台南市	1 854	8.63	3 196	6.89	72.38
福建省	317	1.48	482	1.04	52.05
连江县	111	0.52	139	0.30	25.23
金门县	206	0.96	343	0.74	66.50
总　计	21 489	100	46 412	100	115.98

资料来源：台湾行政主管部门文化建设委员会. 2007. 台闽地区艺文展演活动统计；台湾行政主管部门文化建设委员会. 2008. 2007 文化创意产业发展计划成果报告. 本书整理

进一步观察，成长比若以台湾省整体比率 128.04%为比较基准，高于此标准者由高而低依序为台南县(311.03%)、桃园县(276.02%)、台北县(226.41%)、高雄市(217.54%)、台中市(166.55%)、新竹县(160.37%)、苗栗县(154.42%)、高雄县(133.70%)与云林县(128.05%)。总体观之，经过五年发展，台湾各县市艺文活动举办数量几乎皆有所提升，仅屏东县呈现出唯一负成长现象，由 2002 年之 2.41%降为 2007 年之 0.97%，成长比降幅达 12.96%。此外较值得说明者在于，台北市总体艺文活动举办个数虽仍占全台第一位，而五年间其活动个数也由 4013 个增至5703 个，然成长比却仅足 42.11%，相较于台湾其他县市，台北市成长幅度着实有限。

在 2002 年与 2007 年台闽地区各县市艺文活动出席人数概况比较方面(表5-10)，2002 年时艺文活动出席人数较高县市分别为台北市(31.51%)、高雄市(14.77%)、宜兰县(8.44%)、台北县(8.41%)、桃园县(5.13%)与台中市(5.10%)，这些县市所占全台总比率皆高于 5%；相较之下，艺文活动出席人数较低县市则分别为基隆市(0.87%)、屏东县(0.86%)、嘉义县(0.77%)、花莲县(0.73%)、台东县(0.66%)、澎湖县(0.23%)、金门县(0.10%)与连江县(0.03%)。2007 年时艺文活动出席人数较高县市分别为台北市(17.14%)、台北县(11.51%)、台中市(10.71%)、高雄市(9.85%)、桃园县(8.47%)、台中县(5.41%)与台南市(5.04%)，这些县市所占全台总比率皆高于 5%；相较之下，艺文活动出席人数较低县市则分别有花莲县(0.99%)、基隆市(0.96%)、嘉义市(0.90%)、台东县(0.87%)、屏东县(0.57%)、澎湖县(0.38%)、金门县(0.09%)与连江县(0.05%)等八县市。

表 5-10　台闽地区各县市艺文活动出席人次概况比较

县　市	2002 年		2007 年		成长比/%
	出席人次/人	比率/%	出席人次/人	比率/%	
台北市	24 122	31.51	20 707	17.14	−14.16
高雄市	11 308	14.77	11 897	9.85	5.21
台湾省	41 014	53.58	88 029	72.88	114.63
台北县	6 436	8.41	13 900	11.51	115.97
宜兰县	6 458	8.44	5 481	4.54	−15.13
桃园县	3 929	5.13	10 227	8.47	160.30
新竹县	1 636	2.14	3 224	2.67	97.07
苗栗县	1 181	1.54	1 594	1.32	34.97
台中县	1 876	2.45	6 540	5.41	248.61
彰化县	1 147	1.50	1 300	1.08	13.34
南投县	1 769	2.31	3 929	3.25	122.10
云林县	935	1.22	1 576	1.30	68.56
嘉义县	593	0.77	4 776	3.95	705.40
台南县	1 132	1.48	5 664	4.69	400.35

续表

县 市	2002 年		2007 年		成长比/%
	出席人次/人	比率/%	出席人次/人	比率/%	
高雄县	1 579	2.06	1 866	1.54	18.18
屏东县	661	0.86	687	0.57	3.93
台东县	507	0.66	1 048	0.87	106.71
花莲县	559	0.73	1 194	0.99	113.60
澎湖县	175	0.23	458	0.38	161.71
基隆市	665	0.87	1 163	0.96	74.89
新竹市	1 900	2.48	3 281	2.72	72.68
台中市	3 900	5.10	12 938	10.71	231.74
嘉义市	814	1.06	1 090	0.90	33.91
台南市	3 162	4.13	6 093	5.04	92.69
福建省	98	0.13	161	0.13	64.29
连江县	25	0.03	55	0.05	120.00
金门县	73	0.10	106	0.09	45.21
总　计	76 543	100	120 794	100	57.81

资料来源：台湾行政主管部门文化建设委员会. 2006.2005 文化创意产业发展成果报告；花建. 2005. 文化产业竞争力的内涵、结构和战略重点. 北京大学文化产业前沿报告. 北京：北京大学出版社. 本书整理

由上述对 2002 年与 2007 年两年度间台闽地区各县市艺文活动出席人数概况加以比较分析，可知各县市参与艺文活动人数变动态势。整体而言，在全台 25 县市中，除台北市(-14.16%)与宜兰县(-15.13%)之艺文活动参与人数不增反减外，其他县市皆呈现出上升趋势。若以台湾省整体成长比率 114.63%为比较基准，则台闽地区各县市当中成长比较高者则计有嘉义县(705.40%)、台南县(400.35%)、台中县(248.61%)、台中市(231.74%)、澎湖县(161.71%)、桃园县(160.30%)、南投县(122.10%)、连江县(120.00%)与台北县(115.97%)等九县市。相关艺文活动参与率

的成长，应可视为台湾文化参与的新发展趋势。

进一步针对 2002 年与 2007 年台闽地区各县市艺文活动出席人次比率进行分析(表 5-11)，可知五年期间艺文活动出席人次比率呈正增长者为嘉义县(489.59%)、台中县(97.60%)、连江县(76.00%)、澎湖县(37.53%)、南投县(36.03%)、台中市(24.47%)、台南县(21.75%)、花莲县(19.54%)、屏东县(19.39%)与台南市(11.72%)等十县市。相对之下，五年期间艺文活动出席人次比率低于台闽地区整体比率者则有高雄市(−66.87%)、宜兰县(−58.91%)、高雄县(−49.42%)、苗栗县(−46.95%)、台北市(−39.59%)、基隆市(−39.57%)、彰化县(−39.21%)、台北县(−33.85%)与桃园县(−30.78%)等九县市。由此处分析，2002 年与 2007 年五年间艺文活动出席人次比率较低者以台北县市与高雄县市等台湾南北两大都会区县市为主，至于出席人次比率较高者则以台中县市与台南县市等非台北高雄两大都会区县市为主。

表 5-11　台闽地区各县市艺文活动公众参与比率

县 市	2002 年/(人次/活动个数)	2007 年/(人次/活动个数)	成长比/%
台北市	6 011	3 631	−39.59
高雄市	9 223	3 056	−66.87
台湾省	2 574	2 423	−5.87
台北县	4 166	2 756	−33.85
宜兰县	5 242	2 154	−58.91
桃园县	3 925	2 717	−30.78
新竹县	3 770	2 853	−24.32
苗栗县	3 365	1 785	−46.95
台中县	2 498	4 936	97.60
彰化县	1 770	1 076	−39.21
南投县	1 629	2 216	36.03
云林县	2 429	1 795	−26.10
嘉义县	1 220	7 193	489.59

县　市	2002 年/(人次/活动个数)	2007 年/(人次/活动个数)	成长比/%
台南县	2 152	2 620	21.75
高雄县	3 478	1 759	-49.42
屏东县	1 279	1 527	19.39
台东县	1 465	1 338	-8.67
花莲县	1 049	1 254	19.54
澎湖县	810	1 114	37.53
基隆市	2 598	1 570	-39.57
新竹市	1 563	1 237	-20.86
台中市	2 836	3 530	24.47
嘉义市	1 129	1 050	-7.00
台南市	1 706	1 906	11.72
福建省	309	334	8.09
连江县	225	396	76.00
金门县	354	309	-12.71
总　计	3 562	2 603	-26.92

综合以上分析，较值得进一步讨论者在于，虽台北市仍为出席人次最多者，总出席人次于 2002 年与 2007 年分别达 24 122 人与 20 707 人，所占比率亦为全台最高，然其比率却由 31.51%降至 17.14%，成长比也呈现出下滑的负成长趋势(-14.16%)。此外，在高雄市方面，其虽仍维持 9.85%的高出席比率，然相较于其他地区而言，其所占之出席人次成长率却仅为 5.21%，落后于台北县(出席率为 11.51%，成长比为 115.97%)与台中市(出席率为 10.71%，成长比为 231.74%)，此显示出经过五年度的发展，台北县与台中市之文化公共参与程度已有大幅提升，然出席人次比率较高者则以台中县市与台南县市等非台北高雄两大都会区县市为

主。鉴于文化产业的发展若能结合信用、互惠、合作和充足的社会网络，除有利于丰富集体福利、活化社会表达机制和市民承诺机制外，相对也能使个人和集体的创意能力更形兴盛(许焯权，2005)。由此，则可推知台北县与台中市地方文化参与人数的成长趋势以及台中与台南等非台北高雄都会区县市个别活动参与人次比率的活络态势，循此发展可以了解台湾地区文化活动参与所呈现出之城乡发展各异情势。

第六章　台湾地区主要城市文化产业
发展结构深层解析

依据台湾《天下杂志》所公布的2002年"台湾地区县市竞争力排行榜"调查显示(表6-1),若不按人口多寡区分,而按综合经济竞争、政府效能、生活质量与社会活力等四大项目区分后所得到的总分来看,台湾地区25县市中最有竞争力的前5个县市,依序为以世界级城市自许的台北市、实行科技重镇发展策略的新竹县、用文化发展城市风情的台中市、定做科技新风貌的新竹市及实行招商总动员的桃园县。而第六到第十名,则为台北县、澎湖县、苗栗县、花莲县以及宜兰县。由此可见,在总排名前十名中,除一个离岛及两个东部县外,其他都是北部、中部县市,尤其北部县市更是名列前茅。

表6-1　台湾地区县市竞争力排行榜

排名	县市	总分	经济竞争平均总分	政府效能平均总分	生活质量平均总分	社会活力暨潜力平均总分
1	台北市	11.95	3.36	2.79	2.44	3.37
2	新竹县	10.46	2.68	2.86	2.63	2.3
3	台中市	10.41	2.79	2.43	2.4	2.8
4	新竹市	10.25	3.04	2.86	2.13	2.23
5	桃园县	9.75	2.82	2.57	2.13	2.23
6	台北县	9.71	2.79	2.43	2.13	2.37
7	澎湖县	9.7	1.36	3.14	2.93	2.27
8	苗栗县	9.69	2.36	3	2.44	1.9
9	花莲县	9.58	2.14	2.5	2.88	2.07
10	宜兰县	9.5	2.14	2.57	2.75	2.03

排名	县市	总分	经济竞争平均总分	政府效能平均总分	生活质量平均总分	社会活力暨潜力平均总分
11	台中县	9.49	2.07	2.79	2.5	2.13
12	金门县	9.47	1.71	2.79	2.5	2.47
13	台南市	9.24	2.21	2.64	2.19	2.2
14	屏东县	8.95	1.79	2.57	2.63	1.97
15	高雄市	8.89	2.57	2.14	1.81	2.37
16	台南县	8.89	1.93	2.43	2.44	2.1
17	台东县	8.86	1.57	2.64	2.75	1.9
18	彰化县	8.72	1.86	2.71	2.25	1.9
19	南投县	8.56	1.93	2.36	2.38	1.9
20	嘉义市	8.55	2	2.07	2.31	2.17
21	高雄县	8.31	1.93	2.43	2.19	1.77
22	嘉义县	8.3	1.64	2.64	2.25	1.77
23	云林县	8.2	1.93	2.57	2.06	1.63
24	基隆市	8.17	1.79	2.71	1.94	1.73

　　而排名在后十位的县市，除了基隆市、南投县外，其他八个都是中部以南县市，反映出台湾所面临的北重南轻的地方发展缺陷，并由此可观察到台湾的南北失衡与城乡差距问题，此相当程度上类同于我国内地改革开放后日益呈现的东西失衡。

　　由上对经济竞争、政府效能、生活质量与社会活力暨潜力的总和调查可见，经由长期以来自然地理与人文社会的发展变异，台湾地区发展资源多半集中于北部的结果，导致台湾岛内南北两端有着不同的发展趋势。基于如此迥异的发展情势，台湾地区北中南即各自孕育出极具多样化的文化资产，并经由地方县市政府的政策规划，台湾地区县市当前已分别呈现出多元性的文化产业发展面向。

在本书中，第三章与第四章已对《挑战 2008：台湾重点发展计划》所研议的发展文化创意产业之政策总体方向进行了引介；在第五章中，则针对台湾地区文化产业发展政策规划与地区文化产业发展作了总体分析，经由这些章节的探讨，吾人应可对台湾近年来文化产业发展的政策方向与总体发生现况有所初步了解。

鉴于台湾地区的地方发展差异，本章乃延续前述，且将进一步针对台湾北中南四主要城市——台北市、高雄市、台中市与台南市之文化发展政策、文化产业结构与文化公众参与情况，进行更进一步的深层解析。

第一节　台湾地区主要城市文化产业发展政策取向

一、台北市文化产业发展政策规划

(一)　台北市文化产业发展背景

台湾地区第一个地方文化事务专责机构——台北市政府文化局于 1999 年 11 月 6 日正式成立。关于台北市政府文化局的工作发展方向，乃为文化深入生活、传统出现代、本地走向全球，企图建构台湾地区第一个市民的文化局、辅导而非指导的文化局。在上述的工作目标下，台北市文化局积极推动文化创意发展政策，在文化创意产业企业家数方面，呈现逐年成长的趋势，2004 年文化创意产业企业家共 82 154 家，2005 年文化创意产业企业家共 83 259 家，2006 年文化创意产业企业家共 94 628 家，近三年文化创意产业企业家数成长 15.18%，企业家数量前三名为美食文化、设计及出版业。至于在文化创意产业销售总额方面，也同步显示逐年成长的态势，2004 年文化创意产业销售总额为 1 兆 3146 亿 6400 万元，2005 年文化创意产业销售总额为 1 兆 4062 亿 5300 万元，2006 年文化创意产业销售总额为 1 兆 5982 亿 800 万元，总体而言，近三年文创产业销售总额成长 21.57%，销售额前三名为设计、美食文化、数字休闲娱乐产业。

根据上述两项统计和分析，相较于台湾地区内部近年整体经济环境及消费市场低迷的现象，文化创意产业反而连年异军突起，相关行业投入的人力、创造的营收都逆势成长，证明文化创意产业已是台北市最重要的新兴产业之一。在台北市发展文化创意产业的过程中，其归纳了关键的五大课题，包括促进异业结合、扩大全球市场、推动文化观光、提升政策效率及强化研发能力，而这五项课题彼此之间都相互关联，所以政府在带头推动产业时，必须有综合性的整体思维，因此文化局也为促成政府部门和民间企业、公司、艺文团体的协同合作而努力。

关于当前台北市政府所推展的文化产业发展行动，约可归纳如下。①

1. 规划打造文化创意街区

在台北市既有的街区特色基础上，发展多元的文化创意街区。例如，大稻埕古风区、故宫文化特区、中山北路婚纱及设计街区、西门町电影及青少年创意文化街区、永康街美食及艺文特色街区、信义新天地街头艺人表演及文化创意产业街区、温罗汀特色书店及原创音乐创意街区，等等。未来在每一个行政区内，希望都能够在当地现有的街区历史特色基础上，全力协助其发展成为具有创意产业能量和文化观光产值效能的文化创意街区。

2. "故宫"瑰宝大道计划

相关计划属于台北市政府重大政策"台北好印象"六大重要计划之一。台北故宫博物院是台湾最知名的观光景点之一，也是海外观光客的首选参观地点。为了塑造台北故宫博物院整体景观意象,市政府结合本身及台北故宫博物院的资源，针对台北故宫博物院周边的环境、沿线街道家具、入口意象、交通动线以及旅游标志等提出通盘改善计划，使士林地区因本案而脱胎换骨，并形塑台北市旅游新风貌。计划中提出了美化隧道壁体及改善照明的构想，透过台北故宫博物院典藏国宝级文物及"蟠龙翔凤"等意象，在全长 820 公尺的隧道中，配合灯光改善，分段美化隧道的拱体，期待让前往台北故宫博物院的游客能在行进隧道中就体验到已进入台北故宫博物院文化特区的感受，强化该特区独有之入口意象。

3. 松山烟厂文化园区

该园区结合了历史空间与文化创意产业活动，并考虑园区区位与未来发展角

---

① 台北市政府文化局. 2008-05-10. 台北市政府文化局简介. http://www.culture.gov.tw/

度，把它定位为文化创意与艺文活动相结合的文化园区；并藉由保存园区内古迹与历史建筑的方式，形成富有历史人文与多元地景特色的文化园区，提供台北市一个融合文化产业与全球文化交流的平台。台北市政府文化局未来也将和台创中心合作，一起把园区内的制烟厂打造成一座台湾创意设计育成中心。

4. 台北艺术中心

台北艺术中心是台北市政府《士林、北投大开发计划》的重点建设项目之一，希望在台北市北区打造一处兼具人文艺术、休闲娱乐及消费活动的艺文空间，也透过路网串联台北故宫博物院，成为文化发展中心。该中心就位于交通便利、人潮聚集的士林夜市旁，未来将有一座 1500 席座位的戏剧厅，提供传统戏曲、经典歌剧或大型舞台剧等演出；另外还有两座 800 席座位的定目剧剧场，提供定点、定时、定目的带状活动演出。

5. 台北流行音乐中心

台北流行音乐中心未来将有主厅馆、名人堂、流行产业社群暨育成空间、室内小型表演空间、户外演出暨主题公园、影音主题馆以及商业生活区等。主厅馆有一座 3000 席座位的表演厅和一座 3000 席座位的可扩展式的半户外复合性厅馆，而户外表演场则可容纳 10 000 人席位，将来势必成为台湾北部地区最重要的流行音乐表演重镇，未来规划再结合台湾在流行音乐上的原创优势，以发展成为全球华人的原创音乐发表中心。

6. 善用政策资源

面对近年台湾地区财政紧缩的状况，台北市文化局在政策资源的面向进行检讨与修订现行的法规、释放公共空间资源、设立产业的服务机制，以及强化第三部门的角色等，期望透过更灵活的方式，为文化产业打造更好的发展环境。

(二) 台北市文化产业发展愿景

台北市文化局为都市文化产业发展研拟多项具体计划，在可预见的未来积极规划执行。主要相关施政方针包括：①打造台北成为亚太地区文化创意产业的领导品牌城市；②推动成立台北市文化建设发展基金以加速古迹、历史建筑修复，健全委外艺文馆所经营体质，营造各种表演艺术展演场所；③营造文化消费环境，推动台北市文化观光发展；④整合资源，提升文化艺术节庆质量及全球影响力；⑤主动发起全民共同参与推动史迹保存维护工作；⑥故宫瑰宝大道计划等。

1. 打造台北成为亚太地区文化创意产业的领导品牌城市

台北市拥有全台湾甚至全球华文社会最多元的文化元素和创意活力，在影视出版、网络多媒体、创意设计、工艺艺术、表演艺术、数字内容等广泛的文化创意产业领域，都有很强的原创力和全球营销能力。在文化消费品位方面，比日本、韩国等亚洲国家的城市，更能接纳欧美等世界各地的文化产品，形成一种多元、活泼、开放的文化消费氛围。这种基础环境使得台北市成为最具发展文化创意产业的基础环境的城市。

因此，配合台湾这几年来在文化创意产业和数字内容产业这两大产业发展计划，市文化局将在未来 4 年中，尽力整合民间能量、企业资源及台湾地区政策资源，积极推动台北市的文化创意产业发展。具体推动方向如下：

(1) 推动 L 形文化创意产业发展轴带区。以士林故宫文化园区为起点，结合市府积极推动的士林文化媒体园区发展，沿着中山北路，到圆山地区的台北市立美术馆、美术雕塑公园、台北城市博物馆、圆山古迹公园所整合打造出的圆山新乐园博物馆艺文休憩园区，进入中山北路最具特色的婚纱街区，再到旧议会现址即将改建的台北城市文化观光交流中心，右转向东经过台北全球艺术村、华山中央艺文公园、华山文化产业园区，到松烟文化园区，再向东行直达台湾创意中心及数字内容学院所在地——南港软件园区这一数字内容厂商聚集区。

在这条轴线区上，看到过去市府已经为台北的文化创意产业打下良好的文化基础建设和具有远景的规划蓝图，市文化局期望在这个基础之上，整合各方资源和各界力量，加速该市文化创意产业发展，有效带动该市文化观光营销，提升台北市全球能见度。

(2) 推动具特色的文化创意街区。在台北市既有的街区特色基础上，发展出多元的文化创意街区或园区，如大稻埕古风区、故宫文化园区、中山北路婚纱街区、西门町电影及青少年创意文化街区、永康街美食及艺文特色街区、信义新天地街头艺人表演及文化创意产业街区、温罗汀特色书店及原创音乐创意街区等。计划在未来4年内，在每一个行政区内，都能够依据当地现有的街区历史特色，全力协助发展成为具有创意产业能量和文化观光产值效能的文化创意街区。

(3) 从创意大街、创意市集到文化创意产业园区。文化创意产业迥异于制造业和科技产业之处在于从研发设计、生产制造、通路销售到消费者的购买行为之间的产销距离被压缩。文化创意制品的创作销售经常是整合的，即同一厂商或创作者经常同时扮演了研发设计者、生产制作者和销售演出者的多重角色，就算三者之间有所分工，创作者和展演者也经常是多重角色互换的，再加上消费者、阅听者的回馈信息也立即影响着创作者的下一个作品。因此，创造多元平台让创作者和消费者之间密集互动，是政府辅导育成文化创意产业的重要策略和工作。

爰此，台北市文化局未来将积极规划推动信义新天地文化创意街区、西门町红楼南北广场、西门町电影主题公园、西门町行人徒步街区、公园及其他合适的公共开放空间，使其成为办理文化创意大街或文化创意市集活动的良好场所。透过政府政策引导，松绑不合时宜的法令规章，结合民间活力，打造另一种台北文化街区风貌。

另市文化局也将积极寻求适当的馆舍空间，建立常设性的文化创意市集，提供具文化氛围的馆舍，让文化创意团队得以在创意市集以廉价的租金成本，在文化创意市集建立品牌知名度，同时让台北市民能够在专设的文化创意市集里，买到最具本地原创性的创作制品。而透过积极规划推动的松烟文化园区，市文化局希望能够在该地区打造文化创意产业旗舰基地，引进全球营销顾问业者，协助文化创意业者建立品牌，营销全球，并引进创投基金和无形资产融资鉴价机制，为台北的文化创意产业业者塑造良好的经营与创意环境。

(4) 设置台北市电影委员会。影视产业是文化创意产业的旗舰产业，也是最具影响力的文化消费产业。台制影片曾于20世纪60~80年代风靡东南亚华人世界，成为台湾最重要的文化输出产业。而在相关连的电视及流行音乐产业方面，台湾也在同一时期主导整个华人市场。后来中国加入世界贸易组织(WTO)，开放美国、日本等影视娱乐商品及映演通路，台湾影视产业才全面衰弱。

影视产业的价值不只在于娱乐文化作品的输出本身，同时是一种生活形态与价值的输出，也是推动观光发展最具穿透力的营销工具。因此，振兴台北的影视制作环境，也将被列为台北市文化局未来最重要的施政项目之一。

为带动影视产业发展，台北市政府于 2007 年 7 月 4 日通过台北市电影委员会设置要点，由市文化局担任主要幕僚执行工作。初期将先逐步协调市府各局处建置单一整合的平台窗口，鼓励海内外影视制作业者前来台北市拍摄电影，为所有影视制作业者服务，并协助处理拍片过程中所有需要向政府申请的各种行政程序、公文流程及场地租借等事宜。市文化局也将大力促销台北市的观光景点及美食文化，使台北市成为全球影视制片公司最喜欢拍片、取材及取景的优质环境，增加台北影视后制作工业，扩大在地演艺人员及剧组团队参与拍摄制作的机会，进而有效带动台北城市营销，提升台北全球形象与能见度。

未来更要计划学习法国政府出资拍摄《我爱巴黎》的成功经验，透过台北市电影委员会运作协调，公开征求年轻、新锐的导演及优秀的剧本，拍摄一系列与台北生活主题相关的短片、剧情长片，向全球营销，同时建立剧组团队的专业分工制度，加强其预算执行概念，期使之制作具票房收益的良好影片。

2. 推动成立"台北市文化设施发展基金"

市文化局成立以来，全力推动古迹及历史建筑等文化资产的保护工作，已获显著之成效，也提升了全体市民对于文化资产保存的认同。在此基础上，并倡议推动成立台北市文化设施发展基金，通过此基金之运用，加速古迹、历史建筑修复，健全委外艺文馆所经营体质，营造各种表演艺术展演场所。

许多古迹或历史建筑也在基本修复后，委托专业艺文团队进行维护与营运；虽然政府公务经费有限，专业艺文团队仍能秉持对于文化艺术及文化资产历史意义的热爱，在没有经济利益的情形下，努力经营维护，致有今日的基础和成果。随着市民对文化资产的认同与努力，台北市已经提报 140 处古迹和 116 处历史建筑。在公务预算无法随着文化资产数量同步增加的情形下，许多古迹和历史建筑面临无经费可以修复，而有日渐毁损的局面。为积极抢修古迹和历史建筑，市文化局计划成立"台北市文化设施发展基金"，并作为以下三项政策目标的基本财源。

(1) 加速修复古迹、历史建筑：计划尽速修复隶属市文化局之古迹与历史建筑。

(2) 健全委外艺文馆所营运：运用基金充实委外艺文馆所之经费，并且加强培育经营管理人才。营运成效良好且有盈余馆所并能将盈余缴回基金，作为其他不具经济效益，却有文化指标意义的艺文馆所补助经费。

(3) 打造多元艺文展演空间：台北市长期以来缺乏中小型展演空间(500~800个席位)和挑高理想的排练场所，而使大部分中小型的剧团、舞团及表演艺术工作者，未能有适当的场地得以排练与演出，已阻碍艺术创作者新作品的发表机会。为了提供更多艺术原创团队的展演及排练空间，市文化局于修复古迹、历史建物的同时，参考已结案之《台北市各级文化展演设施调查研究报告》之建议，寻找适合的闲置或公有建筑之空间，将部分建筑打造为艺文展演空间，如戏剧院、实验剧场、演奏厅、展览馆及多菜单演厅等。

3. 营造文化消费环境，推动台北市文化观光发展

扩大艺文消费人口、培养市民艺文消费习惯，是提升该市艺术文化环境重要的工作项目。有旺盛的消费需求，自然能够带动更活泼与多元的原创艺文表演创作。市文化局计划结合民间热爱、支持艺术文化活动的企业家，共同营造文化消费环境。并藉此带动更丰富的本地艺文、表演创作，吸引更多海内外观光客到台北市观光旅游。

(1) 结合民间企业，推动成立艺术文化爱好者俱乐部。

(2) 成立专款基金，募集民间捐款，赞助艺文消费；计划号召大台北地区数以万计的艺文及表演活动爱好者，加入俱乐部，要求承诺每人每年至少观赏 6 场次艺术文化展演活动，由专款基金提供票价补助，以增加艺文消费人口，进而带动更丰富及更多元的艺术文化表演创作。

(3) 推动台北市文化观光发展。

(4) 藉由上述文化创意产业计划推动 L 形文化创意产业发展轴带区、具有特色的文化创意街区，从创意大街、创意市集到文化创意产业园区及成立台北市电影委员会等依次展开推动工作。并推动成立台北市文化设施发展基金，全面活化利用文化资产，营造各种表演艺术展演场所及营造文化消费环境带动艺文表演创作等。市文化局将全力结合跨局处资源和旅游旅宿业者的力量，推动台北文化观光和城市营销工作，并研拟文化观光标章认证制度，结合 NDS 等数字科技之软硬

件，全面推动制度性之文化观光计划。

4. 整合资源，提升文化艺术节庆质量及全球影响力

为永续策办艺术节庆活动，辅导台北市文化基金会转型为该市重要艺术节庆之常设机构，以累积、丰沛工作经验和人脉管道等有利于业务推动之资源，并符合台湾艺文团体渐趋成熟发展和民众文化品位提升之需求，由台北市政府捐助成立并改制回归市府之财团法人台北市文化基金会，由市府遴选全部董事及监察人，2008 年度起经由市文化局行政协调与经费协助，并于该基金会组织架构下，分别设置不同艺术项目的项目执行委员会。

该基金会初期业务发展以承办艺术节庆活动为主，阶段性地将市文化局重要艺术节活动(台北艺术节、台北电影节、儿童艺术节、城市行动艺术节等)，移请基金会各委员会承办，市文化局对艺术节庆活动的业务重点，则将从实际执行转型为督导协助。未来该基金会执行长，将配合市文化局至议会报告业务推展成果和经费预算运用说明，目标是使该市各艺术节累积人才与资源，期盼与世界各地历史悠久的艺术节庆活动并驾齐驱。

5. 主动发起全民共同参与推动史迹保存维护工作

与民间单位合作"新北投车站风华重现"公益信托运动：

(1) 1938 年 4 月 1 日新北投乘降场(即新北投车站)落成启用，开始服务与日俱增的游客，新北投的地名从此出现，更使北投温泉乡声名远播。1988 年台北捷运的兴建使得新北投老车站遭受拆迁之命运，而幸赖"台湾民俗村"将其收留保存于彰化，成为台铁淡水线及台北市硕果仅存的老车站。

(2) 支持北投文史工作者发起争取归还新北投车站建筑的活动。2007 年在市文化局指导媒介与民间的共同努力下，由市文化局、台北古迹公益信托基金及台北市八头里仁协会共同发起——"新北投车站风华重现"公益信托运动，以公益信托"10 万人的 1 元胜过 1 人 10 万元"之全民投入概念向民间募款集资，以购回流落于彰化的车站建物，此系该市第一例由民间主动发起的全民共同参与推动的史迹保存、维护工作。

6. "故宫"瑰宝大道计划

(1) 此项计划属市政府重大政策"台北好印象"六大重要计划之一。台北故宫博物院是台湾最知名的观光景点之一,为了塑造台北故宫博物院整体景观意象,台北市政府以此计划整合自身及台北故宫博物院之资源,针对台北故宫博物院之周边环境、沿线街道家具、入口意象、交通动线及旅游标志提出通盘改善计划,使士林地区因该案脱胎换骨,并形塑台北市旅游新城市。

(2) 邻近故宫,联结大直及士林地区的自强隧道,长期以来给人陈旧、不可亲近的感觉,虽为通往台北故宫博物院的重要交通枢纽,却未有强烈的故宫意象。台北市政府提出以新媒材美化隧道壁体及改善照明之构想,选定台北故宫博物院典藏文物,例如,怀素狂草《自序帖》来装点隧道拱顶,于隧道出入口设置地标艺术,并透过植栽计划及隧道出入口之美化使自强隧道脱胎换骨。经由相关规划,促成隧道的功能性转型,使之成为兼具艺术性及功能性的装置艺术品。

二、高雄市文化产业发展政策规划

(一) 高雄市文化产业发展背景

台北市政府于 1999 年 11 月 6 日成立第一个县市文化局,而后高雄市政府在市政府、议会及民间艺文界人士的共同努力下,于 1995 年 10 月 30 日通过市政会议之决议,同意成立高雄市政府文化局。文化局的筹备工作前后经过了筹备委员会、推动小组及成立正式筹备处等三个阶段,其中许多民间文化团体亦积极参与,并召开了多次筹备会议与公听会,经充分讨论与沟通后,终于在 2003 年 1 月 1 日正式成立高雄市政府文化局。其成立愿景乃规划为:①建构阅读城市;②形塑文化城市;③活化文化资产;④深化文化传承;⑤拓展全球文化交流;⑥创造艺术文化生活;⑦建构艺术展演平台。藉由上述愿景擘画,高雄市政府文化局也成为高雄文化政策规划的重要机构。

相对于台北市文化局在文化产业政策的主导地位,高雄市文化产业发展的主导机关较偏向于以高雄市政府建设局为主。高雄建设局为市政府之一级机关,乃为市政府依据 1994 年 12 月 23 日所订定发布的高雄市政府组织规程而设置成立，其组织业务掌理涵括工矿业行政、商业行政、农、林、畜牧业与自然文化景观、公用事业监督以及观光事业之规划管理等事项。

(二) 高雄市文化产业发展愿景

由高雄市文化产业发展沿革，当前与文化产业发展相关的业务主轴规划有二，即振兴经济与推展观光。在振兴经济方面，从辅导传统产业、协助高雄多功能经贸园区营销招商、推动新兴科技产业、公用事业及工、商、农、林、畜业等方面努力；在推展观光方面，有鉴于高铁、高雄捷运通车及 2009 年将于高雄举办世界运动会，并扩大宣传推广观光，以期增加来高雄观光之游客。高雄市政府结合民间共同推展营销"2008 年为高雄观光年"，陆续规划推出"2008 高雄过好年"、"2008 高雄灯会艺术节"、"2008 高雄购物节"及"2008 高雄街舞季"等系列活动，整合营销，积极活络观光资源，以展现高雄市推动观光产业之决心①。

1. 召开高雄市经济发展委员会会议

透过产、官、学、研等参与，共同研拟高雄市经济发展策略，并充分发挥行动办公室单一窗口之横向联系功能。

2. 为迈向市港合一，塑造河港交接之亲水空间

于高雄市兴建流行音乐中心与全球会展中心完成前，规划商业、观光、游憩机能，期能提供给市民及游客更宽广的户外休闲空间，以展现高雄市港合一的独特性观光资源。

3. 办理数字创意设计大赛系列活动

为促进高雄市数字内容产业之发展，鼓励产业更精进切磋数字技能，加强得奖人才与业界交流，激发创意发掘优秀人才与作品，营销高雄市软件产业优势环境，以吸引相关厂商进驻高雄市，创造就业机会与增加人才媒合工作机会，2007年高雄市继续办理全球性数字创意设计大赛系列活动，活动内容包括 2007 年高雄

---

① 高雄市政府文化局. 2008-05-02. 高雄市政府文化局简介. http://www.khcc.gov.tw/

市数字创意设计大赛、高雄市数字符创意作品展览、高雄市数字创意论坛等活动。同时配合经济主管部门加工出口区邀请北部数字内容相关产业莅临参观作品，参观厂商均对高雄市推动数字内容产业的努力与成果给予了高度肯定，充分展现并提升了高雄市发展数字内容的研发量能。

4. 推展营销特色商店街

(1) 为因应 2009 世运会来临,使高雄市商店街能吸引观光客及选手驻留消费,高雄市将加强营造地方特色，呈现属于在地之产业，加入各项艺术元素，建构街区之美，营造都市魅力，创造消费诱因，举办各项节庆活动，协助高雄市特色商店街朝向现代化发展。并串联高雄市优质商圈，使其整合成为一个观光休闲旅游网，强化高雄市商店街网站，藉以增加观光客源，重振地方商机，提升高雄市竞争力。在硬件建置上为期实际呈现各街区的历史、文化、人文特色，尔后将朝由商店街组织自行提案，依其需求，并取得街区店家、住民同意后，向市政府争取经费，以塑造出独特性与地方感。

(2) 要将高雄市商店街的产业活化，不仅要在产品上有其独特性，更要加强创意包装，将以动态的观点，配合当地的季节或节庆，注入传奇故事及典故，感动消费者的情感，并吸引消费者消费，以"体验营销"创造消费价值。

5. 办理品牌商圈推展计划

每个商店街都有其不同的资源、人文和环境，因地制宜才是重要的关键，当前经济主管部门正办理"品牌商圈"计划案，系将商店街转型朝向观光消费的商圈，观光休闲旅游产业将会成为必然的主流趋势，高雄市政府建设局将配合该项计划，协助高雄市特色商店成为优质商圈，并发掘本身特色，建置一个商店街旅游网，配合高雄市商店街主题网站，藉由因特网无远弗届的特色，进而推广高雄市观光购物资源，重塑新的服务形态。

6. 推展高雄观光年

(1) 2008 高雄观光年电视短片委制暨托播案。透过广告置入性营销高雄，提升办理活动之知名度，增加高雄市曝光度，提升高雄市观光形象，促进高雄观光产业之发展，并藉由媒体效应达到城市营销。

(2) 建置高雄观光旅游网暨编印观光季刊。整合市府资源，推广高雄美食、购物、艺文活动、旅游，发挥最大观光营销效益。

(3) 2008 高雄观光年护照。透过观光护照发行，强打暑假期间，以介绍高雄市特色景点为主，并于高铁和台铁交通站、观光饭店等多处发送，期透过不同特色的纪念戳章，可让民众逐点探访深入高雄市，悠游于都市纹理，来一场城市旅行。

(4) 率业者组团至海外营销。与交通主管部门观光局合作，规划高雄市府首长率领高雄市观光业界代表前往海外办理推广活动，以营销高雄市观光资源，吸引海外旅客至高雄市旅游。

(5) 与交通主管部门观光局合作邀请海内外业者及媒体来访，并透过宣传报道及包装行程，以营销高雄市观光资源。

7. 文化人才培育

加强高雄市表演艺术人才培育，促进海内外文化艺术交流活动，并加强对高雄市立乐团之辅导，以及强化对表演艺术团队之扶植。

8. 强化文化发展硬件环境

(1) 加强对高雄市古迹及历史建筑之管理维护及委外营运。

(2) 推动市民文学创作风气，并以文学氛围强化公共环境景观美学。

(3) 持续推动小区营造规划与公共艺术及环境景观建设，将公共艺术理念融入市政建设中，提升硬件建设的人文气质，美化市容观瞻，以营造优良的文化环境。

(4) 加强文化中心各项剧场设备维护管理。

9. 推展城市文化艺术活动

(1) 策办国际性文学与视觉艺术活动，串联国际艺术活动，以进行国际城市交流。

(2) 提高艺文活动质量。加强文化中心表演场地之管理,提升民众欣赏水平,建立、完善表演活动场地申请制度,推动高雄市各项艺文活动,并加强剧场接待服务,提升服务质量。

10. 推广文化公众参与

(1) 促进美术创作风气。辅导美术团体发展,促进台湾地区各县市艺术创作交流,分享艺术家之艺术理念。

(2) 注重信息教育与娱乐休闲需求。秉持"以人为本"的原则,加强历史文物的典藏、研究,透过别具创意的设计展陈及推广活动,满足公众对信息教育与娱乐休闲并重的需求。

三、台中市文化产业发展政策规划

(一) 台中市文化产业发展背景

台中市素以"台湾地区文化城"之美誉著称,其人文艺术风情鼎盛,教育事业发达,对于各项文化活动的推展不遗余力。1976 年,由企业家何永于双十路捐建文化中心,开台湾文化中心之先锋,俟英才路台中市立文化中心成立,乃并为分馆,改称文英馆。2000 年 1 月 12 日,台中市立文化中心改制为台中市政府文化局,2002 年 7 月 12 日再改制为府外局,将文化局由府内一级单位改为所属一级机关。

台中市推动文化产业发展政策的另一单位乃为台中市政府经济发展处。台中市政府经济发展处原为台中市政府建设局,1999 年及 2007 年时,市政府依台湾地区《地方制度法》及《地方行政机关组织准则》订定《台中市政府组织自治条例》,设立经济发展处,其所掌管乃以台中市经济发展相关事务为主,为台湾地区政府组织中特有之处室名称。

(二) 台中市文化产业发展愿景

台中市政府 2008 年度施政重点为推动"文化、经济、国际城"的目标与理想。为配合市政府的规划,台中市政府文化局与台中市政府经济发展处即提出各项政策措施，包括：持续开拓展演空间，扩大办理全球性与传统表演艺术节庆活动，提升都会及全球竞争力，创造商机并带动外围经济效益；结合人文与发挥创意，推展台中市文化资产保存、修复与再利用，让台中市在地文化价值获得重塑和创新；推广艺术教育扎根，形塑各类文化艺术特色与深耕书香阅读风气，建设台中市成为文化建设软硬件并重、创意文化全方位的现代化城市；全面提升台中市整体全球形象及城市竞争力，与全球接轨，让台中市跻身于世界文化都市之林[①②]。

1. 推展全球文化交流

持续办理全球性表演艺术节庆活动，如"台中爵士音乐节"、"异国文化嘉年华"，扩大办理大墩美展及交流展等，创造台中市与海外优秀表演团队交流观摩的机会，开拓市民艺术欣赏视野，营销台中市文化特色及促进全球文化交流。

2. 开拓展演空间，营造人文艺术环境

完成以"美声涵洞"为设计概念的台中大都会歌剧院，提供一座2009席、具全球水平的大型剧院，一座800席中型剧院及一座200席实验剧场，另包括大厅、艺文工作坊、艺术商场、营运管理部门、排练空间、公共空间、卸货空间、储放空间及停车空间等。未来效益除计能促进台中都会区发展外，并盼能增进地区就业机会与产业发展，充实表演艺术空间，提升中部六县市地区整体观光及旅游文化产业之繁荣，进而促进全球文化交流，以提升台中地区艺文水平。并将都市、环境、艺术、创意与生活相融合，成为台湾的经典建筑，期成为全球文化指标。

3. 推广艺术教育普化艺文活动

相关做法包括办理大墩工艺师审查，举办台中市女性艺术家联展、台中市当代艺术家联展等各项艺文研习与推广活动。并有效利用市区各区展演空间，持续

---

① 台中市政府文化局.2008-05-21. 台中市政府文化局简介. http://www.tccgc.gov.tw/

② 台中市政府文化局. 2008-06-12. 台中市政府文化局施政计划. http://www.tccgc.gov.tw/ 01_about/a01_07.asp

举办如"台中市逍遥音乐町"与"巡回校园艺术表演"等各项演艺活动。

4. 深耕书香风气，建构文化城

此方面行动涵括采购各类中西文图书等各类型馆藏，积极利用图书馆资源推广阅读及文学计划，规划优质英语阅读活动，藉由阅读指导与说演活动有效结合学校教学需求与图书馆教育功能等文化软硬件建设。

5. 文化资产保存、修复与再利用

持续办理台中市各项古迹、历史建筑及遗址之发掘、修复、保存等业务，建置台中市古迹、历史建筑标示解说双语化工作，增进全球人士对在地文化的了解。并针对台中市古迹及历史建筑进行活化再利用，藉由委外经营方式引入民间活力与创意，节省政府人力资源与财政支出，使文化资产得以永续发展。再则推广"认识古迹日"活动，即规划每月第三个星期日为台中市古迹日，定期办理不同文化资产景点导览活动。

6. 推动台中市小区总体营造

透过台中市政府相关局室的合作联系及学术界、社造界整合区域性资源，协力推动小区总体营造观，让小区人关心小区事，并深入探索都会型小区文化特色，藉以振兴小区产业，提供给市民优质及健康的生活质量，为台中市小区营造激发新的生命力。

7. 辅导及推动台中市地方文化馆

成立地方文化馆推动小组及辅导团，协助辅导台中市地方文化馆之设立，并针对核心馆舍加强办理解说数据库建置与展览活动策划执行。依当地人文、艺术、历史、文化、民俗、工艺、景观、生态、产业资源等特色将全市划分为大南屯生活文化馆群、双十路历史文化馆群、北屯农业文化馆群等文化生活圈，并整合圈内文化馆群，辅导既有馆及潜力馆，以满足小区居民对于各类型文化资源的需求。同时推动地方文化馆自主营运，辅导文化产业化、产业文化化，以达成城乡均衡发展，促进产业繁荣。

8. 城市竞争力——提升平均每人出席艺文活动次数

每年办理各类型艺术飨宴，提供给台中市及海内外优秀演艺团队展演及观摩交流的舞台，同时鼓励市民积极参与文化活动，提高艺文人口比例。

9. 发展文化经济

兼容本地与全球化，彰显传统与再生、东西方合流之经典，举办国际级活动，创造商机，带来钱潮，以文化经济的概念带动创意产业发展，提升城市竞争力。

10. 举办国际商展与重要国际会议

建设大台中国际会议中心，兴建大型国际会议中心及商展场地，配合观光休闲产业，举办国际商展与重要国际会议，以拓展商机，带动经济发展。

11. 小区改造与商圈重塑

以小区改造、商圈重塑与造街计划改善经营环境，以营销台中市，吸引消费，带来商机。

四、台南市文化产业发展政策规划

(一) 台南市文化产业发展背景

关于台南地方文化产业发展，可见诸两项政策规划中。首先为《台南市地方永续发展策略推动计划》的研议，其包含了建立台南市的永续发展愿景与目标，达成目标之策略与行动计划；其次则是藉由《府城都市宪章》之研拟，涵盖城市基本定位、社会、经济、环境以及空间整合等向度，以凝聚市民对城市价值的共识，并能积极指导台南市之都市规划朝向永续且健康的发展方向[①②]。

基于《台南市地方永续发展策略推动计划》与《府城都市宪章》中地方永续发展理念，台南市政府文化观光局于 2007 年 4 月 20 日正式成立。此乃全台湾首创的

---

① 台南市政府.2005. 台南市地方永续发展策略推动计划. 台南市政府编印
② 台南市政府.2005. 台南市府城都市宪章. 台南市政府编印

将文化与观光结合之地方文化产业发展专责单位，并于 2008 年 2 月 1 日提升其位阶，改制成为文化观光处。其整合文化与观光的业务，设有文化事业、文化资产、文化发展、古迹维护、小区营造及原隶属于市府交通局的观光发展等六课。其 2008 年年度重点工作乃在延续"2007 府城文化观光年"系列活动的基础上，再进一步提出"2008 年健康安全年计划"，期以加强台南市观光资源整合与营销①。

(二) 台南市政府文化产业发展愿景

台南市政府文化观光处针对文化产业发展研拟出《观光发展与古迹保存部门计划》，其针对文化发展与古迹保存部门共提出 12 个方案，主要重点目标为"有效整合文化及观光资源，建立文化及观光硬件建设维修系统，加强文化观光活动设计及加强城市营销策略应用，充实与满足市民休闲游憩之内涵与设施，促进文化及观光资源之精致化、优质化"，以及依据地方民俗活动及庆典办理相关文化活动，以达"府城营销全面化、深度化"②。如此结合《台南市地方永续发展策略推动计划》之研议，配合《府城都市宪章》涵盖城市基本定位、社会、经济、环境以及空间整合等向度政策定位，台南市政府期能导引市民多元群体共同参与地方发展公共事务，凝聚起市民对城市价值的共识，以达成地方文化资源的更有效运用，裨益府城文化营销。

1. 成立文化创意园区营运中心

积极争取火车站旁台湾烟酒公司厂房作为台南文化创意园区营运中心，结合传统产业、美食小吃、艺文团体现场展示及表演，带动府城文化产业，并转换为有经济价值的观光产业。

2. 文化观光产业辅导及推动

利用现有的传统产业及技术，积极培养知名地方传统小吃，加强文化理念的推广，整合公私部门力量，整体包装，集体营销，有效地推动城市特色，吸引观

---

① 台南市政府文化观光处. 2008-04-25. 台南市政府文化观光处简介. http://culture.tncg.gov.tw/
② 台南市政府都市发展局. 2003. 府城施政部门发展计划. 台南市政府都市发展局编印

光客带动经济产值的效益。

3. 积极推动蒙古文化交流

引用 2007 年"蒙古周"活动的经验，举办文化交流活动，提升城市全球地位，促进族群和谐共生。

4. 城市营销，带动地方产业发展

结合府城具代表性的文化观光产业，异业结盟，展开各县市营销活动，藉以宣传府城文化特质，吸引海内外的旅客参观，提高城市全球地位。

5. 强化古迹景点旅游质量

运用现存古迹空间，规划为旅游景点，加强古迹导览解说的功能，藉以优化观光产业，加强全球观光的宣传，扩大观光客的市场。

6. 文化资产保存及理念推广工作

在"文建会"的辅导下，执行推动文化资产保存、维护工作，包括台南市传统艺术匠师调查，遗址调查研究，寺庙、古迹及历史建筑之匾额及柱联等文物调查研究，以及推动在家做"16 岁民俗"等。

7. 办理"郑成功文化节"系列活动

邀请郑成功出生地日本平户松浦藩主后代及成长地泉州代表，共同在台南市延平郡王祠植树，形塑"成功林"意象，并扩大与日本平户和内地厦门、泉州、漳州及金门等地郑氏民间文化艺术表演，共同促进四地文化观光交流。

8. 艺文活动推广

筹办台南市特色节庆活动，并搭配小区巡演、征选地方杰出艺文团队、办理艺文补助申请，深植府城文化，营销府城文化古都特色。"府城七夕 16 岁艺术节"、"台湾全球鼓乐节"被纳入交通主管部门观光局 12 项节庆系列活动，前者并为交通主管部门观光局观光推展之旗舰计划、"台湾福尔摩沙艺术节"系列活动。

9. 区域型文化资产保存及再生

以文化园区为平台，整合各类有形与无形文化资产，以园区公共事务统合市府相关局室共同合作，并结合民间资源，创造文化创意及文化产业，缔造古迹与周边环境整合之机会与影响圈。

10. 台南市古迹维护计划

配合"文建会"核定台闽地区第四期古迹维护计划，办理第一级古迹孔庙文昌阁、市定古迹安平古堡紧急抢修及县知事官邸等古迹维护工作，并积极辅导第三级古迹开基武庙、总赶宫、市定古迹金华府自办古迹修复。

11. 小区总体营造

配合健康永续绿色城市政策，逐年辅导增加小区营造里数，争取"文建会"补助款，推动小区文化性资产守护网，培育社造人才，成立小区总体营造推动小组、小区营造中心，辅导小区自主营造小区特色，以达小区之永续发展。

12. 台南市地方文化馆计划

配合"文建会"地方文化馆第二期计划，鼓励台南市各地方文化馆提报计划，经由审查机制，遴选优良计划参与"文建会"复审，争取"文建会"补助款，增加文化据点，提升小区居民文化生活质量，深耕小区文化。

13. 发展台南观光产业，提升观光游憩质量

配合"2008年健康安全年"计划，加强台南市观光资源整合与营销，结盟台湾地区南部县市共同开发及营销观光游憩资源，并加强台南市旅馆督导与公共安全管理，持续规划兴建观光设施暨加强观光游憩地区之经营管理与环境维护。

经由上述对台湾地区台北市、高雄市、台中市与台南市之发展沿革与发展愿景引介，观察到台湾地方主要县市的文化产业发展时程与愿景虽然各异，然却也展现出多元性的政策发展走向，显示出多元社会中文化发展事务的多元特性与公共属性。基于此，在推展文化发展的政策行动中，地方文化产业发展趋向于有民间社会团体的参与，两者实应具有相当程度上的联结关系，因此是否透过对两者的探讨，更深层解构台湾主要城市文化产业发展问题，此即成为下一节研究所欲分析探讨的焦点。

第二节　台湾地区主要城市文化产业发展区位商数分析

对当代资本主义体系而言，文化是核心的动力来源，不论是从生产过程(如企业组织管理文化)到产品本身(如产品设计)，还是从创造利润到提高竞争力，文化是越来越多产业(横跨三级产业)所倚赖的关键因素。但并非所有被纳入文化经济的产业本身都像文化产业一样是以文化的生产、物流与消费为主要目标对象，那些利用文化创造附加价值的产业不属于文化产业的项目类别，而应看做是与文化产业有密切关系的相关产业[①]。依此说明，对文化产业的探讨乃应单独聚焦于专门特定的文化产业经济活动上。

在各种分析地方经济基础的技术中，区位商数分析是最易了解及实施的，其最常用的衡量因子就是生产额。由于当区位商数大于 1 时，意味着该财货劳务之产量相对较高，故其中有部分可供外销，该产业也从而被认定为经济基础且对整体地方经济有贡献；相反地，当区位商数小于 1 时，该产业便被推定为在地型产业或非基础产业。就经济发展目标而言，须将焦点集中于极值之上——商数大于 1.25 者(多为外销基础)及小于 0.75 者(有进口替代机会)，而介于 1.25 与 0.75 间的产业则能生产足供地方需求的财货与劳务。本书即依 2001 年行政主管部门所出版之《台闽地区工商普查统计年报》资料，针对台北、台中、台南与高雄等市大中业别产业进行区位商数分析，分析结果如表 6-2 所示。

---

① 刘维公. 2003. 台北市文化产业发展现况及振兴政策调查研究. 文化创意产业研究发表论坛

表 6-2 台闽地区主要城市(企业单位) [※]生产总额区位商数值

LQ	台北市	台中市	台南市	高雄市
矿业及土石采取业	0.00	0.23	0.08	0.38
制造业	0.62	0.66	0.92	1.22
水电燃气业	1.81	2.12	0.05	0.05
营造业	0.74	2.01	1.96	1.56
工业	0.68	0.83	0.98	1.20
批发、零售、住宿及餐饮业	1.04	1.76	1.81	1.01
运输、仓储及通信业	1.46	0.57	0.40	0.97
金融及保险业	2.07	0.61	0.19	0.11
不动产及租赁业	1.06	2.22	1.18	1.16
专业、科学及技术服务业	1.50	1.47	0.67	0.57
医疗保健业	0.51	2.33	2.52	1.53
文化、运动及休闲服务业	1.39	1.04	1.28	0.90
其他服务业	0.66	1.92	2.06	1.42
服务业	1.42	1.22	1.03	0.75

※ 所需加以说明者乃为，依据台湾财政主管部门税务行业标准分类编制说明，所谓场所单位系指从事一种或一种以上经济活动构成一独立部门之单位，即具有独立会计，备有独立会计账册者，即可视为一场所单位。相较之下，企业单位范围较大，包括之场所单位往往不止一个，各场所单位所从事之主要活动可能相同，亦可能不同。由于企业单位范围较大，故较常用于大范围地区主要产业经济活动之种类分析，使以观测其经济结构，衡量经济发展之程度。本书即采此类型进行分析运用

资料来源：台湾行政主管部门. 2002. 2001 年台闽地区工商及服务业普查报告. 本书整理

基于台湾长期的重北轻南政策、资源多半集中于北部的结果，台湾地区北中南各县市展现出不同的产业发展趋势[1]，此发展可由表 6-2 中明显看出。依表 6-2 所示，台北市与台中市的产业发展概以第三级产业为发展重心，2001 年时，整体工业部门发展区位商数值为 0.68~0.83，相较之下整体服务业部门之商数值均高达 1.42~1.22，显示出台北市与台中市的产业发展趋向已然脱离第二级产业，朝向以

---

[1] 汪明生，马群杰. 2004. 高雄地方发展课题之分析与比较. 研考双月刊，28(5): 76~88

低污染、高附加价值的第三级服务业为主。

　　进一步依中业别进行产业分析，台北市服务业部门中除医疗保健与其他服务业区位商数值较低外，其余不管是在批发、零售、住宿及餐饮业，运输、仓储及通信业，金融及保险业还是在不动产及租赁业，专业、科学及技术服务业与文化，运动及休闲服务业等方面均超越 1 的输出水平，其中运输、仓储及通信业，金融及保险业，专业、科学及技术服务业及文化、运动及休闲服务业之值更高达 1.25 以上。另在台中市部分，台中市服务业部门中除运输、仓储及通信业与金融及保险业区位商数值较低外，其余在批发、零售、住宿及餐饮业，不动产及租赁业，专业、科学及技术服务业，医疗保健业与文化、运动及休闲服务业等方面均超越 1 的输出水平，其中批发、零售、住宿及餐饮业，不动产及租赁业，专业、科学及技术服务业，医疗保健业与其他服务业等之值更高达 1.25 以上。由此可见，台北市与台中市产业发展虽然亦算是某种产业发展的失衡，但此种重服务业轻工业的失衡不仅无损地区发展与当地生活质量，相反还对活化地方经济、拓展地方赋税财源有相当大的帮助。

　　在高雄市部分，高雄市长期以来一直重视第二级产业的建立，如高污染重工业及低回馈性工业等。由区位商数的结果分析显示，高雄市在 2001 年时，整体工业部门之区位商数值均高于 1，当中尤其以营造业为最高，而在金融及保险业及不动产业、工商服务业上均小于 1，显示既有的产业结构为基础性产业，如石化及制造等产业产品以外销至外地为主。

　　至于在非基础性产业方面，如运输、仓储及通信业，金融及保险业，专业、科学及技术服务业与文化、运动及休闲服务业等消费者服务业只占较小比例，且明显地低于台北市，显示制造业一直是高雄的经济基础。而服务业比例过低，且过度依赖高污染性制造业的结果，使得高雄的产业结构明显失调。在此情况下，除非能调整原有二级产业使之朝向低污染、高附加价值的方向转型，否则长此以往地方发展的竞争能力将难再提升[1][2]。

　　相较于台北市、台中市的基础性产业以服务业为主，高雄市的基础性产业以

① 马群杰，陈建宁. 2005. 多元社会的公民参与地方发展决策研析. 公共事务评论, 6(2): 51~84
② 马群杰，陈建宁，汪明生. 2006. 多元社会下地方公众发展认识与共识策略之研究行政暨政策学报, (43): 27~80

制造业为主，台南市产业发展则呈现出较为均衡发展的态势。台南市二级产业区位商数比值为0.98，三级产业区位商数比值为1.03。虽然在二级产业与三级产业中业别产业中，仍有相当大的发展差异现象，如在二级产业中，矿业及土石采取业与水电燃气业分别仅为0.08与0.05，而营造业之值则高至1.96；同样地，在三级产业中，运输、仓储及通信业，金融及保险业，专业、科学及技术服务业之值低至0.40、0.19与0.67，而批发、零售、住宿及餐饮业，不动产及租赁业，医疗保健业，文化、运动及休闲服务业与其他服务业之值则相对较高，分别为1.81、1.18、2.52、1.28与2.06。但整体而言，三级产业中业别区位商数值分布要比二级产业中业别之值分布平均，无极端差异值产生。以上分析除显示台南市在二级产业与三级产业的发展方向上持平均衡外，在三级服务产业中，各中业发展偏颇程度亦小，产业发展呈现理性均衡态势，此对地方服务业发展乃有正面帮助。

再针对服务业中之文化、运动及休闲服务业进行个别中业分析。台北市与台南市区位商数值分别为1.39与1.28，台中市与高雄市区位商数值则分别为1.04与0.90。此显示对于台北市与台南市而言，文化、运动及休闲服务业乃可视为具发展潜力之基础性产业，极具向地区外部出口之竞争优势，乃适于在原有地方三级产业发展之利基上，进行地方资源配置，协助投入较多地方资源以促成文化产业进一步发展；相较之下，台中市与高雄市之文化、运动及休闲服务业仅在地方自足边缘，未具发展前景与出口竞争优势，即未足货然投入更多地方发展资源，以避免陷入地方发展的型三错误(type Ⅲ error)[①]盲点。

第三节 台湾地区主要城市文化产业发展与社群团体参与

一、文化行政支出与艺文展演活动参与

关于台湾地区主要城市文化产业发展行政支出方面，若以台北市、台中市、台南市及高雄市进行比较(表 6-3)，则台南市因囿于市政府之总支出预算偏低，为

---

① Dunn W N. 2003. Public policy analysis: anintroduction. (3rd). New Jersey: Prentice Hall International, Inc

20 616 426 千元新台币，远低于台北市(130 593 403 千元新台币)、高雄市
(78 399 238 千元新台币)与台中市(26 831 248 千元新台币)，因此虽其文化支出占
县市总支出比率不低，在四市中居第二位(3.48%)，且包括文化局(文化中心)总支
出(广义)占县市总支出比率(1.10%)与文化局(文化中心)总支出(狭义)占县市总支
出比率(0.56%)亦仅屈居台中市(三者比率分别为 3.98%、3.98%及 3.98%)之后，均
居四市中之第二位，然平均之下台南市民人均文化支出却只有 950 元新台币，相
较于台北市民人均文化支出 1205 元新台币、台中市民人均文化支出 1046 元新台
币及高雄市民人均文化支出 974 元新台币，台南市民所可享用之文化福利(除台南
市政府文化观光处或文化中心之业务服务外，尚包括教育、民政、新闻及建设单
位所属业务如社教馆、图书馆、美术馆、博物馆、乐团、体育场及礼俗文献等)
最少。

表 6-3　台闽地区主要城市县市政府文化经费概况[※]

县市别	县市总支出/千元新台币	文化支出占县市总支出比率/%	文化局(文化中心)总支出(广义)占县市总支出比率/%	文化局(文化中心)总支出(狭义)占县市总支出比率/%	人均文化支出/元新台币
台北市	130 593 403	2.42	0.89	0.37	1 205
高雄市	78 399 238	1.88	0.82	0.44	974
台中市	26 831 248	3.98	3.98	3.98	1 046
台南市	20 616 426	3.48	1.10	0.56	950

[※]文化中心总支出分为广义及狭义两种，其中广义系指文化中心及其所属机构的支出决算总额；狭义则不含
所属机构，仅以文化中心本身的支出决算为准

　　资料来源：台湾行政主管部门文化建设委员会.2005. 台闽地区县市政府文化经费概况；台湾行政主管部门文
化建设委员会所采用之全台湾地区艺文活动信息系统为一搜集各县市公私立展演地点及政府与民间办理之艺文
活动信息的全国性数据库平台，数据由台湾行政主管部门文化建设委员会委托各县市政府文化局(台中县及台南市
为文化中心)设置之通讯员从相关网站、节目 DM、当地主要传播媒体及电话联系办理单位等管道搜集后，即纳入
预报系统，透过该会网站发布最新艺文活动信息。每个活动办理完毕后，通讯员再负责催收、汇报活动观赏人次，
全年累计情形再经县市作最终核对后，即据以编制该项统计。本书整理

　　再由台闽地区艺文展演活动方面探讨，针对 2006 年 1~12 月，台北市、高雄
市、台中市与台南市所举办之地区艺文展演活动个数与出席人次进行统计分析，
其结果如表 6-4 所示。在表 6-4 中，举办活动个数由多至少分别为台北市(5697 个)、
台中市(3620 个)、高雄市(3501 个)与台南市(3121 个)，台南市所举办之音乐、戏

剧、舞蹈、民俗与综艺等展演活动虽然相对较多，然总体活动举办个数仍位居最末；然若由出席人次观之，则其序有所变动，依次乃为台北市(26 861 千人次)、台南市(12 540 千人次)、高雄市(11 617 千人次)以及台中市(11 249 千人次)，此中台南市已超越台中市与高雄市，仅落于台北市之后，位居四市之次。

表 6-4　台闽地区主要城市艺文展演活动统计　　　　　　单位：千人次

县市别	总计		各类活动个数												
	活动个数	出席人次	视觉艺术	工艺	设计	音乐	戏剧	舞蹈	说唱	影片	民俗	语文	图书	其他	综艺
台北市	5 697	26 861	841	215	149	1 197	726	235	45	793	372	250	107	551	216
高雄市	3 501	11 617	255	130	21	386	89	59	3	676	83	1 080	288	211	220
台中市	3 620	11 249	454	124	66	612	106	116	11	936	100	523	65	367	140
台南市	3 121	12 540	253	74	78	1 272	120	168	4	79	152	251	7	396	267

资料来源：花建. 2005. 文化产业竞争力的内涵、结构和战略重点. 北京大学文化产业前沿报告. 北京：北京大学出版社；Wiesand A J. 2003. Creative Europe: on government and management of artistic creativity in Europe. ERICarts: European Research Institute for Comparative Cultural Policy and the Arts. 本书整理

由上，经过对台闽地区县市政府文化经费概况与台闽地区艺文展演活动统计等两项分析后，可得相关了解。首先，细观市政府文化经费概况的分析后可知，台南市民众所能享受到之文化行政资源尚落后于台湾地区其他城市。其次，经由对台闽地区艺文展演活动方面探讨后发现，台南市所举办地区艺文展演活动个数最少，但实际参与人次却仅次于台北市，超越高雄市与台中市，此或可说明台南市所举办之艺文展演活动所具有之相对吸引力，并或可推知民间参与之潜力备具。延续此，在地方文化行政经费有限的前提下，由于地方文化行政单位所能运用的资源与经费已较为有限，因此，考虑配合台湾地区既定文化产业发展政策的同时，地方是否亦能结合多元利害关系社群团体的资源与力量，透过社群团体伙伴关系的互动，厚植文化发展实力，并将有限的地方资源作最适配置，乃应成为日后各地方文化发展规划行动的核心要务。

二、民间非营利文教团体参与

Wiesand[1]认为，在政策推展的过程中，由于文化政策制定者、公家赞助部门、私人文化企业团体及消费者等都已经变得更多样化，故在此过程中，不仅公部门与私部门，即连第三部门等民间非营利团体也都需超越传统模式，重新定义公私相互的协力关系。民间非营利文教团体之参与类别主要乃区分为文教基金会(财团法人)与学术文化团体和协会(社团法人)等两大类别。本书即由此两类别非营利文教性质团体着手,针对台北市、台中市、台南市与高雄市等四市文教性质基金会(财团法人)与学术文化社团(社团法人)进行比较探讨。

在文教基金会(财团法人)方面，在表 6-5 中，至 2007 年止，设址于台北市的基金会共有 1915 个，其次则为台中市(323 个)、高雄市(298 个)与台南市(149 个)，其中若排除儿童福利、青少年福利、妇女家庭福利、老人福利、身心障碍、心理卫生、医务社工以及综合性服务等类别基金会，各市文教类别基金会个数则分别为台北市(560 个)、台中市(323 个)、高雄市(298 个)及台南市(50 个)。然若由文教类别比率观之，比率由高至低依次排序则为台中市(37.15%)、台南市(33.56%)、高雄市(30.20%)及台北市(29.24%)。换言之，台南市文教性质基金会(财团法人)总数虽然最少，但其文教类别比例却仅次于台中市，位居四市第二。若以比率推估，约为每三个地方性基金会中，文教性质者就占其一，其数不可曰不大。

表 6-5 台闽地区主要城市文教性基金会(财团法人)比较

县市别	类别				
	总类	文教类别		其他类别※	
		个数/个	比例/%	个数/个	比例%
台北市	1 915	560	29.24	1 355	70.76
高雄市	298	90	30.20	208	69.80
台中市	323	120	37.15	203	62.85
台南市	149	50	33.56	99	66.44

※其他类别包括儿童福利、青少年福利、妇女家庭福利、老人福利、身心障碍、心理卫生、医务社工以及综合性服务等财团法人

资料来源：数据来自台湾公益信息中心，本书整理

---

[1] Wiesand A J. 2003. Creative Europe: on government and management of artistic creativity in Europe. ERICarts: European Research Institute for Comparative Cultural Policy and the Arts

另在学术文化团体与协会(社团法人)方面，由于学术文化团体乃为以促进教育、文化、艺术活动及增进学术研究为主要功能之团体，因此若排除公益性社团法人与中间社团法人(两者在台湾人民团体法中并称之社会团体)以外之职业团体及政治团体，则较足真实地显现出地区文教性社团发展现况。

表 6-6 乃为台北市、高雄市、台中市与台南市之地区文教性社团(社团法人)发展比较概况。在表 6-6 中，若就组织个数而言，依序乃为台北市(2133 个)、高雄市(1706 个)、台中市(1002 个)与台南市(622 个)，由数量上观之以台北市居冠、台南市居末；然若由百分比率析之，则可见其高低排序转易，依序首为台南市(19.61%)、高雄市(18.17%)、台中市(12.67%)，最后才为台北市(11.16%)。由此结果观察，则将近每五个社团法人中就有一个是学术文化性社团；且台南市学术文化社团(社团法人)虽然数量最少，但却是本书所探究四城市中所占比率最高者，其结果实值得吾人关注。

表 6-6　台闽地区主要城市文教性社团(社团法人)比较

区域别	类别				
	合计	学术文化类别		其他类别※	
		个数	比例/%	个数	比例/%
台北市	2 133	238	11.16	1 895	88.84
高雄市	1 706	310	18.17	1 396	81.83
台中市	1 002	127	12.67	875	87.33
台南市	622	122	19.61	500	80.39

※其他类别包括医疗卫生、宗教、体育、社会服务、慈善、全球、经济业务、宗亲会、同乡会、同学校友会与两岸交流等社团法人

资料来源：数据来自内务主管部门、直辖市及县(市)政府，本书整理

由以上两项分析，结果虽未足能完整解释，但可见台湾各地方学术文化社团的蓬勃发展境况，这相当程度上能说明台湾民间社团文风之盛，如此厚实之民间

文教力量，若得适切结合地方文化行政资源，乃足以有效凝聚公、私两部门，促进 Cliché 等①之谓公部门、私部门与第三部门在文化制造链的完满合作与创意延伸，并由公私社群团体互动中进行文化产业政策的调适与回馈。

---

① Cliché D, Mitchell R, Wiesand J A, et al. 2002. Creative Europe. ARCult Media, Bonn, Germany

第七章 综论：台湾地区文化产业发展
与文化营销趋向

文化创意产业，是把文化的创意融入当代各项产业，并蜕变为高附加价值的新兴产业。鉴于文化创意产业对地区发展的巨大贡献，台湾地区的六年发展重点计划中，即将文化创意产业列于重点发展项目当中。由此，台湾文化政策不再仅指艺术文化等静态活动的补助，更进而演化成为具有美感特质的创新产业，这种产业发展政策也就是地方发展的新趋势与核心要项。除了传统的文化产业如出版与影视、广告业外，举凡其产品与现代生活相关者，都有创意的必要，其也将因文化与创意的结合而受益①②。因此，文化创意产业的发展，一方面需要充满创意的人才，一方面需要接纳创意的社会。由此也体现出文化创意与现代经济社会紧密联系的融合精神。

第一节 台湾地区文化产业发展政策规划

一、2002~2008 年文化产业发展政策规划

"文建会"在 1995 年提出"文化产业化、产业文化化"之构想，延续此一文化产业发展概念，台湾行政主管部门于 2002 年正式将文化创意产业列为《挑战2008：台湾重点发展计划》中之一项。就总体发展层次而言，这是台湾地区首次将文化活动、文化人力资源与文化经济加以结合的重点政策规划，文化与产业经由创意思考进行融合，抽象的文化软件首度被列为台湾总体建设的重大工程项目之一。而在地方发展层面，由于一方面都市需要文化产业创造工作机会，进行都

---

① 马群杰. 2008. 文化产业与台南地方发展刍议. 国教之友，59(2)(总 587 期): 3~7

② 马群杰，汪明生. 2007. 文化产业发展与多元群体参与：台南市的分析与比较. 中国地方自治，60(12):14~27

市更新建设以及形塑都市意象，为都市带来具大发展动力；另一方面文化产业也需要都市多元的生活形式、较少的社会束缚、巨大的消费能力，以让都市成为文化产业的发展腹地①。因此，地方发展与文化产业也逐渐成为台湾各地方县市政府竞筑地方产业发展利基时的优先评估重点。

二、2008 年后文化产业发展政策规划

在《挑战 2008：台湾发展重点计划》之《文化创意产业发展计划》于 2007 年底执行完毕后，2008~2011 年，文化创意产业之后续推动事宜，乃规划由"文建会"《文化创意产业发展第二期计划》——强化产业环境发展计划、工艺创意产业发展计划与创意文化园区推动计划来执行。在新闻主管部门部分，《振兴流行文化产业方案》则涵括流行音乐产业冲刺计划、图文出版产业冲刺计划、电影产业服务业冲刺计划与电视产业冲刺计划。至于经济主管部门之《设计产业翱翔计划》则有协助传统产业提升设计附加价值、协助科技产业全球设计市场运筹、协助设计服务业开发市场、促进设计研究创新应用、强化全球设计整合人才与推动台湾设计全球形象等子计划规划。上述部门相关计划着重于推动艺文产业扶植辅导及创新育成之相关计划，强化交流平台及地方推动能量，期使软硬件相互辉映，以促成美感创新及产业升级。更规划奖励输出台湾流行文化产品，期藉由全球营销开拓海外市场，建立具台湾本地特色的品牌形象，以进一步促成台湾设计与产业全球化。

至于在马英九主政后，乃提出应善用台湾本地语言——闽南语的独特性，发展出独具全球竞争优势的文化产业。诸如设置专业公共电视闽南语制作中心及专属频道，研发最精致的闽南语影音节目，针对全球 4900 万闽南语人口营销，并结合民间捐款，积极参与全球文化活动，支持学生来台学习语言，支持汉学家驻台研究，鼓励外国籍导演来台拍片，等等；设置海外台湾书院，扩大文化认同。借鉴香港地区是粤语文化输出地的做法，促成台湾地区发展为全球优质闽南语文化的输出中心。

面对中国内地各省市地方发展的茁壮兴起，台湾地区乃规划以文化为基础，

---

① 马群杰，杨开忠，汪明生. 2007. 台湾地区文化产业发展研究. 公共管理学报，4(4): 100~116

与内地进行创意和价值的良性沟通，在促进内地社会发展的前提下，同时为海峡两岸创造共存共荣的中华文化发展荣景。因此，全面开放两岸文化交流，包括：两岸媒体相互驻点采访正常化；支持台湾地区各级学校与内地学校交换交流；鼓励民间基金会深入内地。发起华文世界的台湾奖，以不同于中国内地的海洋特质与开放精神，促进华文世界的价值交流。发起两岸合作编纂《二十一世纪华文大辞典》，透过中华文化的共有资产，促成两岸理性稳定的沟通。

在具体文化发展政策项目上，提出一年内将"文建会"升格至"文化观光部"，四年内将文化预算从总预算的1.3%提高至4%。同时广纳全球文化人才，以文化带动产业、教育等，并规划将观光列为台湾地区领航旗舰产业，主张天空开放、海岸解严、还港于民；提拨300亿成立观光发展基金，协助地方发展文化及景观特色；开拓内地观光市场，同时亦向亚太、欧美市场三头并进。并规划推动医疗观光，带动105.6亿元新增直接投资，创造3万个直接就业机会及20万相关就业人口。考虑到内容产业是21世纪最重要的产业竞争关键，因此规划以扶植高科技的决心和魄力来推动文化创意产业，成立文化产业研发中心及台湾电影中心，期由此建立台湾全球品牌，加强全球性与区域发展竞争力。

第二节　台湾地区文化产业总体发展现况讨论

一、台湾地区文化产业发展概况讨论

(一) 文化创意产业之经营年数结构

就营业总额组织形态说明，由2002~2005年三年之成长比率观之，则成长幅度最大者为经营10~20年之组织形态业者，幅度为28.41%；相较之下，成长幅度最小者则为经营1~2年与2~3年之组织形态业者，幅度分别为13.25%与13.29%。再由文化创意产业之经营年数与营收总额结构探讨，2002~2005年成长比率相对比较，则可见成长幅度最大者为经营3~4年之组织形态业者，次为经营10~20年组织形态业者；相较之下，经营1年以下之组织形态业者，其成长幅度不仅最小，且呈现出大幅负成长态势。

由上述，就营业总额组织形态说明或由文化创意产业之经营年数与营收总额结构探讨发现，经营年数越久之组织形态业者，其经营家数成长幅度越高；而文化创意产业之经营年数较高者，其营收总额也较高，此当中尤其以经营 10~20 年组织形态业者为主，可见经营越久的文化产业业者越享有较高之经营利基。然可注意者在于经营年数为 3~4 年之组织形态业者，其经营家数与营收表现也有后来居上的态势。由经营年代推之，这些业者成立年代应为 2000 年之后，其应为台湾地区经过农业经济、工业经济与服务经济的发展阶段后，产业发展趋势由生活与情境出发，塑造感官体验及思维认同，藉由抓住消费者之注意力，改变消费行为，并为产品找到新的生存利基与空间[1]。简言之，2000 年后或可谓为台湾产业经济进入到着重提高消费品附加价值之"体验经济"(the experience economy)[2]的阶段。

(二) 文化创意产业之空间分布情形

在台湾地区文化创意产业空间分布面向，经过 2002~2005 年三年的发展，台湾文化产业呈现都市化程度越高者，其文化产业营销家数相对越多的态势，而地居偏远的城市，其营销家数依然较具发展上的局限性。

在县市营销家数与所占台湾整体比率之分析方面，由此，台湾于 2002~2005 年，文化产业的外销越趋集中于个别县市，尤其以台北市为最。进一步观之，占全台湾总额 80%以上之台北市、台北县、高雄市、台中市与桃园县等前五大县市中，唯有台北市在对外营收上持续成长，其他则为不等程度的下降。此种各地县市文化产业内销比重高于外销比重的结果，对于吸引全球资金内流，或吸引文化产业与人才进驻可能产生负面影响。进言之，其对地方文化产业质与量的提升帮助也将可能产生相当程度的限制。

在地方文化创意产业营销总额成长比方面，以新竹县、云林县、新竹市、台南县与台中县等县市之比率最高，其成长比皆超越 50%。细观之，这五县市之地区经济发展程度并非最高，且当中除新竹市以外，其他四县市经济发展在相当程度上可归属于传统农业县市，然所促成之文化产值成长比却极高，当中还包括台

---

① 张璠，张吉宏，朱琦文. 2001. 体验经济时代来临对工业区域发展之影响. 经济情势暨评论季刊, 6(4): 1

② Pine II B J, Gilmore J H. 1999. The experience economy : work is theatre & every business a stage. Boston : Harvard Business School Press

南县与新竹县等 2002 年时文化产值低于 1%以下之县市。由此说明，过去只重工程建设和经济产业开发的观念已经不符合现阶段地方发展的需求，虽然各地方发展背景与基础条件存在差别，然透过地方的努力，或许唯有掌握地方资源与发展特色，以文化作为思考与规划地方建设的主轴才是地方行政的核心[1][2]，如此也才有益于促成地方文化经济极大程度的发展。

二、台湾地区文化经济讨论

由于世界许多地区城市正面临产业结构的升级与代换，产业结构的调整必然会造成亟待分流的富余人员，而城市文化产业的发展将开辟新的都市就业空间，缓解都市经济结构调整带来的压力[3]。基于此，本书即以文化创意产业发展计划所涵盖产业之文化经济面向为分析基础，针对 2002~2005 年台湾地区之视觉艺术产业、音乐与表演艺术产业、文化展演设施产业、工艺产业、电影产业、广播电视产业、出版产业、广告产业、设计产业、设计品牌时尚产业、建筑设计产业、创意生活产业以及数字休闲娱乐产业等十三项产业，以针对台湾文化产业转型与升级进行分析，进而探讨增加文化产值与就业机会方面的发展潜力。

经由对文化产业营业产值的比较发现，设计产业与数字休闲娱乐产业的营业额虽非最高，所占台湾地区文化产业比率仍低，然其成长性极高，此可谓其逐渐扮演起台湾地区文化创意产业发展的主流角色，而电影产业与文化展演设施产业则逐步衰颓，已面临需重新进行产业规划与进一步的政策调整，以促成产业转型与升级的情境。由于创造就业机会是地方经济发展重要的目标之一，创造就业机会可观之是否有额外的劳工移入这个区域，造成劳力供给的增加[4]。为达成此目标，除可由政策面鼓励现有的企业增加开销外，更可透过诸多政策奖励措施，鼓励诸如设计产业与数字休闲娱乐产业等新文化产业的成立，此种就业机会的创造，

① McDowell L. 1997. Capital culture: gender at work in the city. Oxford, UK: Black-well

② Harvey D. 2000. Spaces of hope. Berkeley, CA: University of California Press

③ 陈立旭. 2002. 都市文化与都市精神：中外城市文化比较. 南京：东南大学出版社

④ Stough R R. 1990. Potentially irreversible global trends and changes: local and regional strategies for survival. Paper Prepared for Presentation at the Meetings of the American Association for the Advancement of Science, New Orleans, Louisiana, February 17~20

得以促成地区经济结构朝向文化经济调整；并透过对电影产业与文化展演设施产业等产业发展政策调整，如鼓励全球合作高科技制作电影，或对于既有闲置展演场地重新检讨经营策略，或委外民间业者经营，并结合地方文化馆计划进行小型工程改善，藉以满足地区需求，促成文化经济结构的转型，信将有助于地区获得回馈，促成就业机会的持续提升。

三、台湾地区文化人力资源讨论

为求促成地区文化产业的创新与创意生成,则文化人力资源的取得相当重要。关于台湾地区文化创意产业之文化人力资源探讨，本书所探讨者乃为 2002~2005 年文化创意产业就业人数。观察此两年度发展，2002 年时前四大产业占台湾地区总体文化创意产业营业额 70%以上；至 2005 年时，比率稍有提升，整体比重已将趋近 80%，此显示出 2002~2005 年台湾地区产业发展的人力供给与就业机会已持续趋向文化创意产业。

再就 2002~2005 年之文化创意产业就业人数成长幅度加以分析。建筑设计产业从业人员数额占全台总比率之快速成长，以及电影产业与广播电视产业从业人员数额占全台总比率之反向下跌，反映出近年来台湾建筑设计产业从业人员之人力需求大量增加，以及影视产业之大环境不景气之情势，影响所及则相关产业也产生就业机会大幅下降等发展困境。

唯有透过高质量的文化人力才能为文化产业注入新发展构念，并主动执行文化创意与创作等高附加价值技能作业；同时也唯有具备创新与有创意的文化意念亦能激发出更好的文化产品与文化服务。因此面对近年来台湾建筑设计产业从业人员之人力需求大量增加，以及影视产业之大环境不景气情势，文化人力资源主管机关——教育主管部门应探讨相关配套措施，以尽速响应并调整文化产业发展所需之人力资源配置，而其他产业规划主管机关如新闻主管部门与"文建会"等，也应积极从事各项专业人才的培育，藉由建构教育、文化、科技、商业体系合作学习，培育文化创意产业人才，并透过多种交流平台的建立，构筑起利于文化参与活动的社会环境网络，从而有利于促进创意的生成，并求由人力素质与人才供应量面向双管齐下，解决当前所面临的文化产业发展人力资源失调困境。

四、台湾地区文化活动讨论

文化意象活动可能是具备传统艺术的形式或发展出更为创新的表现方式，而文化意象活动的规划也成为协助地区作明确定位的核心要素①，因此本书乃就台湾地区文化展演活动所进行之探讨。

经由研究针对 2002 年与 2005 年台闽地区艺文展演活动分类统计进行比较探讨发现，经历三年时间，影片类成长幅度最为巨大，而民俗类活动成长幅度也颇高，此两类活动增长幅度之高，相当程度上应可归因于"文建会"与"体委会"协力主管，办理县市全球艺术节、辅导办理活动产业博览会以及活动产业评估等相关政策行动，将全球化与台湾地区本地文化进行适切结合之成果。

再者，鉴于魅力城市着重整体城市的经营，因此政府部门现在也开始了解到运用文化产业得以扭转地方意象与地方经济的潜力。然观之美术与艺术类活动的数量，可见台湾地区之表演艺术与人文作品等艺术活动之普及与盛行，此种发展除了得以扭转地方意象与地方经济的潜力外，对社会文化风气的提升与人文素质的涵养，也应能达成正面带动的效益。公民社会下人民素质、教育水平、艺文创新等社会文化风气的提升与人文素质的涵养实乃视为地方意象的设计与建设过程中，较地方经济成长更具重要性之发展成果意涵。

五、台湾地区文化公众参与讨论

基于文化与艺术除对地方经济有实质影响，且对社会的生活质量有其必要贡献外，艺术与文化并可用以解决社会问题，并也欢迎全民参与②。因此本书乃对台湾地区文化公众参与现况进行讨论。

2002 年与 2007 年台闽地区各县市艺文活动个数成长比若以台湾地区整体比率 128.04%为比较基准，那么台北市总体艺文活动举办个数虽仍占全台第一位，

---

① 就业人数的资料来源如下：电影、广播电视、出版与广告等四产业为行政主管部门主计处 2005 年人力资源调查统计，建筑设计产业及设计产业为行政主管部门劳工委员会台湾地区职类别薪资调查，数字休闲娱乐产业则由台湾经济主管部门数字内容推动办公室提供。

② Mulcahy K V. 2007. What is cultural policy? Transformation and imagination. 2007 International Symposium on Theater Art and Administration Proceedings, National Sun yat-sen University, Taiwan: Kaohsiung

而五年间其活动个数也由 4013 个增至 5703 个，然成长比却仅足 42.11%，相较于台湾其他县市，台北市成长幅度着实有限。虽然如此，台北市仍为文艺活动出席人次最多者。

由研究显示，2002~2007 年，台北市艺文活动总出席人次所占比率虽为全台最高，然其比率却由 31.51% 降至 17.14%，成长比也呈现出向下滑落的负成长趋势。此外，在高雄市方面，其虽仍维持 9.85% 的高出席比率，然相较于其他地区，其所占之出席人次成长率却落后于台北县与台中市。再进一步分析 2002~2007 年五年间艺文活动出席人次比率，其中单项活动出席人次比率较低者以台北县市与高雄县市等台湾南北两大都会区县市为主，至于出席人次比率较高者则以台中县市与台南县市等非台北高雄两大都会区县市为主。上述情势显示出在 2002~2007 年发展期间，台湾地区各县市文化公众参与状况呈现都会发展有别、城乡发展有异的现象。鉴于全球化趋势下的地方发展特色与差异，文化的差异性不仅促使消费成为供需的可能，也促成消费得以跨地而行①。由此，则可推知台湾地区今日虽呈现文化参与的城乡差异，然这种差异不仅无碍文化产业的日趋活络，甚将对促成地方文化产业发展发挥正向帮助。

第三节　台湾地区主要城市文化产业发展现况讨论

一、台湾地区主要城市文化产业发展政策取向

(一) 台北市文化产业发展政策取向

台北市的地方发展植根于 1887 年清政府于台湾建省设首府于台北，此后历经日本殖民时代与国民政府迁台，台北市持续扮演着台湾地区政治、经济和文教核心的角色。迄今，台北市已呈现出中华文化与海外文化融合的地区多元文化发展面向。

基于历史的发展背景，台北市已发展成为台湾最大的都市，其人口、各式工

---

① 卢建明. 2003. 在地化与区域性文化产业. 第三部门与文化政策国际研讨会, 台北：台湾艺术发展协会

商业集中，都市不断向外扩张，经济一片欣欣向荣，从而更加巩固了其作为台湾政治、经济、金融、文化与媒体信息中心的地位。作为台湾首善之区，台北市的文化产业发展有其他县市无可比拟的优势；而作为台湾地区第一个地方文化事务专责机构，台北市政府文化局对文化创意产业的政策发展规划，自然也成为其他县市关注与参考的焦点。

观其相关施政主要方针，包括：①打造台北成为亚太地区文化创意产业的领导品牌城市；②推动成立台北市文化建设发展基金以加速古迹、历史建筑修复，健全委外艺文馆所经营体制，营造各种表演艺术展演场所；③营造文化消费环境，推动台北市文化观光发展；④整合资源，提升文化艺术节庆质量及全球影响力；⑤主动发起全民共同参与推动史迹保存维护工作；⑥"故宫"瑰宝大道计划等。相关政策方针除可归纳为促进异业结合、扩大全球市场、推动文化观光、提升政策效率，以及强化研发能力等五大关键课题外，重点还应在硬件与软件结合、传统与现代融合、地区与国际交流及政府与民间协力等创意思维的展现方面。

为求强化台北市的历史文化与人文特色，台北市政府又藉由都市更新，规划出六大地区，分别以"亲水、科技、历史、人文、活力与健康"为主轴，期望藉由这些旗舰计划，带动台北市加速蜕变成为一个更具魅力的城市①。进一步说明，"亲水"指的是淡水河流域地区，市政府计划改善河岸空间的整体规划及周边地区公共环境，以提供市民亲水空间及优质水域景观。"科技"指的是台北市内湖与南港区科技产业，在《高新科技及文创园区发展计划》中，将关渡工业区至南港、内湖科技园区规划为市界级科技产业中心。"历史"轴线则以台北市大道埕地区为中心，结合蓝色公路、淡水河岸观光据点及当地人文特色与产业，并引入新活动和新族群。"活力"指的则是台北市西门町地区，透过整体的规划、营销、商家辅导及人文历史资源的串联，让西门町成为具备文化流行特质及深度的观光网络。"人文"轴线则是从福林路至台北故宫博物院沿线，形塑"故宫"瑰宝大道，透过故宫意象融入，和连结周边观光资源及生态环境特色。"健康"指的是在松烟巨蛋及文化体育园区，提供给民众及观光客具娱乐休憩、运动竞赛及文化古迹游赏价值的文化体育园区。这六条轴线已经逐渐形成，俟未来完工，台北市

---

① 杨玛丽. 2008. 都市更新——台北更美丽. 商业周刊 (1060): 102~105

将打造起具有中华文化特色的文化创意街区、台北故宫博物院瑰宝大道、松山烟厂文化园区、台北艺术中心，以及台北流行音乐中心的地区文化特色与文化产业发展新风貌。

作为台湾首善之区，台北市对文化产业发展的政策规划为台湾地区其他县市的文化政策起了一个领头的参考示范作用，因此各地方也开始兴起以文化为基础的多元性与创新性产业发展构想意念。而在历经百年来海内外多元文化的洗礼后，台北市已获取较其他地区(如新加坡、中国香港与中国澳门等)更为有利的华人文化发展条件，因此更应细心维护中华文物资产，除促成海内外中华文化的承续创新与文化附加价值的提升外，还应将中华文化温文、敦厚的内涵落实于日常生活中，才适足体现出中华文化的内蕴与精髓，藉之也才能打造出令人无法超越的地方文化发展竞争优势。

(二) 高雄市文化产业发展政策取向

相较于台北市，高雄市虽是台湾第二大都市，台湾南部第一大都市，且所辖高雄港为台湾第一大港，地方发展潜力原本雄厚，但高雄长久以来一直被定位为工业化城市。近年来，高雄市的地方发展面临转型上的"瓶颈"，在由二级产业过渡为高附加价值的生产者服务业过程中，其产业发展重心的调整未有明确定位，因此产生常态性失业与产业发展停滞不前的现象，从而使整体都会区生活质量也未能随政治经济的发展有所提升。

进一步探讨，由于高雄市偏离台湾北部政治、金融与媒体资讯中心的问题，基于生产成本的考虑，高附加价值的生产者服务业和企业总部进驻意愿相对薄弱。最直接的影响就是对地方财源的冲击，缺乏充足的财政收入的情况不仅不利于都市环境的维护及整体生活质量的提升，连带地对吸引高素质人力的进驻亦产生负面影响，如此的恶性循环将使得整个都市地方发展陷入困境。

为因应此种困局，高雄市政府近年来积极推展高雄都市营销，期望以推展"国际货柜艺术节"、"高雄灯会"等大型国际艺术活动与建构"城市光廊"、"高字塔艺术园区"、"驳二艺术特区"及"市民艺术大道"等艺术特区来增添地区的人文气息，提升高雄在外的艺文形象，并企图在海洋港市的传统产业基础上，透过高雄市爱河整治、2009 年世界运动会的举办及高雄市捷运的完工通车，藉以扭转高雄市以往仅重视工业、轻忽服务业的地方发展倾向，塑造出未来着重数字创意、商务会议、观光休闲与城市美学的"海洋首都"新形象，招来外来旅客进驻消费。经过数年的努力，高雄地区形象已多有改善，观光与服务等第三级产业发展亦有所提升，此说明高雄市政府的努力并没有白费。但面对今日高雄地区就业机会持续流失与产业经济持续低迷的困境，根本解决之道还是在于筹思进行以地区特有文化为根本的产业发展建设，从而发扬地区文化品牌，厚植地区发展的相对竞争优势。这也是高雄市政府之所以期望藉由召开高雄市经济发展委员会会议，多方探讨高雄市港合一，塑造河港交接之亲水空间、推展营销特色商店街、办理品牌商圈推展计划，乃至推展高雄观光年等议题的原因。相关政策规划争议不大，政策行动的推展若能有效落实，对促成地区的二级产业转型为生产者服务业，成果应属可期。较具争议性者，乃为高雄流行音乐中心的设置问题。

高雄流行音乐中心的设置，乃源自 2003 年台湾行政主管部门五年五千亿元新台币——新十大建设计划中的文化建设，在此计划案中预定在台北与高雄各兴建一座流行音乐中心。其原本规划结合高雄港码头独特的港湾风情，将设置地点定于高雄港十六、十七号码头，此两码头是第一港口入港轴线与爱河出海口交汇端点，紧邻高雄市五福、汉神、三多商圈，邻近高雄软件科技园区、世贸会展中心与公广集团预定地，也就是数字影音产业聚落潜力区。基于此规划理念，高雄流行音乐中心将于户外筹建 8000 席以上的大型表演场，室内设置容纳 3500 席展演场，另有小型展演室、流行音乐体验馆、主题音乐馆、录音室及媒体简报室，并引进音乐餐厅，打造多元音乐艺术商圈。但由于包括高雄港十六、十七号码头面积太小、现役码头仍有航商使用、会影响高雄港现有营运等理由，台湾交通主管部门反对于该地设置高雄流行音乐中心的意见。基于台湾交通主管部门与高雄市政府所存在的规划争议，此一争议能否顺利化解，还有待时间的验证，此亦为今日高雄地方文化产业发展最受瞩目的核心政策议题。

(三) 台中市文化产业发展政策取向

台中市是台湾第三大都市，也是台湾中部最大城市，由于兼重文化教育与时尚消费的服务产业发展条件，因此台中市政府乃以文化、经济、国际城之新兴文化城理念，进行地方发展规划。除了结合人文与发挥创意，推展台中市文化资产保存、修复与再利用，让台中市在地文化价值获得重塑和创新外；同时将国际性与传统表演艺术节庆活动加以融合，藉以创造商机，并带动文化服务产业的经济效益，提升都会及全球竞争力。

为统筹规划办理台中市文化建设业务，进而提升文化城的内涵与素质，台中市政府文化局于2002年改制成为地方文化事务专责机构，期能透过历史人文意象的规划点缀出台中市浪漫的城市风貌。因此于2002~2006年举办诸如展览、演艺、讲座、研习、儿童天地、影片欣赏、文化季等各类艺文活动。并于2006年时提出《文化施政白皮书》，将施政主轴定位为文化建设向前行，打造文化、经济、国际城，并规划成立城市博物馆；活化古迹及历史建筑等文化资产，营造特色文化空间；整合文化园区艺术文化资源，形塑文化流域特色；规划都市文化景点导览路线，增进市民对于家乡风土之认识，并促进台中市的文化休闲产业发展；加强小区总体营造，凝聚小区意识，促进小区发展；持续推动与执行台中大都会歌剧院与户外圆形剧场等兴建案，充实都市文化建设软硬件设施；奖励扶植杰出演艺团队，培养地区优秀表演艺术人才与团队；最后则加强举办国际性、主题性及小区性文化活动，落实文化扎根，提升城市形象，以促进城市文化交流。

除了台中市政府文化局的建设规划外，台中市政府经济发展处为求塑造台中市的地方发展特色，也因此提出以文化经济创造商机。在此方面，倡议本地与全球化、传统与再生、东方与西方合流之经典，举办国际级活动，创造商机，带来钱潮；整合文化与地方特色产业资源与业界力量，发展具特色的大型连锁事业；建设台中国际会议中心，兴建大型国际会议中心及商展场地，配合观光休闲产业，举办国际商展与重要国际会议，以拓展商机，带动经济发展；以小区改造、商圈重塑与造街计划，改善经营环境，以营销台中市，吸引消费，带来商机。由上述做法与规划看出，台中市政府对强化文化与经济的结合、促成产官学合作评估以改善商业经营环境及吸引人才及资金进驻地区，并用文化商机来带动地区经济的努力与用心，并形塑出台中市时尚且兼具典雅的特有都市风情。

在台中市以文化、经济、国际城为主轴的地区文化营销过程中，古根汉博物馆的兴建与否却成为台中市政府最感受挫的文化产业发展议题。

古根汉博物馆是位居纽约市的一座重要的现代艺术博物馆。在建立新馆时，在建筑的风格上，其坚持新奇具创意的原则，带动建筑新风潮也就成为古根汉发展其文化品牌(cultural brand)时的重要指标①。由于古根汉的设计已经得到世界最高的建筑奖,因此2004年时,台中市政府考虑古根汉分馆若能于台中市设立,那它将是亚洲地区所成立的第一所古根汉分馆,这不只可以提升台湾在国际文化界的地位,且为台中市带动外围的文化商机、国际交流、就业机会、经济发展等正面效应与地区利益将难以估计。然古根汉最后是否落脚台中及是否由台湾当局接手兴建,关键在于台中市政府与古根汉基金会签订的先期协议书合理及平等与否的问题。古根汉美术馆在台设立分馆的权利金,是西班牙的3倍,西班牙分馆造价30亿元台币,台中市却要64亿元台币;一般博物馆建筑设计费用为3%~8%,古根汉美术馆却高达15%;其他如建筑规模、单位造价与维护成本过高,超过古根汉在世界各地设置分馆的要求甚多,以及预估未来营运后每年亏损2亿~4亿元台币等。此外,古根汉未同意或不作为时,还可以保留美金30万元的服务费用赔偿等,但台中市政府未同意或不作为时,古根汉便取得先期付款美金800万元,显有对台中市政府不平等对待的疑虑。因此最后古根汉博物馆的兴建提案,乃以失败告终,也造成近年来台中市文化产业发展与地区文化营销过程中较令人感到失落的一页。

(四) 台南市文化产业发展政策取向

台南市是台湾最早开发的古都,也是台湾南部第二大城市,由于地区拥有台湾传统且特有的荷兰据台(1624~1662)与明朝郑成功时期(1662~1683)古迹文化资产,故为求在既有三百年文化史迹的积累基础上,创造出新的地方发展优势,近年来台南市政府乃积极推出系列性文化活动与建设。经由系列性活动的举办,台南市即塑造出有别于以往的古老城市风貌。

关于台南地方文化产业发展,实乃立基于两项政策规划中。首为《台南市地方永续发展策略推动计划》的研议,包含了建立台南市的永续发展愿景与目标、达成目标之策略与行动计划;其次则是藉由《府城都市宪章》之研拟,涵盖城市基本定位、社会、经济、环境,以及空间整合等向度,并以"健康、生态、科技、

---

① 王芝芝. 2008-07-22. 古根汉博物馆与古根汉家族. http://hermes.hrc.ntu.edu.tw/csa/journal/ 33/journal_park283.htm

文化新府城"作为台南市城市定位，并研拟出诸如成立文化创意园区营运中心、文化观光产业辅导及推动、积极推动蒙古文化交流、城市文化观光产业营销、强化古迹景点旅游质量、文化资产保存及理念推广、办理"郑成功文化节"系列活动、艺文活动推广、区域型文化资产保存及再生、台南市古迹维护、小区总体营造与台南市地方文化馆等发展愿景，这些愿景的研议并将透过政府与市民的协力合作，凝聚起市民对城市价值的共识。

进言之，基于《台南市地方永续发展策略推动计划》，台南市永续发展议题之研拟主要由台南市发展愿景与目标引导而来，辅以既有相关市政发展计划之分析以及对于台南市发展背景数据之了解，同时进行不同的民间及专业团体的意见咨询。鉴于上述，为求落实文化产业政策发展目的，在永续社会教育方面，期求建立小区意识，进而提高市民小区参与；在永续产业经济方面，企求促进文化创新，俾使提高城市文化创意产业产值；至在永续文化观光方面，则期望构筑起历史与文化交流空间，藉以促成城市历史/文化空间发展生活化。由上述地方永续发展计划观之，台南市地方永续发展愿景之推展，重点之一乃在于结合地方市民共同参与，针对城市历史/文化议题现况与需求趋势进行分析，提出落实方向与策略，俾促成文化与产业结合的文化产业发展政策规划。

在台南市《府城都市宪章》层面，其将台南市城市定位与发展愿景界定为"健康、生态、科技、文化新府城"，透过政府与全体市民的协力合作，使府城成为具有在地特色及全球竞争力的宜居都市。细言之，台南市的社会发展策略，强调"都市生活的社会需求的满足、生活质量与文化内涵的提升、多元文化的尊重、社会秩序的和谐与公平、弱势社群的辅导与照顾，并加强透过小区与市民参与的机制来达成"。在经济发展策略方面，兼顾"经济、产业、土地以及人力之永续，避免资源的过度消耗及环境的破坏，以提升生活质量为最终目标，并且要强调分配公平及全民参与"。至在空间发展策略上，则强调"文化与产业的结合，乃至公私部门合作等策略，营造整体空间布局及各个次空间的优质环境"。

具体言之，在台南市文化产业发展的硬件建设方面，已完成城西焚化炉游泳池"梦幻水城"、安平港"国家历史风景区"内"安平树屋"、"观夕平台"、"环港景观步道"与"港滨历史公园"等项建设，以及安平文化园区、赤崁文化园区、孔庙文化园区及台江生态园区等四大文化园区等工程；而在文化软件规划方面，2006 年 4~9 月"台湾国际鼓乐节"、"郑成功文化节"、"府城七夕国际艺术节"、"孔庙文化节"等活动之举办，吸引了约 121 万参观人次，较 2005 年同期成长近 20%。此外，"府城七夕作 16 岁艺术节"亦吸引了约 25 万参观人潮参与，较 2005 年增加了约 5 万人次。由前述境况可见，台南文化产业发展已具有相当规模，且经系列性文化产业行动的确立与相关政策的落实，台南市应具备有发展成兼具传统文化价值与生态永续发展之文化创意古都的深厚潜力。

二、台湾地区主要城市文化产业发展区位商数分析

本书第二章曾针对地方经济发展新旧概念进行了比较。在新的地方经济发展观念之中，地方发展所注重的是无形的文化资产而非土地价值；在知识资源方面，则强调地方经济发展将有赖地区创造活化地区经济的工作机会，同时维持这些工作的稳定性，并藉此导引高素质人力资源进驻。在新经济概念的基础上，地区在经过工业经济与服务经济的发展阶段后，产业趋势也将提升至着重提高消费品附加价值之体验经济阶段。

经由本书对台北市、台中市、台南市与高雄市等四大都市所进行区位商数分析，结果发现，台北市、台中市整体三级产业部门之 LQ 值介于 1.42~1.22，显示两市基础性产业以服务业为主；此外，高雄市整体二级产业部门 LQ 值达 1.20，可见高雄市基础性产业以制造业为主，服务业比例过低，其地方发展过度依赖高污染性制造业的结果，使得高雄的产业结构呈现明显失衡状态。至于在台南市方面，台南市二级产业 LQ 值为 0.98，三级产业 LQ 值为 1.03，由此结果可见，相较于台北市、台中市与高雄市，台南市制造业与服务业无所偏废，产业发展乃呈现较为均衡发展的态势。再针对服务业中之个别中业分析，研究亦发现，相较于台中市与高雄市，台北市与台南市在文化、运动及休闲服务业具有较高之相对竞争优势(区位商数值分别为 1.39 与 1.28)。

由上述分析，说明台湾文化产业发展南北区位条件的极大差别。

台北市与台中市拥有较具规模的服务业发展基础，其文化产业具备地方发展多元贡献性，又兼具文化、创意与产业经济之多重构面特性，因此在台北市与台中市当前的产业基础上，文化产业发展所须具备的硬件资源丰厚，除得以促成各项文化硬件建设的筹建外，对于艺术活动举办与高素质文化人力资源延揽也具有

相当高的负担能力。当此之时，地方发展趋势应着重从生活与情境出发，塑造感官体验及思维认同，藉由抓住消费者之注意力，改变其消费行为，并为产品找到新的生存利基与空间。这也就说明当前台北市与台中市应已具备积极推展文化产业发展的有利基础，且已处于文化经济最适切发展阶段。

相较之下，高雄市与台南市位处台湾南部，其地方发展资源因面临如地理区位远离北部政治、金融、文化核心等各项主客观条件的限制，地方产业发展尚未能迈入服务经济的阶段，因此一旦面临地方发展竞争越趋激烈之际，原本依恃高土地成本、低技术含量人力、高耗能与低附加价值等二级产业将向外移动，寻求更容易取得土地、人力与能源的低度开发地区，如此则地方发展资源更将面临日趋困窘的恶性循环。由本书第六章研究发现，高雄市与台南市当前仍处于二级产业向三级产业转型的过程中，而地方较已步入服务经济阶段的台北市与台中市更需推展地区产业转型，才足以提升地区本身竞争能力。换言之，高雄市与台南市等资源弱势地区若能将有限资源配置于服务业，并思考透过文化、运动及休闲服务业等低土地成本、高度创新人力资源、低耗能与高附加价值产业政策规划，如此则不仅有利于促成地方经济成长与活化，也较有助于吸引高素质人力资源的进驻，打造起难以替代的地区特有的竞争优势。

三、台湾地区主要城市文化产业发展与社群团体参与

由于文化产业政策的规划与研议不能仅着重由上而下的政策倡导与推展，仍应奠基于地方公私部门的协力与共识才能磨合出切合台湾整体规划与地方多元需求的实质产出[①]。因此，除了地区经济基础结构的解析外，欲使台湾当局所倡议的文化产业政策规划落实到地方成为兼顾可行性与整体性之具体政策行动，还有赖地方政府行政资源配置以及多元社群团体的积极参与。

由本书对文化行政支出与艺文展演活动参与层面所作的探讨，观察到当前台湾地区发展文化产业应关注课题。首先，相较于台北市、台中市与高雄市，台南市民所可享用之文化福利最少；其次，经由对市政府文化经费概况分析后可知，台南市民众所能享受到之文化行政资源仍落后于台湾地区其他城市；再次，经由

---

① 黄金凤，洪致美. 2003. 文化政策与第三部门. 第三部门与文化政策国际研讨会，台北：台湾艺术发展协会

对台闽地区艺文展演活动方面探讨后发现，台南市所举办地区艺文展演活动个数最少，但实际参与人次却仅次于台北市，超越高雄市与台中市，此或可说明台南市所举办之艺文展演活动应具有之相对吸引力，并或可推知其深具民间参与之潜力。由上述研究结果发现，在当前台湾地区文化行政经费有限的前提下，由于地方文化行政单位所能运用的资源已较为有限，因此，在考虑配合台湾地区既定文化产业发展政策的同时，地方是否亦能结合多元利害关系社群团体的资源与力量，透过社群团体伙伴关系的互动，共同寻求文化发展竞争优势，并将有限的地方资源作最适配置，此应成为日后台湾各县市地区文化发展规划行动的核心要务。

另由民间非营利文教团体参与方面所进行探究发现，台南市文教性质基金会(财团法人)总数虽然最少，但文教类别比例却仅次于台中市，位居四市第二；且台南市学术文化社团(社团法人)虽然数量最少，但却是台北市、台中市、台南市与高雄市四城市中所占比率最高者,相当程度上说明府城台南民间社团文风之盛。根植于丰沛之民间文教社群团体基础，台南市若得适切结合地方文化行政资源，将足以有效凝聚公、私两部门，促进 Cliché 等[1]所倡议之公部门、私部门与第三部门在文化制造链的完满合作与创意延伸，并由公私群体互动中获取最佳调适与回馈。

相对于本书中台湾地区的其他县市，在台南市政府以往在文化政策推展的过程中,民间关心人士对攸关台南未来重大文化事务的发展较少拥有公开表达机会。尤其在 1999 年台南市政府文化局组织规划出炉送议会审议期间，多数关心地方发展的人士都无法得知规划内容；而最后市政府透过媒体陈述，跟民间当时积极建言台湾当局"文建会"建议和各县市规划有非常大之出入[2]。由此观之，地方公私社群团体对府城文化发展与营销政策推展乃存在相当程度之认知歧异。也正是基于意识到文化政策执行上的认知歧异，并鉴于市政府与民间部门缺乏良好的沟通互动，而民众对于地方政府推动文化产业发展政策的信息了解将显不足，此将难以有效凝聚对于政策发展行动共识，并影响到地方资源及力量的整合。因此，

---

① Cliché D, Mitchell R, Wiesand J A, et al. 2002. Creative Europe. ARCult Media, Bonn, Germany
② 何宗勋. 2000. 台南市政府文化局成立白皮书. 台南：永续台湾文教基金会

当台南市政府文化局于2000年1月1日正式成立后，即于成立宣言中倡言"鼓励积极的创造性参与取代消极的被动消费"[①]，此可视为地方政府主动探求民意，且期望透过与民间力量的整合以推进文化产业发展的明确宣示与决心。

基于台南市政府对民间参与地方文化发展行动的重视，并结合台南市丰沛的文化产业社群团体基础，是故，在当前台湾各项地区文化发展活动日渐蓬勃。然地方文化发展资源却面临日趋萎缩之际，若各地方县市政府能于配合台湾地区既定文化产业发展政策的同时，兼重公私群体协力合作，藉由探求多元社群团体的需求，适切导引民间社团参与之资源引进机制，将得促成有限的地方文化发展资源作最佳配置。相关建议除期提出以为当前台湾地区各县市政府推展地方文化产业活动与文化政策营销时之延伸考虑外，并期提供内地各省市文化政策决策者与文化行政单位，俾利于未来文化产业政策规划研议，且作为后续文化产业发展课题探讨参酌。

第四节　台湾地区文化产业发展与文化营销当前问题及未来趋向

一、台湾地区文化产业发展当前问题

面临到全球化下的地区竞争发展趋势，台湾地区植根于原住民、客家、闽南、中国内地各省、新移民等多元文化特性，经由多元群体的文化参与，也积累起诸多有形与无形的文化资产。近年来台湾地区并经由诸项文化创意产业发展政策活动规划，涵养出独特的台湾多元文化发展魅力(附录一、附录二)。

基于文化产业兼具文化、创意与文化经济之多重构面特性与地方发展的多元贡献性，依此，当经济退位后，如果能藉由文化的眼界重塑一个产业体系，无疑是台湾在后工业化时期值得努力的方向，这也会成为建构主体文化的表征。但若只沦为概念式的粗糙决策，文化产业的发展成为纯政治考虑与资源分配，那么所有的努力将只造就出浪费的投资与错误的计划[②]。由于在文化创意产业发展的过

---

① 台南市政府文化局. 2007-05-27. 台南市政府文化局成立宣言. http://culture.tncg.gov.tw/area1/ page02.php
② 蒋耀贤. 2003. 艺术策略与区域平台. 第三部门与文化政策国际研讨会, 台北：台湾艺术发展协会

程中，经常会产生供给过剩的现象，因此不同地区宜针对本身文化创意产业的发展利基进行深刻的了解，并且对于推展文化创意产业发展所面对的问题加以深刻讨论，以减少误判，提高成功率，并协助文化创意产业发展取得最大效益。①

综合本书讨论，研究最后提出如下诸项讨论与建议。

(一) 提倡地方文化公众参与

20 世纪 60 年代之前，台湾地区经济发展条件未足，然各地方乡镇民众却能踊跃赞助地方文化活动，不仅使得文化活动参与频仍，而且文化精神生活充实，因此诸如文化活动参与场地不足、经费匮乏的问题并不常见。然随着社会经济发展、生活形态的改变，到 70 年代之后，地方乡镇文化公众参与的活络年代渐趋消寂。

由此可见，台湾地区今后推动文化发展的根本问题主要在于恢复民众文化参与的热情与信心，相关做法有积极兴建充实不同族群的地方文物馆，保留并发扬原住民族群、客家族群、闽南族群、内地各省市及海外新移民文化的独特性，如此不仅有助于史迹文物的再活化，更能藉此促进多元族群文化的融合。此外，并引进全球性的艺术展演活动，藉由全球性多元文化活动的举办，拓展民众的文化视界，其亦有助于民众文化参与量的提升。关于这些政策事项规划，应是当前台湾地区所需推动的最根本文化公众参与策略。

(二) 增加政府政策投入

基于文化产业发展政策有待民众积极参与的理念，因此在发展过程中，虽然诉求尽量减少政府的不当干预，然有些事政府则应运用政策投入，以避免资源的浪费或错置。有鉴于此，政府在政策面有三种措施可以实行。

一是政策决策者必须具备文化爱好与深刻的历史、艺术及人文情怀，若能如此，则能以文化优先、永续发展的视角规划文化产业发展政策，塑造适宜文化创意生成的社会风气与总体环境。

二是在法令规章的建制上，除应积极推动支持文化创意产业发展法令的制定，并透过教育、传播等公共领域，让民众对政府法令条文有深刻的了解外，并应在

① 刘大和. 2002. 台湾发展文化创意产业的思考. 知识台湾电子报, 台北：台湾经济研究院

保障著作权人智能财产权的法令制定的要旨规范下，由法制执行面针对相关法令执行的适当性与比例原则加以深入探讨，使法规在顾及文化创意产权的前提下，不至于扼杀新创意的产生，损及文化创意产业发展最需保障的自由创作空间。以英国文化创意产业发展政策规划为例，相关法规非由政府单方面制定，而多经由民间主动提出，经过多元群体共同讨论，最后才研订出符合产业需要的法规，进以塑造合宜的文化产业发展环境。

三是为求更清楚地勾勒出对地区未来总体发展的愿景与方向，政策上应鼓励民间团体搜集创意产业数据，如各地区所规划的文化特色与节庆、观光旅游信息、地方性的博物馆、美术馆、图书馆、文化馆及表演场地的分布、数量与质量等信息。相关产业数据最好由独立于政府及企业且具高度公信力之非政府或非营利组织进行，这样信息应可透过合理收费进行贩卖或无偿提供公众使用，透过这些信息的广布流通，检验其可信度，并进而促成社会对文化产业环境的更深入了解。

(三) 文化预算补助问题

台湾地区文化建设扶植团队补助分为音乐、舞蹈、传统戏剧与现代戏剧四类。由于评选过程强调公平原则，以此则所有艺文团体不经过任何分级评选，而全经由同一套评量标准加以审核，如此一来即易形成劣币驱逐良币的资源分配公平性问题。因此，历年来台湾地区艺文团体不时提出应针对分级补助制度的合理性与适切性进行深入探讨的呼吁。由此，如能建立起良好的分级制度，则不仅能为艺术团队带来更稳定的财务资源，而且更有助于提升台湾地区文化与产业融合的竞争能力。不过对于分级机制与标准的设定与衡量，应基于"文建会"应扮演文化补助或文化投资的角色定位根本问题。文化补助偏重于政策扶植的性质，较不强调短期绩效的回收，至于文化投资则看重于文化潜力与文化经济的结合，在民族文化资产的维护与本身文化价值的发扬前提下，进一步诉求文化产业的定期经营绩效与投资收益。换言之，文化投资的定位即是让文化价值、文化价格与地区文化建设结合为一体，为成为文化资产而产生文化负债。

1996 年台湾"文建会"以 60 亿元新台币本金成立国艺会①②，其目的乃是在不受人事主管部门人事、会计等法令限制的情况下，为文化艺术工作者创造出不受经费问题困扰的稳定创作环境。这种做法乃是仿效英国文化协会与澳洲文化理事会的精神沿革而来的。为了鼓励艺术工作者能长期从事创作，国艺会设立之初，"文建会"本有意将补助的分配与奖项的颁发业务调整至由国艺会执行，希望"文建会"制定政策，补助事宜则汇整于国艺会之下。但其后却逐渐演变成"文建会"补助文化团体，国艺会则补助文化个案与计划，"文建会"本应负担制定台湾总体文化政策的职责，但长期以来却因为组织角色定位不明，反而让每年补助团体与补助金额的公布成为"文建会"最为棘手的业务之一，如此也扭曲了文化预算补助事权专一的原意。由此可见，在探究文化预算的问题时，乃有赖于对文化主管单位的角色与组织业务职掌进行更清楚的界定。

(四) 文化专责单位设置议题

除了文化预算的提升之外，另基于对文化结合观光产业的重视，台湾地区进一步提出开展文化创意性的观光产业，以开创立基于文化资产的新商机。因此台湾行政主管部门于 2008 年 2 月 13 日通过"'行政院'组织法"修正草案，新版本以 2005 年的"十三部四会"为基础，让台湾地区推行将近 30 年的政府组织改造工程调整为"十四部七会五独立机关"，当中包含马英九所提出的将与文化建设相关的事务与单位提高至"部会"层级，期藉此展现出台湾地区对文化产业发展的重视程度。

从台湾地区的文化产业发展环境来看，这种层级提升不仅有助于统一事权、整合整体性的艺术文化资源，并可以让观光客对台湾地区的民俗风情有深度了解，使城市意象朝多元化发展，促使观光资源更丰富，产生活水与商机，并期望进一

---

① "财团法人国艺会"成立于 1996 年 1 月，基金来源主要由"文建会"依据台湾《文化艺术基金会设置条例》捐助新台币 60 亿元作为本金，另外透过民间捐助加强推动各项业务。"国艺会"成立的主要目的在于积极辅导、协助与营造有利于文化艺术工作者的展演环境，奖励文化艺术事业，以提升艺文水平。发展目标乃在于期望透过研究发展工作，检视与累积目标成果，并且建立政府与民间的渠道，以利各方资源流通；而补助的分配与奖项的颁发，则是为了鼓励艺术工作者能长期从事创作，推广艺术教育；从推广的观点来看，则是致力于建立交流平台，让艺文信息能传递给艺术工作者与社会大众，从而打破藩篱，彼此交流。

② "财团法人国艺会". 2008-05-25. 国艺会简介. http://www.ncafroc.org.tw/Content/

步促成城乡风貌的改善，达成让文化艺术植根的最终目标。虽然如此，但文化体质能否提升与主管部门层级提升无必然的关联存在。由此，台湾在增加文化预算、提升文化主管部门层级之前必须先一步厘清其整体发展目标与总体发展方向，针对可能遭逢的文化产业发展困境，寻求多元群体共识与具体解决办法，如此才能确实达成文化专责单位的设置效益。

(五) 注重文化产业永续发展

自从 1987 年解严以来，台湾地区的政治人物时常基于选票考虑，多关心选民可立即见到的文化政绩，因此在地方首长与民意代表争取下，各地方县市争相举办以"艺术节"、"文化季"为名的艺文活动，这类型的文化活动仅偏重短期效益，却未能就深度的文化内涵与长期的文化发展方向加以妥善规划，因此虽创意有余，但文化内涵与文化经济效益却难以展现。具体言之，台湾地区虽然历年来透过多项文化政策的推展，兴建艺文设施，推动小区营造，但对于文化产业政策的规划执行，乃至于文化发展资源的积累，一直未能具体落实。由此可见，当前台湾地区文化产业活动乃呈现出注重短暂效益的盲点。

台湾地区不仅拥有深厚的中华文化基础，同时也具备高素质的文化创作人力资源，然在地区政府注重选票的短暂效益盲点下，却少见提供文化产业人才妥适的创作环境、扶植文化产业合理转型的可持续发展政策。相较之下，如日本与韩国的一些地区，其经由长期规划，将传统产业加以转型，并将文化题材纳入产业发展规划之中，使之成为文化创意产业。换言之，其透过历史小说、影视戏剧、动漫画创作或电子信息产品设计，传达民族文化传统与富含文化内容的价值观。面对此情况发展，台湾地区唯有扭转注重短暂效益效果的短期规划心态，才足以建立起长久的文化产业发展利基。

(六) 文化展演空间规划议题

文化展演空间方面，硬件建设的兴建与财政租税减免优惠等并不是协助文化产业发展的最重要的政策资源。以表演艺术团体所面临的文化表演场地不足问题为例，台北流行音乐中心正进行规划作业，台中大都会歌剧院于 2008 年初动工兴建，高雄卫武营艺术文化中心则已完成竞图，这些展演场馆的完工启用指日可待，但若只重硬件建设，缺乏对未来营运计划(包括组织设计、人事规划、财务管理、营运策略以及创作展演人才培育等)的长远规划，再加上现实文化资源的南北差异局限，则台湾地区由北往南表演艺术信息越少，相关艺文团体的资源便越趋有限。由此可见，除了硬件建设的筹建外，政策决策者应透过其他政策行动，以协助文化产业的发展。

(七) 委外经营问题的处理

面对全球化时代的地区竞争，新公共管理者积极倡议组织绩效管理以减少政府施政的财政负担，因此在东西方先进国家中，思考文化经营的最佳策略就是将原本属于政府的业务转移至民间企业或非营利组织经营，透过委外经营管理，促成自给自足。文化艺术行业一旦脱离政策扶植，将直接面对市场竞争机制的冲击，凭恃民众参与或企业赞助而存活，这也就如美国、英国或日本等文化成熟社会中文化组织稳健运作的情况。台湾地区近年来由于受到总体财政情势不佳的影响，因此期望藉由文化组织业务委外，进行组织绩效管理，并进一步减少政府施政的财政负担。在此情况下，台湾财政、经建、主计与研考部门即视文化组织为绩效衡量单位，对文化机构进行绩效评估。此即未能考虑文化发展差异与文化成熟度的问题。文化组织发展与文化业务的规划，不应只付诸短期经营绩效的评估与衡量，还应透过合理的政策规划与更具弹性的评量标准，才能树立长远且独具的文化风格与发展特质。

(八) 文化主管部门首长更换频繁问题

关于文化产业发展的成效，影响最大者莫如文化主管部门首长的频繁更换问题。由2000~2008年观之，近8年来台湾地区"文建会"主任委员更换频仍，其任期一任比一任短，主委不断汰换的结果，致使"文建会"时常面临组织人员业务职掌调整与业务运作未能适切推行，甚而影响文化政务顺利衔接。而主委的频繁更换，即连带造成"文建会"内部职员忙着更换施政大方向以适应新主委。从台湾地区传统以来地方文化发展政策多以台湾当局政策为施政依归的面向看来，文化建设首长的频仍更换导致受害最大的实应为台湾地区的长远文化建设。

在文化部门主管的频繁更换下，相关政策行动未能付诸长远考虑，最多仅能研拟出偏重例行性支出的政策预算，也因此文化建设或地方发展相关部门首长每每耗费精力于消耗经费的政策规划、宣示空洞的政策，而各地方县市首长则依此争取有限预算，竞相举办以艺术节、文化季为名的艺文活动。由于这类型的文化活动仅偏重短期效益，因此，地方经济持续活化、地区就业率长期提升的政策预期成果也往往难以达成，仅可视为首长个人短期政绩营销。在此情况下，如何突破既有地方文化产业发展仅注重短期利益的关卡，明确描绘出可观的愿景，令地方文化产业发展前景欣欣向荣，此有待文化部门主管人选的适切选取，以利长期对文化产业发展政策投入，并融入文化创意，导引务实文化产业政策的推展，让文化结合创意与产业规划，促成文化竞争实力的总体提升。

二、台湾地区文化产业发展未来趋向

发轫于西方国家的地区营销理念自被引进台湾后，至今已拥有十数年的在地化实证基础，地区营销也正如雨后春笋般蓬勃发展，实足视为今日台湾策略性地方文化发展行动的最佳代名词[①]。由上，在有限的地区发展总体资源下，需要许多相关信息和环节的配合，才能将文化的建设与发展作精致化的分配。基于此，台湾的地方发展制度已由以往的台湾当局介入模式转向地方介入模式，地方介入模式系符合"由下而上"的发展形态，其行动力量源自"地方"，经由地方居民与地方产业的"依存力量"创造产业的永续经营力量，由居民"自主的力量"去培育地方发展动能，并经由社群动力的互动交流，创造多元的价值。

一直以来台湾的地区发展所偏重的多为单向式的现象面政策推导行动，地区公众的需求向来难以进入决策者的认知体系当中；同时由于地区管理者对于地区营销的认知仅限于向外进行广告与促销，忽略了与公众群体的认知需求进行互动，以致在推展政策行动时往往事倍功半，无法真正解决地方发展的困境。基于文化产业对地区发展的重要性，政府在制定文化产业发展政策时，除应视文化政策的走向和社会资源的状况，订定阶段性的任务和阶段性的重点补助办法，以达到充分运用资源外，更重要者还在于透过地方居民自主的力量去培育地方发展动能，

---

① 马群杰，陈金贵. 2008. 文化产业经济与文化发展课题之分析与比较：以台南市为例. 公共事务评论，8(2)：27~57

并经由公私部门间的互动交流，创造多元的价值，始能有效推动文化艺术与产业发展的目标①。

综本书对地区文化产业发展理论与台湾地区文化产业发展政策与实务现况的研究建议，在面对全球化的地区竞争环境中，地方发展趋势瞬息万变，唯有时刻以地方发展特色为依归，促成地区经济发展与产业升级，如此才能长保地区竞争优势。藉由文化产业发展导引的地区营销行动，除有助于明确掌握地方文化发展特色外，更有利于地区发展愿景的长远规划，不至于因地区首长更替而影响到地方发展，亦对促进地区发展暨缩小地区城乡差距有所帮助。

申言之，台湾今日的地方文化产业发展规划各异，除了本书中所提及的汇集中华文化精致蕴涵的台北市、具备海洋港市文化特质的高雄市、倡议时尚与典雅风情兼具的台中市以及台湾传统文化加值转型的台南市外，以观乎东北角的金瓜石、九份、台北市阳明山公园、南投日月潭、屏东垦丁、花东太鲁阁与澎湖群岛等自然风光，台北县三峡、莺歌、乌来及台南市赤崁楼、鹿耳门等人文古迹，以及宜兰冬山河、屏东风铃季等文化产业主题活动推展现况更能发现，地区并不一定要实行齐头式的平等发展，也不必让各地区都遵循一定模式进行文化发展活化行动。若能确实掌握民众对愿景的认知需求，并依之规划文化产业发展特色，就算不毛之地也可以经由地区文化营销所追求的吸引顾客进入地区从事文化观光、文艺休闲、会议研讨、文化商务投资等策略，来创造文化就业机会与吸引高等文化人力进驻定居，创造出地方发展的"第二春"。

若将吾人研究视野进一步延伸至我国其他省市地区，鉴诸台湾实行地方文化产业发展的文化营销经验，由于内地幅员辽阔，地区相互间已难避免遭逢激烈的发展竞争，然各地区虽有其本身发展条件的未足之处，但各自却也具备独有的发展特色，诸如大西部等偏远地区可从独特的广漠地形与人文特色着手藉以发展丝路特色，另外还有长城、长江三峡、黄河风情、江南水乡、西南少数民族等自然风情以及北京、南京、上海、广东、武汉、西安等人文资产或地理条件，甚或东北哈尔滨的冰雕艺术等文化发展主题。因此，当前文化产业的发展亟需依赖社群自主的力量，在善用各地文化特色促成地区产业发展的同时，若能藉由理论的汇

---

① 萧新煌. 1998. 民间企业与文化发展. 文化发展与民间力量研讨会, 台北：台湾历史博物馆

整与公共价值创造结构的观点解析,进行地方文化产业发展的多重构面条件分析,如此不仅可以对复杂的文化产业发展政策进行完整的解构，而且能进一步达成社会参与①的文化公共价值创造综效。

① Taylor J B. 1976. Building an interdisciplinary team. *In*: Arnstein S R, Christakis A N. Perspectives on technology assessment, science and technology publishers. Jerusalem, Israel: 45~63

参 考 文 献

陈东波. 1996. 政策分析与论证——兼论理性决策之失. 复兴岗论文集, (18): 149~161

陈敦源, 黄东益, 萧乃沂. 2004. 电子化参与: 公共政策过程中的网络公民参与. 研考双月刊, 28(4): 36~51

陈立旭. 2002. 都市文化与都市精神: 中外城市文化比较. 南京: 东南大学出版社

高雄市政府文化局. 2008-05-02. 高雄市政府文化局简介. http://www.khcc.gov.tw/

何宗勋. 2000. 台南市政府文化局成立白皮书. 台南: 永续台湾文教基金会

洪万隆. 2003. 文化焗长——文化佳肴的大厨. 台北: 高竿出版社

花建. 2005. 文化产业竞争力的内涵、结构和战略重点. 北京大学文化产业前沿报告. 北京: 北京大学出版社

黄东益. 2000. 审慎思辩民调——研究方法的探讨与可行性评估, 民意研究季刊, 1 月号: 123~143

黄金凤, 洪致美. 2003. 文化政策与第三部门. 第三部门与文化政策国际研讨会, 台北: 台湾艺术发展协会

蒋耀贤. 2003. 艺术策略与区域平台. 第三部门与文化政策国际研讨会, 台北: 台湾艺术发展协会

赖素铃. 2007. 后来居上的强劲对手——北京与上海. 传艺双月刊, (73): 13~32

李仁芳. 2001. 第三代 "知识管理". 台北: 巨思文化股份有限公司

李向民, 王晨. 2005. 精神经济: 经济增长的新范式. 北京大学文化产业前沿报告, 2: 226~246

林水波, 石振国. 1999. 以直接民主改革间接民主的论述与评估. 立法院院闻月刊, 27(3): 33~44

林水波, 王崇斌. 1999. 公民参与与有效的政策执行. 公共行政学报, (3): 175~202

刘大和. 2002. 台湾发展文化创意产业的思考. 知识台湾电子报, 台北: 台湾经济研究院

刘维公. 2003. 台北市文化产业发展现况及振兴政策调查研究. 文化创意产业研究发表论坛

卢建明. 2003. 在地化与区域性文化产业. 第三部门与文化政策国际研讨会, 台北: 台湾艺术发展协会

马群杰, 陈建宁, 汪明生. 2006a. 多元社会下地方公众发展认知与共识策略之研究. 行政暨政策学报, (43): 27~80

马群杰, 陈建宁, 汪明生. 2006b. 认知研究: 高雄地方发展之公众认知. 公共行政学报, (21): 115~161

马群杰, 陈建宁, 汪明生. 2007. 多元社会下公众参与地方发展之决策研议: 互动管理的实证分析. 政治科学论丛, (31): 41~88

马群杰, 陈建宁. 2005. 多元社会的公民参与地方发展决策研析. 公共事务评论, 6(2): 51~84

马群杰, 陈金贵. 2008. 文化产业经济与文化发展课题之分析与比较: 以台南市为例. 公共事务评论, 8(2): 27~57

马群杰, 汪明生, 陈建宁. 2006. 加入 WTO 后之高雄地方发展策略: 地区营销与互动管理之实证分析. 公共行政学报, 18: 85~124

马群杰, 汪明生. 2007. 文化产业发展与多元群体参与: 台南市的分析与比较. "中国地方自治", 60(12): 14~27

马群杰, 杨开忠, 汪明生. 2007. 台湾地区文化产业发展研究. 公共管理学报, 4(4): 100~116

马群杰. 2008. 文化产业与台南地方发展刍议. 国教之友, 59(2)(总 587 期): 3~7

马英九萧万长竞选网站. 2008-03-22. 文化发展政策. http://www.ma19.net/policy4you/culture 2008/3/22

毛寿龙. 2001. 政治社会学. 北京: 中国社会科学出版社

明居正. 2000. 全球治理: 趋势与局限. 新世纪智库论坛, 11: 36~42

谬全吉. 1984. 理性政治的共识. 台北：黎明出版社

丘昌泰. 1999. 从公共政策过程的"中心论"到"边陲论"："修宪"后地方政府角色的变迁与调整. 空大行政学报,
(9): 1~26

杨玛丽. 2008. 都市更新——台北更美丽. 商业周刊, 1060: 102~105

宋兴洲. 2003. 网络民主式科幻小说. 第三届政治与信息研讨会, 宜兰：佛光人文社会学院

孙华翔. 2003. 文化创意产业之产业定义. 2003 文化创意产业：全球思考、台湾行动国际研讨会

台北市政府. 2002. 台北市文化政策白皮书. 台北市政府编印

台北市政府文化局. 2008-05-10. 台北市政府文化局简介. http://www.culture.gov.tw/

台北市政府文化局. 2008-05-30. 台北市文化指标变迁趋势分析报告. http://www.culture.gov.tw/ freeway_web/
web/Bbuiz_u02.php

台南市政府. 2005. 台南市地方永续发展策略推动计划. 台南市政府编印

台南市政府. 2005. 台南市府城都市宪章. 台南市政府编印

台南市政府都市发展局. 2003. 府城施政部门发展计划. 台南市政府都市发展局编印

台南市政府文化观光处. 2008-04-25. 台南市政府文化观光处简介. http://culture.tncg.gov.tw/

台南市政府文化局. 2007-05-27. 台南市政府文化局成立宣言. http://culture.tncg.gov.tw/area1/ page02.php.

台湾经济主管部门文化创意产业推动小组. 2008-05-13. 文化创意产业发展计划简介. http://www. cci.org.tw/
gov_support/

台湾行政主管部门经济建设委员会. 2003. 挑战 2008：台湾发展重点计划

台湾行政主管部门文化建设委员会. 2003. 文化创意产业发展计划倡导手册

台湾行政主管部门文化建设委员会. 2005. 台闽地区县市政府文化经费概况

台湾行政主管部门文化建设委员会. 2006. 2005 文化创意产业发展计划成果报告

台湾行政主管部门文化建设委员会. 2007. 台闽地区艺文展演活动统计

台湾行政主管部门文化建设委员会. 2008. 2007 文化创意产业发展计划成果报告

台湾行政主管部门. 2002. 2001 年台闽地区工商及服务业普查报告

台中市政府文化局. 2008-05-21. 台中市政府文化局简介. http://www.tccgc.gov.tw/

台中市政府文化局. 2008-06-12. 台中市政府文化局施政计划. http://www.tccgc.gov.tw/01_about/ a01_07.asp

汪明生, 江明修, 陈建宁等. 2006. 高雄地方发展与公民文化之研究. 公共行政学报, (19): 127~168

汪明生, 马群杰. 2004. 高雄地方发展课题之分析与比较. 研考双月刊, 28(5): 76~88

汪明生, 马群杰. 2005. 结合公共事务管理架构之高雄地区营销策略——互动管理之应用. 首届两岸四地公共管理
学术研讨会, 北京：中国人民大学

王文诚. 2004. 全球化趋势与地区发展. 公共事务评论, 5(2): 75~92

王芝芝. 2008-07-22. 古根汉博物馆与古根汉家族. http://hermes.hrc.ntu.edu.tw/csa/journal/33/ journal_park283.htm

吴定. 1993. 公共政策研究的未来发展. 行政管理论文选辑, 7: 185~201

吴定. 2000. 公共政策. 台北：华视出版社

吴思华. 2003. 文化创意产业的基础机制——人才培育与文化平台. 2003 文化创意产业：全球思考、台湾行动国际
研讨会

萧新煌. 1998. 民间企业与文化发展. 文化发展与民间力量研讨会, 台北：台湾历史博物馆

萧元哲，马群杰. 2004. 多元社会下高雄地区营销策略研究——公共事务管理整合参考架构的观点. 公共事务评论，5(1): 65~103

萧元哲. 2001. 网络观念：公共管理观点. 二十一世纪公共行政新思潮研讨会，台中：东海大学

许焯权. 2005. 香港文化创意产业及创意社群研究. 2005年艺术与文化学术研讨会，台湾艺术教育馆、台湾中山大学艺术管理研究所主办

许焯权. 2006. 新的财富之源——创意产业的作用. 第二届中国国际文化产业博览交易会文化产业发展论坛

许文杰. 2000. 公民参与公共行政之理论与实践——"公民性政府"的理想型建构. 台北：政治大学公共行政学系博士学位论文

杨开忠. 2006. 文化创意产业决策关键词释义. 决策要参，(2): 69~74

杨开忠. 2006. 文化创意产业理论与实践. 北京：北京大学首都发展研究院

杨日青，李培元，林文斌等A. 1999. 政治学新论. 刘兆隆等译.台北：韦伯出版社

杨意菁. 1999. 民意理论与研究取向——一个微观与巨观多元层级观点的整合. 民意研究，209: 1~33

余致力. 2002. 民意与公共政策：理论探讨与实证研究. 台北：五南出版社

张璠，张吉宏，朱琦文. 2001. 体验经济时代来临对工业区域发展之影响.经济情势暨评论季刊，6(4): 1

张世杰，萧元哲，林宝安. 2000. 信息科技与政府治理能力之间关系的探讨：一个文化理论分析观点之提出. 第一届政治与信息研讨会，宜兰：佛光大学

张世贤，陈恒钧. 1997. 公共政策：政府与市场的观点. 台北：商鼎出版社

张世贤. 1991. 直接民主制在政策制定上所衍生之问题. 法商学报，(25): 287~303

Abers R. 1997. Learning democratic practice: distributing government resources through popular participation in Porto Alegre, Brazil. In: Douglass M & Friedmann J. Crties for citizens: Planning and the rise of civil society in global age. Chichester, John Willey & Sons : 39~65

Andersson A E. 1993. Economic structure of the 21st century. In: Andersson A E, Battern D F, Kobayashi K, et al. The cosmo-creative society-logistical networks in a dynamic economy. Springer-Verlag, Berlin

Ashworth G J, Voogd H. 1990. Selling the city: marketing approaches in public sector urban planning. London: Belhaven Press

Barabas J. 2002. Virtual deliberation: knowledge from online interaction versus ordinary discussion. Paper for the Prospects for Electronic Democracy, Sept 20, 21

Bell D. 1999. The coming of post-industrial society: a venture in social forecasting. Paperback, Basic Books

Blakely E J. 1994. Planning local economic development: theory and practice. SEGA Publications

Braybrooke D. 1996. Changes of rules, issue-circumscription, and issue-processing, in social rules: origins; character; logic; change. David Braybrooke. Boulder, Colo.: Westview Press

Capon N. 1981. Marketing strategy. Differences between state and privately owned corporations: an explanatory analysis. Journal of Marketing, 45(2): 11~18

Castells M. 2000. The rise of networking society. Blackwell Publishers

Chen J R. 2003. Theory and policy of creation and commercialization of new cultural goods: an economists view. International symposium on "creative industry": a global thought and future action in Taiwan. The Council for Cultural Affairs, Taipei, March 26

Cliché D, Mitchell R, Wiesand J A, et al. 2002. Creative Europe. ARCult Media, Bonn, Germany

Cunningham S. 2003. Developing the creative industries in Australia. International symposium on "creative industry": a global thought and future action in Taiwan. The Council for Cultural Affairs, Taipei, March 26

Drucker P F, Nakauchi I. 1997. Drucker on Asia: a dialogue between Peter Drucker and Isao Nakauchi. Oxford ; Newton, Mass: Butterworth-Heinemann

Dunn W N. 2003. Public policy analysis: an introduction. Third Edition, New. Jersey: Prentice Hall International, Inc

Eisinger P L. 1988. The rise of the entrepreneurial state: state and local economic development in the United States. The Board of the University of Wisconsin System

Fines S H. 1981. The marketing of ideas and social issues. New York: Praeger

Fishkin J S. 1991. Democracy and deliberation: new directions for democratic reform. Harvard University Press

Fishkin J S. 1995. The voice of the people: public opinion and democracy. Harvard University Press

Garriaud-Mayla J. 2007. Intangible patrimony, cultural diversity and sustainable development. "Cultural diversity and sustainable development: a dialogue between Taiwan and Europe" International Forum, Taiwan: Kaohsiung, May 25~26

Gold J R, Ward S V. 1994. Place promotion: the use of publicity and marketing to sell towns and regions. John Wiley and Sons

Gualtieri R. 1998. Impact of the emerging information society on the policy development process and democratic quality. OECD

Habermas J. 1982. A reply to my critics In: Thompson J B, Held D. Habermas: critical debates. Cambridge, MA: MIT Press

Harvey D. 2000. Spaces of hope. Berkeley, CA: University of California Press

Howkins J. 2001. The creative economy: how people make money from ideas. Penguin Books

Inglehart R. 1997. Modernization and post modernization: culture, economic, and political change in 43 societies. Princeton University Press, Princeton New Jersey

Jacobs J. 1993. The death and life of great American cities. New York: Modern Library

Kanter R M. 1995. World class thriving locally in the global economy. Simon & Schuster, Inc

Kearns G, Philo C. 1993. Selling places: the city as cultural capital, past and present. UK: PERGAMON PRESS

Kotler P, Haider D H, Rein I. 1993. Marketing places: attracting investment, industry, and tourism to cities, states, and nation. New York: The Free, A Division of Macmillan, Inc

Kotler P, Haider D H, Rein I. 1999. Marketing places Europe. Financial Times Prentice Hall

Kotler P, Hamlin M A, Rein I, et al. 2002. Marketing Asian places: attracting investment, industry, and tourism to cities, states, and nations. John Wiley & Sons

Kotler P, Jain D, Maesincee S. 2002. Marketing moves: a new approach to profits, growth, and renewal. Publisher: Harvard Business School Press

Kotler P. 1986. Principles of marketing(Third Edition). Englewood Cliffs, NJ: Prentice Hall

Lash S, Urry J. 1994. The economies of signs and space. London: Sage

Lasswell H D. 1971. A pre-view of the policy sciences. New York: American Elsevier Publishing

Leach R, Percy-Smith J. 2001. Local governance in Britain. New York: Palgrave

Lovelock C H, Weinberg C B. 1984. Marketing for public and non-profit managers. New York: Wiley

Luke J S, Ventriss B J, Reed C M. 1988. Managing economic development: a guide to state and local leadership strategies. San Francisco: Jossey Bass Inc, Publishers

Lynch K. 1960 The image of the city. Cambridge, Mass: The MIT Press

Maillat D, Kebir L. 2001. The learning region and territorial production systems. *In*: Johansson B, Karlsson C, Stough R R. Theories of endogenous regional growth, lessons for regional policies. Heidelberg: 255~277

Manuel C. 1998. 网络社会之崛起. 夏铸九译. 台北：唐山

McDowell L. 1997. Capital culture: gender at work in the city. Oxford, UK: Black-well

Mintzberg H. 1994. The rise and fall of strategic planning. Havard Business Review, Jan/ Feb: 107~114

Moore M H. 1997. Creating public value. Replica Books October, Hardcover

Mulcahy K V. 2007. What is cultural policy? Transformation and imagination. 2007 International Symposium on Theater Art and Administration Proceedings, National Sun yat-sen University, Taiwan: Kaohsiung

Offe C. 1975. The theory of the capitalist state and the problem of policy formation. *In*: Lindberg L N, et al. Stress and contradiction in modern capitalism. Lexington: DC Heath: 125~144

Olson M. 1965. The logic of collective action: public goods and the theory of groups. Cambridge, Mass: Harvard University Press

Perrott B. 1996. Managing strategic issues in the public service. Long Range Planning, 29(3): 337~345

Pine II B J, Gilmore J H. 1999. The experience economy : work is theatre & every business a stage. Boston : Harvard Business School Press

Porter M E. 1995. The competitive advantage of the inner city. Harvard Business Review, May~June: 55~71

Rados D L. 1981. Marketing for non-profit organizations. Boston: Auburn House

Romer P M. 1990. Endogenous technological change. Journal of Political Economics, 98: 71~102

Sassen S. 1991. The global city: New York, London, Tokyo. Princeton, NJ: Princeton University Press

Schoemaker P. 1995. Scenario planning: a tool for strategic thinking. Sloan Management Review, 36: 25~40

Schudson M. 1984. Advertising the uneasy persuasion: its dubious impact on American society. New York: Basic Books

Schuster J M. 2003. Mapping state cultural policy: the state of Washington. Chicago: University of Chicago Cultural Policy Centre

Smyth H. 1994. Marketing the city：the role of flagship developments in urban regeneration. UK：E&FN SPOT

Stevenson D. 2002. The potential of cultural industries. The Cultural Industries and Practices Centre (CIPS), University of Newcastle

Stough R R. 1990. Potentially irreversible global trends and changes: local and regional strategies for survival. Paper Prepared for Presentation at the Meetings of the American Association for the Advancement of Science, New Orleans, Louisiana, February 17~20

Stough R R. 1998. Infrastructure and technology in US metropolitan regions. Paper Presented at the Workshop on Infrastructure Policy, The Tinbergen Institute, Amsterdam, The Netherlands, February

Taylor J B. 1976. Building an interdisciplinary team. *In*: Arnstein S R, Christakis A N. Perspectives on technology assessment, science and technology publishers. Jerusalem, Israel: 45~63

UNESCO. 2008-02-24. Cultural industry questions. http://www.unesco. org/culture/industries/trade/ html_eng/ question.shtml

Varady D P, Raffel J A. 1995. Selling cities. State Universary of New York Press

Ward S V. 1996. Rereading urban regime theory: a sympathetic critique. Geoforum, 27: 427~438

Ward S V. 1998. Selling places: the marketing and promotion of towns and cities. London: E&FN Spoon

Weimer D, Vining A R. 2005. Policy analysis: concepts and practice. (4th). Englewood Cliffs, N J: Practice Hall

Wiesand A J. 2003. Creative Europe: on government and management of Artistic creativity in Europe. ERICarts: European Research Institute for Comparative Cultural Policy and the Arts

Witschge T. 2003. Online deliberation: possibilities of the Internet for deliberative democracy. Paper Submitted to Prospects for Electronic Democracy Community Connections, Sept 20~22

Wyszomirski M J. 2002. Arts and culture. Washington, DC: Brookings Institution Press

Zukin S. 1995. The cultures of cities. Oxford, UK: Blackwell

附录一 2005 年台湾地区文化创意产业发展政策事件

日　　期	内　　容
2004 年 11 月 1 日~2005 年 3 月 20 日	台湾经济主管部门办理"全球鞋样/手提包创新设计竞赛"报名及推广活动
2004 年 12 月 29 日~2005 年 1 月 31 日	台湾经济主管部门办理设计 ABC 网站"台湾生态创意手提包设计"比赛
2005 年 1 月 5~7 日	"文建会"假华山文化园区举办华山园区发展论坛
2005 年 1 月 6 日	"文建会"与艺术家出版社合作办理"台湾现代美术大系"丛书新书发表会
2005 年 1 月 8 日	台湾工艺所于台北展示中心举办"2005 草木之恋特展"开幕茶会
2005 年 1 月 11 日	台湾工艺所于台北展示中心举办"2005 草木之恋特展"假日蓝染 DIY 体验活动
2005 年 1 月 12 日	台湾新闻主管部门公告修正《电影事业暨电影从业人员奖励及辅导办法》第 4 条、第 10 条及第 13 条条文
2005 年 1 月 13 日	"文建会"中部办公室假台中文化园区召开台中文化园区中部大专院校设计相关系所进驻说明会
2005 年 1 月 13 日	台湾新闻主管部门主政之文化创意产业子计划经台湾行政主管部门同意将台湾影音事业发展中心修正为建置台湾影音产业信息平台
2005 年 1 月 15、16 日	"文建会"中部办公室举办 2005 文化新乐园台中文化园区创意起飞测试性活动
2005 年 1 月 17 日	台湾美术馆规划建置之数字艺术知识与创作流通平台正式开站 (www.digiarts.org.tw)
2005 年 1 月 20 日~2 月 3 日、7 月 5~14 日	台湾教育主管部门与台北科技大学台湾文化精品设计教学资源中心共同办理生活流行用品设计经营研习营
2005 年 1 月 21 日	台湾新闻主管部门公告修正《台产电影片暨电影从业人员参加国际影展奖励要点》

续表

日　　　期	内　　　容
2005 年 1 月 23 日	"文建会"与嘉义市政府假嘉义旧酒厂文化园区合办嘉义北兴托儿所承办之"国际儿童艺术日"
2005 年 1 月 23~27 日	台湾新闻主管部门组团参加 2005 年法国坎城 MIDEM 国际专业唱片展
2005 年 1 月 24 日	台湾工艺所举办"过一个不一样的年——精致陶瓷餐具特展"开幕典礼暨记者会，于陈列馆展出，展期至 2005 年 3 月 31 日止
2005 年 1 月 26 日	台湾新闻主管部门"台片人口倍增计划"之青春纪实电影快乐营成果发表
2005 年 1 月 28 日	台湾新闻主管部门公告修正《跨国合作电影片参加国际影展奖励要点》
2005 年 1 月 28 日	台湾工艺所举办《台湾生活工艺运动计划学术合作研讨会》
2005 年 1 月 31 日	"文建会"办理"文化行春——用心体验新故乡"活动，于红楼剧场召开记者会
2005 年 2 月 1 日	台湾新闻主管部门公告"DV、HD 及其他数字方式摄制之电影片且于电影片映演场所放映者，均属电影片认定范畴"
2005 年 2 月 2 日	"文建会"假华山文化园区召开《产业文化资产清查操作参考手册》新书发表座谈会
2005 年 2 月 7 日	"文建会"策划主办之"文化行春——文化公民过新年流行音乐回故乡"，以原住民、客家语及当代文化流行音乐为主轴，于 2 月 7~13 日假原住民电视台、客家电视台、中华电视台转播
2005 年 2 月 10~20 日	第 55 届柏林影展，台湾影片《天边一朵云》获得最佳艺术贡献银熊奖、亚佛瑞德鲍尔奖以及费比西奖
2005 年 2 月 12 日	台湾美术馆为配合"威廉·莫里斯与工艺美术特展"主题与展出内容，特邀请台湾艺术大学工艺设计学系萧铭芠教授，假台湾美术馆研习教室举办艺术工坊系列活动"柔瓶万千——祈平安"及"导览＆马赛克镶嵌艺术"
2005 年 2 月 18 日	台湾新闻主管部门"2004 年度剧情漫画奖"颁奖典礼假台北世贸中心 2 馆举行
2005 年 2 月 24 日	台湾创意设计中心成立周年记者会
2005 年 3 月 1 日~4 月 30 日	台湾教育主管部门与成功大学生活流行用品设计教学资源中心共同办理成功大学规划与设计学院院徽设计竞赛
2005 年 3 月 3 日	台湾新闻主管部门举办第 27 届金穗奖颁奖典礼
2005 年 3 月 5 日	台湾工艺研究所于台北展示中心举办"草木之恋"特展假日植物染 DIY 活动

续表

日　　期	内　　容
2005 年 3 月 8 日	台湾经济主管部门举办文化与生活创意座谈会，邀请日本东洋文化研究所所长比嘉佑典教授莅会与谈
2005 年 3 月 14~15 日	"文建会"与英国文化协会合办"文化·再生·新城市——文化设施与城市再发展"研讨会
2005 年 3 月 14~18 日	台湾教育主管部门与云林科技大学数字媒体设计教学资源中心共同办理"2005动画与游戏"国际论坛
2005 年 3 月 15 日	"文建会"于台中县举办"福尔摩沙艺术节系列活动——台中县国际传统艺术节"开幕典礼
2005 年 3 月 15~18 日	台湾教育主管部门与云林科技大学数字媒体设计教学资源中心共同办理"韩国游戏产业动向及展望"讲座
2005 年 3 月 16 日	"文建会"与台湾画廊协会合办"Art Taipei"2005 台北国际艺术博览会，以"亚洲、青年、新艺术"为主题举办活动记者会
2005 年 3 月 16 日	台湾美术馆"地方之美画廊博览会"记者会假"文建会"一楼艺文空间举行
2005 年 3 月 16~18 日	台湾教育主管部门与成功大学生活流行用品设计教学资源中心共同办理"2005G-Design 设计大师讲座与论坛"
2005 年 3 月 19~20 日	台湾教育主管部门与成功大学生活流行用品设计教学资源中心共同办理"2005G-Design 设计营工作坊"
2005 年 3 月 25 日	台湾新闻主管部门公告《94 年度台产电影片营销与映演补助暨票房奖励办理要点》
2005 年 3 月 28 日	"文建会"办理"Art Taipei"2005 台北国际艺术博览会——台湾地方美术特展
2005 年 3 月 29 日	台湾工艺研究所举办台湾工艺文化园区——工艺体验教室启用记者会暨开幕典礼
2005 年 3 月 29~30 日	台湾教育主管部门与台南艺术大学音像数字艺术教育资源中心共同办理"2005国际动画"艺术论坛
2005 年 4 月 4 日~5 月 10 日	台湾经济主管部门办理设计 ABC 网站"台湾创意鞋样设计——原住民篇"比赛
2005 年 4 月 6 日	"文建会"与台湾画廊协会假观想艺术中心办理"Art Taipei"2005 台北国际艺术博览会"收藏家精品特展"开箱记者会

续表

日　　期	内　　容
2005 年 4 月 7 日	台湾教育主管部门与台北科技大学台湾文化精品设计教学资源中心共同办理"Dr.JohnZ.Langris 艺术与设计"专题研讨
2005 年 4 月 7 日	台湾教育主管部门与台北科技大学台湾文化精品设计教学资源中心共同办理"从创意发明到创业系列讲座——创意人生得意 GO!"
2005 年 4 月 14 日	台湾教育主管部门与台北科技大学台湾文化精品设计教学资源中心共同办理"张义总监——台湾雅虎艺术与设计"专题研讨
2005 年 4 月 15 日	台湾工艺研究所举办"艺新陶·怀古情——台湾经典窑烧特展"开幕典礼暨记者会
2005 年 4 月 16 日	台中技术学院主办 2005 数字设计研讨会，台湾美术馆协助办理，并参与展出
2005 年 4 月 16~17 日、4 月 30 日~5 月 1 日	台湾教育主管部门与成功大学生活流行用品设计教学资源中心共同办理 Rhino 软件设计营工作坊
2005 年 4 月 19 日	台湾工艺研究所举办"台湾工艺之家"及"台湾工艺之店"授证典礼暨记者会
2005 年 4 月 21 日	台湾教育主管部门与台北科技大学台湾文化精品设计教学资源中心共同办理"卢汉华副总经理、凌通科技艺术与设计"专题研讨
2005 年 4 月 24~29 日	台湾教育主管部门与成功大学生活流行用品设计教学资源中心共同办理流行色彩与设计——国际研讨会暨设计工作营
2005 年 4 月 28 日	台湾教育主管部门与台北科技大学台湾文化精品设计教学资源中心共同办理"许瑜琳、华硕计算机艺术与设计"专题研讨
2005 年 5 月 1 日	台湾工艺研究所台湾工艺文化园区——工艺体验教室举办草编工艺体验活动
2005 年 5 月 6 日	台湾新闻主管部门举办 2005 年法国坎城影展暨市场展行前记者会
2005 年 5 月 10 日	台湾工艺研究所举办"竹迹传承·意义非凡——本所竹工坊历年培训师生联展"开幕典礼
2005 年 5 月 14~15 日	台湾教育主管部门与成功大学生活流行用品设计教学资源中心共同办理 2005 国际设计研讨会
2005 年 5 月 16~21 日	台湾教育主管部门与台北科技大学台湾文化精品设计教学资源中心共同办理冈本诚教授系统化专题设计互动导引创新工作坊
2005 年 5 月 17 日	台湾教育主管部门与台北科技大学台湾文化精品设计教学资源中心共同办理"吕昆峰经理、技嘉科技系统化"专题设计

续表

日　　　期	内　　　容
2005 年 5 月 17 日	台湾经济主管部门委请台湾创意设计中心共同办理"2005 国际色彩材质趋势应用"研讨会
2005 年 5 月 17~18 日	台湾教育主管部门与成功大学生活流行用品设计教学资源中心共同办理 2005 国际设计营工作坊
2005 年 5 月 20 日	台片《呼吸》入围 2005 年坎城短片国际影评人周，并获会外赛柯达发现奖最佳短片、TV5 青年评论奖
2005 年 5 月 20~23 日	台湾教育主管部门与云林科技大学数字媒体设计教学资源中心共同办理"2005 设计人才就业博览会暨产学"合作论坛
2005 年 5 月 20~23 日	台湾经济主管部门委请台湾创意设计中心办理 2005 第 24 届新一代设计展、2005 设计人才就业博览会及 2005 台湾包装之星评选获奖作品展
2005 年 5 月 20 日、25 日、27 日、6 月 3 日	台湾经济主管部门文化创意产业推动小组办公室分别于花莲、台北、台中及高雄办理 4 场文化创意产业融资贷款说明会，提供现场咨询服务
2005 年 5 月 21 日	台湾教育主管部门与成功大学生活流行用品设计教学资源中心共同办理 2005 国际设计营成果展暨国际签约仪式
2005 年 5 月 23 日	台湾经济主管部门委请台湾创意设计中心办理 2005 第 24 届新一代设计竞赛颁奖典礼
2005 年 5 月 23 日	"文建会"假卫武营办理 2005 "文建会"全台表演艺术日——绘声绘影记者会
2005 年 5 月 27 日	"文建会"于 5 月 27 日、28 日、29 日假高雄卫武营区举行 2005 全台表演艺术博览会，参与民众累计达 59 万人次，参与演出的表演艺术团队均受到民众与国际策展人和经纪人的正面肯定
2005 年 5 月 28 日	台湾新闻主管部门于高雄市举办第 16 届金曲奖颁奖典礼
2005 年 6 月 1 日	台湾工艺研究所台湾工艺文化园区——工艺体验教室举办漆艺工艺体验活动
2005 年 6 月 3~5 日	台湾经济主管部门商业司与中国生产力中心承德教育训练中心共同举办人才培训——文化视觉沟通研习营
2005 年 6 月 3~5 日	今年第一场国际研习营于 6 月 3 日举行,文化视觉沟通国际研习营邀请法国平面设计大师 MichelBouvet 赴台指导设计业者
2005 年 6 月 18 日	"文建会"于新竹县举办"福尔摩沙艺术节系列活动——2005 新竹之春音乐节"开幕典礼及邓雨贤百年诞辰纪念音乐会

续表

日 期	内 容
2005年6月18日	"文建会"于嘉义县举办"福尔摩沙艺术节系列活动——日照嘉邑:夏至北回归线艺术节"开幕典礼
2005年6月20日	台湾新闻主管部门征选《天边一朵云》、《经过》、《月光下,我记得》、《呼吸》及动画片《红孩儿》等5部影片参加亚太影展
2005年6月21~23日	台湾经济主管部门与中国生产力中心承德教育训练中心共同举办企业形象设计人才培训研习营
2005年6月25日	"文建会"中部办公室举办台中旧酒厂文化园区开幕系列活动,转型后的台中旧酒厂将成为台湾艺术·设计与建筑展演中心
2005年6月25日	"文建会"中部办公室假台中旧酒厂举办"产业·文化·资产:保存台湾产业图谱"特展
2005年7月1日	台湾工艺研究所台湾工艺文化园区——工艺体验教室举办纸艺工艺体验活动
2005年7月1日	台湾美术馆举行"奥地利林兹电子艺术节"25周年大展展前记者会
2005年7月2日	"文建会"举行电子艺术节开幕典礼,假台湾美术馆美术街盛大举行
2005年7月3日	台湾美术馆举行"快感——奥地利林兹电子艺术节"25周年大展演讲及论坛
2005年7月4~8日	台湾教育主管部门与成功大学生活流行用品设计教学资源中心共同办理2005青少年工业设计营
2005年7月6日~9月14日	台湾经济主管部门举办"提升广告业计划——广告能量"专题讲座
2005年7月7日	台湾新闻主管部门公告《2005年度广播电视人才培育暨营销推广补助要点》
2005年7月7日	台湾经济主管部门指导第12届流行语金句奖,于Y17青少年育乐中心举行颁奖典礼
2005年7月8日	台湾新闻主管部门邀请台湾行政主管部门前谢先生主持院长首映会活动(premier'spremiere),放映由台湾电影新秀导演张国甫执导之影片《龙眼粥》,并宣布成立《"行政院"振兴影视协调会报》
2005年7月12日	"文建会"洪副主任委员主持"立委考察华山文化园区修缮现况及未来规划"座谈会
2005年7月15~24日	为协助商业设计及创意发展应用落实,台湾经济主管部门在捷运东区地下街第二广场,举办为期10天的"商业设计廊"展览,作品包括商业创意设计竞赛的优选作品、商业创意设计杰出奖获奖人之名人堂与法国大师国际海报联合展示

续表

日　　期	内　　容
2005 年 7 月 27 日	台湾新闻主管部门举办台湾影音产业信息平台影音文宣数据上传暨在线授权机制试用活动
2005 年 7 月 29 日	台湾新闻主管部门完成《2005 年度台片辅导金办理要点》、《2005 年度台产电影片制作完成补助办理要点》、《2005 年度台产电影片数字转光学底片暨数字电影母源压缩编码补助办理要点》、《2005 年度征选优良电影剧本要点》、《2005 年度电影短片辅导金办理要点》及《第 28 届奖励优良影像创作金穗奖办理要点》公告
2005 年 8 月 1~31 日、9 月 4~30 日	由台湾经济主管部门主办，中国生产力中心执行之"提升商业设计画"于"捷运中山艺文廊"展出，作品包含商业设计 6 类，共计 56 件作品。9 月份并针对商业设计创意竞赛获奖作品进行一个月的展示
2005 年 8 月 1 日	台湾工艺研究所台湾工艺文化园区——工艺体验教室举办树皮工艺体验活动
2005 年 8 月 1 日~11 月 30 日	台湾教育主管部门与台北科技大学台湾文化精品设计教学资源中心共同办理主办及伙伴学校成果展暨论坛
2005 年 8 月 1 日~11 月 30 日	台湾教育主管部门与台北科技大学台湾文化精品设计教学资源中心共同办理"青少年数字设计夏令营"三个梯次
2005 年 8 月 6 日	"文建会"于台南市举办"福尔摩沙艺术节系列活动——2005 府城七夕国际艺术节"开幕典礼
2005 年 8 月 6 日	"文建会"于桃园县举办"福尔摩沙艺术节系列活动——2005 桃园歌谣节：青春行"开幕典礼
2005 年 8 月 6 日	"文建会"于嘉义市文化局假嘉义文化园区办理"行动音乐厅"第二场艺文欣赏活动
2005 年 8 月 9 日	台湾经济主管部门委请台湾创意设计中心办理"台湾优良设计产品获世界设计大奖表扬"茶会
2005 年 8 月 9 日	"文建会"举办"2005 年福尔摩沙艺术节"人才培育研习营开训典礼
2005 年 8 月 10 日	台湾新闻主管部门召开电影政策宣示记者会宣布举办"台湾电影剧本年"有关"百万元·征剧本"、"剧本研发培育计划"、"邀名家·写电影"、"广征电影创意故事"等辅导措施
2005 年 8 月 12 日	台湾新闻主管部门举办第 29 届金鼎奖颁奖典礼
2005 年 8 月 12 日	台湾经济主管部门委请台湾创意设计中心办理产品创新设计研讨会

续表

日　　　　期	内　　　容
2005 年 8 月 13 日	"文建会"于台东县举办"福尔摩沙艺术节系列活动——2005 南岛原乡航海文化艺术节"开幕典礼
2005 年 8 月 13 日	嘉义市艺文工作者假嘉义文化园区办理"七夕女儿节活动"
2005 年 8 月 15 日	台湾工艺研究所办理小区工艺扶植计划——台南莲乡小区开幕活动
2005 年 8 月 15 日	台湾经济主管部门办理"创意生活产业——饮食文化体验的发展之路"座谈会
2005 年 8 月 17~18 日	台湾经济主管部门办理创意生活产业及体验设计研究讨论营
2005 年 8 月 18 日	"文建会"于基隆市举办"福尔摩沙艺术节系列活动——2005 鸡笼中元祭艺文华会"开幕典礼
2005 年 8 月 19 日	台湾经济主管部门举办"提升广告业计划——国际广告情势"研讨会,进行国际整合传播新发展之研讨
2005 年 8 月 22 日	台湾新闻主管部门成立跨部门任务编组《"行政院"振兴影视协调会报》,会中达成:①提供总额 1 亿元给予获得国际四大影展重要奖项(包括威尼斯影展、坎城影展、柏林影展、奥斯卡影展)之台片制片业及导演。②补贴海外团队赴台拍片,启用台湾导演、技术人员或在台湾消费金额等事项,最高给予 20%,最低给予 5%之退佣方式。③台湾行政主管部门开发基金分 5 年,以 200 亿元投入影视创意产业
2005 年 8 月 24 日	台湾新闻主管部门组团参加于韩国首尔举办之台湾新潮流电影展
2005 年 8 月 24 日	台湾工艺研究所办理蓝染国际学者(日本、韩国、美国、泰国、印度学者共 5 名)交流座谈会
2005 年 8 月 26 日	"文建会"于台北县办理"福尔摩沙艺术节系列活动——风华再现三峡染"开幕典礼
2005 年 8 月 27 日	"文建会"委托台北艺术大学办理"2005 国际夏季舞校"之结业式暨成果展
2005 年 8 月 27 日	"文建会"于澎湖县举行"福尔摩沙艺术节系列活动——2005 澎湖国际地景艺术节"开幕典礼
2005 年 8 月 31 日	台湾经济主管部门委请台湾创意设计中心办理创意生活产业经营与生活设计研讨会
2005 年 9~12 月	台湾新闻主管部门举办数字出版的 e 想世界系列推广活动
2005 年 9 月 1 日	台湾工艺研究所举办台湾工艺文化园区——工艺体验教室木工艺体验活动

续表

日 期	内 容
2005 年 9 月 7 日	台湾美术馆完成台湾原住民故事动画艺术组件数据库网站架设并正式开放数据下载(http://indigen.cca.gov.tw/)
2005 年 9 月 10 日	台产影片《小站》获威尼斯影展最佳短片银熊奖；《恋人》获威尼斯影展会外赛最具潜力奖
2005 年 9 月 10 日	"文建会"于新竹市举行"福尔摩沙艺术节系列活动——玻动新竹风"开幕典礼
2005 年 9 月 15 日	台湾新闻主管部门召开协助台湾影音产业开拓海外市场策略会议
2005 年 9 月 16 日	台湾新闻主管部门召开影视产业融资贷款会议
2005 年 9 月 16 日~10 月 6 日	台湾新闻主管部门建置之台湾影音产业信息平台推出"经验亚太，为台湾电影加油！"在线加油与拿奖活动
2005 年 9 月 16 日	台湾工艺研究所举办"童年趣事——玩具工艺展"开幕典礼
2005 年 9 月 22 日	台湾新闻主管部门举办第 50 届亚太影展行前记者会
2005 年 9 月 22~27 日	台湾教育主管部门与云林科技大学数字媒体设计教学资源中心共同办理 2005 国际动画研讨会
2005 年 9 月 23 日	台湾经济主管部门举行"2005 提升广告业计划——国际广告情势"研讨会
2005 年 9 月 23 日	台湾经济主管部门办理一场"台湾服饰产业的课题与突破"研讨会
2005 年 9 月 28 日	台中市文化局办理的"彩绘城市艺术节"系列活动之一——"发现新台中"于台中文化园区内进行
2005 年 9 月 28 日	台湾新闻主管部门组团参加第 50 届亚太影展，台湾动画片《红孩儿决战火焰山》荣获最佳动画片奖项，林正盛导演之影片《月光下，我记得》荣获最佳编剧奖，而演员杨贵媚小姐荣获评审团特别奖
2005 年 10 月 1 日	"文建会"于台南县举行"福尔摩沙艺术节系列活动——2005 南瀛国际民俗艺术节"开幕典礼
2005 年 10 月 1 日	"文建会"于花莲县举行"福尔摩沙艺术节系列活动——2005 花莲国际石雕艺术节"开幕典礼
2005 年 10 月 1 日	"文建会"于金门县举行"福尔摩沙艺术节系列活动——金门文化艺术节"开幕典礼

续表

日　　期	内　　容
2005 年 10 月 1 日	"文建会"于屏东县举行"福尔摩沙艺术节系列活动——2005 屏东半岛艺术季"开幕典礼
2005 年 10 月 1 日	"文建会"于苗栗县举行"福尔摩沙艺术节系列活动——三义木雕国际文化艺术节"开幕典礼
2005 年 10 月 1 日	台湾工艺研究所举办"台湾工艺文化园区——工艺体验教室",体验竹编工艺活动
2005 年 10 月 2 日	"文建会"于高雄县举行"福尔摩沙艺术节系列活动——2005 高雄县偶艺文化节"开幕典礼
2005 年 10 月 5 日	台湾新闻主管部门公告《台湾新闻主管部门征选电影创意故事实施要点》
2005 年 10 月 5 日	台湾经济主管部门表扬"杰出广告人暨终身成就奖"
2005 年 10 月 7 日	台湾经济主管部门举行"提升广告业计划——国际广告情势"研讨会,进行亚洲创意新势力之研讨
2005 年 10 月 7~11 日	台湾教育主管部门与台北艺术大学传统艺术创意资源中心共同办理《Taiwan Today 绽放的台湾》于纽约演出
2005 年 10 月 8 日	"文建会"中部办公室假台湾艺术·设计与建筑展演中心(台中旧酒厂)举办"陶艺创作之陶板画展"、"瑞士提契诺当代建筑展"开幕典礼
2005 年 10 月 14~15 日	"文建会"中部办公室假台湾艺术·设计与建筑展演中心(台中旧酒厂)8 号仓库举行"亚洲的真实世界——都市与建筑范型之转向"国际研讨会
2005 年 10 月 15~30 日	台湾经济主管部门委请台湾创意设计中心办理第三届台湾创意设计博览会
2005 年 10 月 16~31 日	台湾经济主管部门配合第三届台湾设计博览会展出,规划商业创意杰出馆,展出杰出广告创意人的作品及国际广告得奖作品百余件
2005 年 10 月 17 日	"文建会"首次举办由国际平面设计社团协会(Icograda)认可之"2005 台湾国际海报设计奖"国际设计大赛,藉由举办相关国际创意设计竞赛之活动,以提升台湾全球化商业创意设计能力及增加与全球设计师交流之机会
2005 年 10 月 17~20 日	台湾经济主管部门委请台湾创意设计中心办理 2005 国际设计论坛
2005 年 10 月 18 日	台湾新闻主管部门举办 2005 年迷你世界公视大展"MiniINPUT 纪录片精选与论坛"

续表

日　期	内　容
2005 年 10 月 19 日	台湾美术馆假"文建会"艺文空间召开"郑淑丽＋台湾团队共同创作作品 Baby Love"发表记者会
2005 年 10 月 21 日	台湾经济主管部门委请台湾创意设计中心办理 2005 台湾设计奖暨国际创意设计大赛颁奖典礼
2005 年 10 月 22~30 日	台湾新闻主管部门组团参加东京影展，其中设立"亚洲风光"单元邀请 11 部台片参加，并以"台湾电影复更生"为名，加强倡导
2005 年 10 月 26 日	台湾新闻主管部门召开 2005 年台湾国际影视博览会记者会
2005 年 10 月 29 日	"文建会"于南投县举办"福尔摩沙艺术节系列活动——2005 南投国际文化艺术节"开幕典礼
2005 年 10 月 29 日	台湾经济主管部门结合 2005 台湾设计博览会，举办创意生活事业优良案例表扬活动
2005 年 11 月 1 日	台湾经济主管部门委请台湾创意设计中心办理文化创意产业论坛
2005 年 11 月 1 日	台湾工艺研究所举办台湾工艺文化园区——工艺体验教室拼布工艺体验活动
2005 年 11 月 1 日	台湾经济主管部门办理创意生活产业经营与生活设计国际研讨会一场次及成果展览一场
2005 年 11 月 2 日	台湾经济主管部门办理建筑物室内装修作品金奖与优良室内装修从业者评选颁奖典礼
2005 年 11 月 2~4 日	台湾经济主管部门办理完成织品设计竞赛公开颁奖典礼及静态展示
2005 年 11 月 2~4 日	台湾经济主管部门办理假台湾大学体育馆完成办理"2005 时尚风华"，全部活动计有动态展示三场次、静态展示一场次
2005 年 11 月 2~3 日	台湾经济主管部门办理全球鞋样/手提包创新设计竞赛复、决赛(动态秀)暨颁奖典礼
2005 年 11 月 3 日	台湾经济主管部门办理 ASO 秋冬鞋品、凯欣公司手提包新品动态秀
2005 年 11 月 4 日	台湾美术馆召开"数字空间展示计划"2005 年度第三次协调会
2005 年 11 月 4 日	台湾经济主管部门办理完成时装设计竞赛动态决选暨颁奖事宜
2005 年 11 月 4 日	台湾经济主管部门请台湾大学体育馆办理"2005 台湾布厂暨新锐设计师联展"动、静态展示活动

续表

日　　期	内　　容
2005 年 11 月 6 日	"文建会"中部办公室假嘉义旧酒厂文化园区办理"生活艺术·小区扎根系列活动——相声浅说艺术教学及国风曲艺团艺术欣赏表演活动"
2005 年 11 月 6~14 日	台湾新闻主管部门征选台产影片《等待飞鱼》、《最好的时光》、《月光下，我记得》及《人鱼朵朵》等 11 部影片参加韩国釜山影展暨市场展
2005 年 11 月 10~11 日	台湾新闻主管部门举办 2005 台北国际数字广电影视论坛
2005 年 11 月 10~14 日	台湾新闻主管部门举办 2005 台北影视节系列活动：台北国际数字广电影视论坛、台北国际电视、电影暨数字内容展、广告达人 Party 等活动
2005 年 11 月 11 日	"文建会"办理创用 CCParty 记者会
2005 年 11 月 11 日	台湾美术馆办理数字艺术创作者与创意公用授权的对话座谈会
2005 年 11 月 12 日	"文建会"中部办公室假嘉义旧酒厂文化园区办理"生活艺术·小区扎根系列活动二——轻松学唱歌艺术教学及嘉义市内合唱团艺术欣赏表演活动
2005 年 11 月 12 日	"文建会"于彰化县举办"福尔摩沙艺术节系列活动——2005 北管曲艺跃凤凰"开幕典礼
2005 年 11 月 12 日	"文建会"台湾数字空间展示计划——《睛鱼》作品展在台湾美术馆开幕
2005 年 11 月 13 日	"文建会"台湾艺术、设计与建筑展演中心假台中旧酒厂 8 号仓库户外空间举行仁红歌仔戏研习营第 10 期成果发表会
2005 年 11 月 13 日	台湾新闻主管部门于基隆市举办第 42 届金马奖颁奖典礼
2005 年 11 月 13~14 日	台湾新闻主管部门举办 2005 台湾影视创投会
2005 年 11 月 16 日	台湾工艺研究所于莺歌中心举办 2005 年度培训成果展览及技训"梦想起飞"开幕典礼，展期至 12 月 8 日
2005 年 11 月 17~21 日	台湾教育主管部门与云林科技大学数字媒体设计教学资源中心共同办理 2005 国际动画产学论坛
2005 年 11 月 18~29 日	台湾经济主管部门办理形象商圈案例观摩
2005 年 11 月 18 日~12 月 16 日	台湾经济主管部门请昆山科技大学办理"2005 全球鞋样/手提包创新设计竞赛"作品展记者会暨展示活动
2005 年 11 月 19 日	"文建会"中部办公室假嘉义旧酒厂文化园区办理"生活艺术·小区扎根系列活动三——神奇的气球艺术教学及黄潘培古典吉他合奏团艺术欣赏表演活动"

续表

日　　期	内　　容
2005 年 11 月 19 日	台湾工艺研究所人才培训学员蓝染优良作品 50 件，配合台湾大学实验林管理处竹文化节系列活动于溪头园区星光教室展览，展期至 11 月 28 日
2005 年 11 月 21 日	台湾美术馆完成"郑淑丽创作作品 BabyLove 委托创作"专属网站建置
2005 年 11 月 22 日	台湾新闻主管部门举办 2005 年度补助发行数位出版品暨奖励优良数位出版品颁奖典礼
2005 年 11 月 23 日	台湾经济主管部门办理屏东县东港魅力商圈形象示范设计辅导观摩
2005 年 11 月 25 日	台湾经济主管部门委请台湾创意设计中心办理绿色设计研讨会
2005 年 11 月 25 日	台湾经济主管部门进行创意生活产业中区观摩
2005 年 11 月 26 日	"文建会"中部办公室假嘉义旧酒厂文化园区办理"生活艺术·小区扎根系列活动四——陶笛艺术教学及风鼓剧团、手语及土风舞艺术欣赏表演活动"
2005 年 11 月 26 日	台湾工艺研究所举办 2005 人才培训成果展，展期至 12 月 25 日
2005 年 11 月 27 日	"文建会""921 灾区心灵重建"巡回演奏会假台湾艺术·设计与建筑展演中心(台中旧酒厂)8 号仓库举行
2005 年 11 月 28 日	台湾经济主管部门办理台北县平溪乡魅力商圈形象示范设计辅导观摩
2005 年 11 月 29 日	台湾新闻主管部门举办"2004 图书出版产业调查研究"研讨会
2005 年 11 月 29 日	台湾经济主管部门办理云林县北港形象商圈形象示范设计辅导观摩
2005 年 11 月 30 日	台湾美术馆数字艺术知识与创作流通平台"第一届 DBN 作品征选"活动截止
2005 年 12 月 1 日	台湾工艺研究所举办台湾工艺文化园区——工艺体验教室陶艺工艺体验活动
2005 年 12 月 4 日	台湾经济主管部门举办一场创意生活体验展
2005 年 12 月 5 日	台湾经济主管部门委请台湾创意设计中心办理产品设计趋势研究成果发表会
2005 年 12 月 7 日	台湾经济主管部门台湾创意设计中心办理 2005 年第二届国际设计人才培训成果发表会
2005 年 12 月 8 日	台湾美术馆"郑淑丽创作作品 BabyLove 委托创作"巴黎东京宫巡回展开幕
2005 年 12 月 9 日	台湾经济主管部门台湾创意设计中心办理前瞻设计趋势研究成果发表会
2005 年 12 月 9 日	台湾经济主管部门举办创意生活产业北区观摩

续表

日　　期	内　　　容
2005 年 12 月 9 日	台湾工艺研究所举办 "2005 台湾工艺节" 开幕典礼
2005 年 12 月 9~11 日	台湾工艺研究所举办 "2005 台湾工艺节" 系列活动——办理长期人才育成培训学员示范表演活动共 6 场，工艺体验教室举办 "动手做工艺大家一起来" 工艺 DIY 体验活动共 18 场
2005 年 12 月 12 日	"文建会" 于华山文化园区召开重新开园记者会
2005 年 12 月 15 日	台湾工艺研究所于华山文化园区举办台湾生活工艺运动大展展前记者会
2005 年 12 月 17 日	"文建会" 于嘉义市办理 "福尔摩沙艺术节系列活动——2005 嘉义国际管乐节" 开幕典礼
2005 年 12 月 17 日	"文建会" 于高雄市办理 "福尔摩沙艺术节系列活动——2005 高雄国际货柜艺术节" 开幕典礼
2005 年 12 月 17 日	台湾工艺研究所于华山文化园区举办台湾生活工艺运动大展开幕典礼
2005 年 12 月 20 日	台湾美术馆完成 "爱、感动、艺术：刘其伟个人专属网站"
2005 年 12 月 23 日	台湾美术馆协助岭东科技大学办理 2005 台湾文化创意产业论坛暨成果大展并参与展出
2005 年 12 月 28 日	台湾美术馆《1979~2004 奥地利电子艺术节 25 年：艺术、科技与社会网络》专书出版
2005 年 12 月 28 日	台湾工艺研究所举办的 "黄妈庆木雕创作展"
2005 年 12 月 30 日	台湾工艺研究所莺歌中心 94 年度研发培训成果专辑《人做物》出刊

资料来源：《2005 台湾文化创意产业发展年报》

附录二 2006 年台湾地区文化创意产业营销政策事件

日　期	事　件
2005 年 12 月 14 日~2006 年 3 月 22 日	台湾教育主管部门与成功大学生活流行用品设计教学资源中心合办东阳造型改装车设计竞赛
2005 年 12 月 27 日~2006 年 5 月 31 日	台湾行政主管部门委请台湾创意设计中心办理"桐花衍生创意产品设计及异业结盟计划",计有桐花衍生商品设计竞赛之初选、决选、颁奖典礼及异业结盟共 10 家厂商开发桐花商品等活动
2006 年 1 月	台湾教育主管部门、台北科技大学台湾文化精品设计教学资源中心、大同公司合办设计研习营
2006 年 1 月 3 日	台湾工艺研究所举办 2005 年度文化创意产业——金工人才培育成果展
2006 年 1 月 11 日	加拿大科技艺术协会代表 Daniel Kwintner 来访台湾美术馆
2006 年 1 月 13 日~2 月 19 日	台湾教育主管部门与台北科技大学台湾文化精品设计教学资源中心合作"货柜彩绘产学案"
2006 年 1 月 15 日~2 月 12 日	台湾教育主管部门与成功大学生活流行用品设计教学资源中心合作举办 2006 年度第一届台湾元宵节"LED 创意花灯"设计竞赛
2006 年 1 月 16~22 日	台湾教育主管部门与台北科技大学、台湾文化精品设计教学资源中心共同参加 2006 德国科隆国际家具展
2006 年 1 月 19 日	台湾教育主管部门与云林科技大学数字媒体设计教学资源中心合办 2006 第二届台湾技专校院计算机动画竞赛——寒假培训营
2006 年 1 月 20~22 日	台湾教育主管部门与成功大学生活流行用品设计教学资源中心合办东阳造型改装车设计营
2006 年 1 月 21 日~2 月 5 日	台湾美术馆"脑天气影音艺术祭"开幕,共约有 11 560 人次参加
2006 年 1 月 21 日~3 月 12 日	台湾美术馆举办"科光幻影·音戏游艺"展览,共约有 80 460 人次参观

续表

日　　期	事　　件
2006 年 1 月 22~26 日	台湾新闻主管部门辅导有声出版业者参加 2006 年法国坎城 MIDEM 国际专业唱片展
2006 年 1 月 23 日	台湾新闻主管部门公告《台湾新闻主管部门辅导电影、出版及广播电视节目供应事业申请"行政院"开发基金投资服务说明》
2006 年 1 月 23 日	台湾文化总会与台湾文化资产保存研究中心筹备处假文化总会一楼共同主办"探索台湾青"创意产品设计开发记者会，由陈郁秀秘书长与张珑主任共同主持，当天发表 13 项"台湾青"相关产品，到场人数约 200 人
2006 年 1 月 26 日	台湾工艺研究所举办"2006 生活美学·艺在其中"展览活动，联合开幕典礼，举办玻光美器——邱秋德玻璃艺术展、第五届台湾工艺奖特展、万物静观皆自得——黄妈庆木雕创作展三档展览
2006 年 1 月 30 日~2 月 2 日	"文建会"举办"2006 文化行春——时来运转迎新年"、"竹风车动手做"等体验活动
2006 年 2 月 3~5 日	"文建会"假华山文化园区办理之"台湾书艺新春挥毫大会"，由 12 位开笔官共同开笔。本活动有来自全台 50 多个书法协会，总计 5000 多人参与，并有来自多国代表共襄盛举
2006 年 2 月 7~12 日	台湾新闻主管部门假台北世贸中心办理第四届台北国际书展
2006 年 2 月 9 日	台湾工艺研究所举办"2005 年度文化创意产业——金工陶瓷人才培育成果展——玩形弄色"，于台北火车站文化艺廊展出
2006 年 2 月 9 日	台湾工艺研究所举办 2005 年度文化创意产业——工艺人才培训成果北部展及"精致蓝染服装秀"，展期截至 4 月 6 日
2006 年 2 月 10 日	台湾新闻主管部门假台北国际会议中心办理第 30 届金鼎奖颁奖典礼
2006 年 2 月 11 日	台湾新闻主管部门假台北世贸二馆办理剧情漫画奖颁奖典礼
2006 年 2 月 11 日~4 月 30 日	"文建会"办理 2006 新竹市国际玻璃艺术节
2006 年 2 月 20 日	台制动画片《微笑的鱼》获 2006 柏林影展儿童单元特别奖
2006 年 2 月 26 日~5 月 14 日	"文建会"办理"2006 台中县大甲妈祖国际观光文化节"
2006 年 3~4 月	台湾经济主管部门与台北科技大学创新设计与知识管理研发中心共同拜访有意愿合作之 5 家厂商

续表

日　期	事　件
2006 年 3 月~5 月 26 日	台湾故宫博物院委请台湾创意设计中心办理 "2006 Old is New 时尚故宫" 摩登 T 恤设计大赛记者会、初选、决选及颁奖典礼
2006 年 3 月~5 月 29 日	台湾经济主管部门委请台湾创意设计中心办理 2006 第五届台湾国际创意设计大赛初选、决选及颁奖典礼
2006 年 3 月 3 日	台湾经济主管部门委请台湾创意设计中心办理人因工程国际研讨会
2006 年 3 月 5~10 日	台湾教育主管部门与台北科技大学台湾文化精品设计教学资源中心合办中德跨文化沟通与设计营
2006 年 3 月 11 日	美国数字艺术家 John Antoine Labadie 夫妇来访台湾美术馆
2006 年 3 月 11 日~4 月 9 日	"文建会" 主办、"国艺会" 策办 "解读，创意密码学——2006 台湾文化创意产业加值概念展"，于台北诚品信义店开展
2006 年 3 月 14 日	外贸协会委请台湾创意设计中心办理 2006 台北国际家具展设计竞赛
2006 年 3 月 16 日	"文建会" 与英国文化协会(British Council)、英格兰艺术委员会(Arts Council of England)及访问艺术(Visiting Arts)策办第二届英艺术家互访驻村交流计划，第二处处长杨宣勤代表致词，将两位英国来台驻村艺术家保罗· 瑟曼(Paul Sermon)、裘玛娜·慕菈德(Joumana Mourad)引介给台湾大众认识
2006 年 3 月 20 日	台湾教育主管部门与台北科技大学台湾文化精品设计教学资源中心共邀英国 UCE 来台交流
2006 年 3 月 27 日	台湾新闻主管部门举办第 28 届金穗奖暨 2005 年度优良电影剧本颁奖典礼
2006 年 3 月 27~30 日	台湾新闻主管部门辅导出版业者参加 2006 年意大利波隆那儿童书展
2006 年 3 月 30 日	台湾工艺研究所举办 "漆彩新视界漆艺大师王清霜 85 回顾与薪传展"
2006 年 4 月	台湾教育主管部门与台北科技大学台湾文化精品设计教学资源中心合办日本 yonex 羽球鞋造型设计比赛
2006 年 4 月 1 日~5 月 31 日	台湾行政主管部门主办 "2006 客家桐花祭活动"，2006 年主题为 "春桐千姿，雪舞客庄"，先于苗栗县公馆乡设坛祭拜祝祷祭告后，相关活动陆续于新竹、苗栗、台中、南投等地展开。同时，于台北手工业中心设立桐花意念商品旗舰店，并于新光三越信义新天地 A8 馆举办桐花创意商品展售会
2006 年 4 月 1 日~6 月 30 日	台湾教育主管部门与台北科技大学台湾文化精品设计教学资源中心合办 "富乐梦" 第二届创意设计大赛

续表

日 期	事 件
2006 年 4 月 4 日	第二届"台英艺术家互访驻村交流计划",两位访台英国艺术家保罗·瑟曼(Paul Sermon)、裘玛娜·慕菈德(Joumana Mourad)进驻台北国际艺术村进行展演活动
2006 年 4 月 10~30 日	台湾教育主管部门与台北科技大学台湾文化精品设计教学资源中心合办创新设计教育展
2006 年 4 月 14 日	台湾工艺研究所举办"工艺之家"联展
2006 年 4 月 14 日	台湾工艺研究所举办"原味原艺在原乡"——花东地区原住民工艺展
2006 年 4 月 18 日~9 月 24 日	"文建会"办理 2006 三义木雕国际文化艺术节(6 月 1 日~8 月 20 日苗栗木雕馆,8 月 23 日~9 月 25 日巡回展览)
2006 年 4 月 25~29 日	台湾教育主管部门与台南艺术大学音像数字艺术教育资源中心受邀至日本横滨参加 2006 亚洲数字图像艺术大展
2006 年 4 月 26 日	"文建会"举办 2005 年文化创意产业人才培训成果展——"梦想起飞"高雄展
2006 年 4 月 27 日	台湾新闻主管部门公告《台湾新闻主管部门振兴影视协调会报设置要点》
2006 年 4 月 27 日	台湾教育主管部门与云林科技大学数字媒体设计教学资源中心合办 2006 视觉媒体设计国际研讨会
2006 年 4 月 29 日	"文建会"中部办公室假台中文化园区举行"TADA Center——台湾尚青表演艺术季"活动之开幕典礼,以及"钢铁不废"——露天咖啡打击乐暨古董车展
2006 年 5 月~9 月	"Old is New——时尚故宫"5 月举行摩登 T 恤大赛并于世贸展出 4 天,7、8 月"国际设计研讨会及设计营"邀请荷兰设计大师 Gijs Bakker 与台湾的创意人才进行交流,9 月于台北故宫博物院正馆举办"设计达人精品"系列产品记者会,发表台湾故宫与国际知名台湾设计团队合作设计成果
2006 年 5 月 1~5 日	"文建会"举办工艺创意加值设计营研习活动,计 86 人参加
2006 年 5 月 3~4 日	台湾教育主管部门与台南艺术大学音像数字艺术教育资源中心合办 2006 国际数字符影像暨动画美学论坛
2006 年 5 月 4 日	台湾新闻主管部门与文化总会合办"李安专题讲座——用理性与感性看台湾电影"讲座
2006 年 5 月 4 日	"文建会"2006 年台北国际艺术博览会开幕式假华山文化园区举行,由邱主任、委员坤良与台湾画廊协会徐理事长政夫共同主持,约 100 家海内外画廊及参展单位参展,到场贵宾约 1500 人。其后年度艺术家记者会由禚副处长洪涛与台湾画廊协会徐理事长政夫等人共同主持,介绍本年度艺术家澳洲籍派翠亚佩西尼尼及其精彩作品

续表

日　　期	事　　件
2006 年 5 月 5 日	台湾制电影片《诡丝》入围 2006 坎城影展正式观摩影片(Official Selection Feature Films Out of Competition)
2006 年 5 月 5~9 日	"文建会"假华山文化园区办理 2006 年台北国际艺术博览会，本届博览会交易产值为 1 亿 5 千万元，较 2005 年增长 50%，海内外艺术经理人出席人数达 200 人
2006 年 5 月 6 日	"文建会"中部办公室假台中文化园区举行"TADA Center——台湾尚青表演艺术季"活动及古典音乐赏析活动，由台湾交响乐团演出
2006 年 5 月 6~20 日	台湾工艺研究所配合"茶颜观色"茶具工艺展举办茶艺示范、演讲等 4 场次活动
2006 年 5 月 12 日	台湾工艺研究所于台北火车站文化艺廊举办"工艺五行与生活展"
2006 年 5 月 16 日	台湾行政主管部门请台北国际艺术村办理 2006 年度青年文化创意产业计划竞赛活动系列二——原乡时尚作品设计创业计划竞赛开跑记者会活动
2006 年 5 月 26 日~6 月 4 日	台湾新闻主管部门辅导出版业者参加"2006 年新加坡世界书展"
2006 年 5 月 17~28 日	台湾新闻主管部门组团参加 2006 年法国坎城影展及市场展
2006 年 5 月 20 日	"文建会"中部办公室假台中文化园区举行"TADA Center——台湾尚青表演艺术季"活动之一——"蓝天空剧团——台湾民间故事《卖香屁》儿童剧场"
2006 年 5 月 21 日~6 月 18 日	台湾美术馆举办"郑淑丽创作作品 Baby Love"台湾巡回展，共约有 45 000 名参观人次
2006 年 5 月 22~24 日	台湾经济主管部门委请台湾创意设计中心于台湾科技大学、成功大学、云林科技大学及和春技术学院办理国际交叉设计研习营
2006 年 5 月 23~24 日	台湾经济主管部门委请台湾创意设计中心办理 2006 台湾国际创意设计论坛
2006 年 5 月 24 日	台湾美术馆邀请德国音乐工程师 Olaf Matthes 举办互动艺术工作坊，约有 25 人参与
2006 年 5 月 26~29 日	台湾经济主管部门委请台湾创意设计中心办理 2006 第 25 届新一代设计展、国际工业设计社团协会(ICSID)第四次理事会、2006 亚洲设计会议(AMCOM)、2006 第六届新一代设计竞赛颁奖典礼及 2006 第二届新一代设计展空间大赏颁奖典礼
2006 年 5 月 26~29 日	台湾教育主管部门与台北科技大学台湾文化精品设计教学资源中心共同参加新一代设计展

续表

日　　期	事　　件
2006 年 5 月 28 日~6 月 19 日	台湾教育主管部门与台北科技大学台湾文化精品设计教学资源中心合办"行动台湾、优质城市、未来旅行"成果展
2006 年 6 月 3 日	"文建会"中部办公室假台中文化园区 B04 仓库举行"TADA Center——台湾尚青表演艺术季"活动之一——"大开儿童歌舞剧——《日月潭传奇——好久茶的秘密》"
2006 年 6 月 6 日~12 月 8 日	台湾经济主管部门委请台湾创意设计中心与台北、新竹、台中、台南、高雄、花莲及台东等县市政府办理"政府采购导入设计美学"研习课程共计 7 场次
2006 年 6 月 9 日	台湾经济主管部门委请台湾创意设计中心办理 2006 Computex Design Forum
2006 年 6 月 10 日	"文建会"中部办公室假台中文化园区户外广场举行"TADA Center——台湾尚青表演艺术季"活动之一——古典音乐赏析活动，由台湾交响乐团演出
2006 年 6 月 15 日	台湾经济主管部门委请台湾创意设计中心办理"通用设计研讨会——高龄化社会来临的代表意义"
2006 年 6 月 16 日~18 日	台湾美术馆与麻省理工学院媒体实验室合作举办"夜市 2006——台湾科技艺术创作工作坊"，参加人数约 150 人
2006 年 6 月 17 日	"文建会"中部办公室假台中文化园区户外广场举行"TADA Center——台湾尚青表演艺术季"活动之一——古典音乐赏析活动，由台湾交响乐团演出
2006 年 6 月 18 日~8 月 6 日	台湾美术馆举办的"空场 II 台湾当代艺术与当代哲学的对话"开幕，约有 35 000 位参观人次
2006 年 6 月 20 日	台湾教育主管部门与云林科技大学数字媒体设计教学资源中心《花神》等三部动画作品入围并共同派团参加 2006 墨尔本国际动画影展 MIAF(Melbourne International Animation Festival 2006)
2006 年 6 月 20 日	台湾工艺研究所举办"工艺体验·公益乡里·草屯出发——工艺体验大家一起来"活动
2006 年 6 月 24 日	"文建会"中部办公室假台中文化园区 B04 仓库举行"TADA Center——台湾尚青表演艺术季"活动之一——"台湾阿牛奋斗史"，由"五洲园掌中戏"演出
2006 年 7 月	台湾教育主管部门与台北科技大学台湾文化精品设计教学资源中心合办"BenQ 设计研习营"
2006 年 7~9 月	台湾教育主管部门与台南艺术大学音像数字艺术教育资源中心合作筹备 2006 国际动漫艺术论坛

续表

日　　期	事　　件
2006 年 7 月 3 日	台湾经济主管部门委请台湾创意设计中心办理欧洲品牌设计研讨会
2006 年 7 月 5~6 日	台湾创意设计中心与光宝科技合作办理"2006 光宝创新奖"设计论坛及颁奖典礼
2006 年 7 月 6 日	台湾工艺研究所办理"工艺创意设计系列讲堂——创新·设计·经营"讲座
2006 年 7 月 7 日	台湾经济主管部门举办"数字休闲娱乐产业创新营运模式"国际交流座谈会，邀请日本 SEGA 公司常务董事田副康夫来台分享产业形象改造以及创新营运模式
2006 年 7 月 8 日	"文建会""TADA Center——台湾尚青系列活动"之——古典音乐赏析活动，假 TADA 户外广场举行
2006 年 7 月 11~15 日	台湾教育主管部门与台北科技大学台湾文化精品设计教学资源中心合办意大利设计工作营、驳二文化公仔创意大赛
2006 年 7 月 15 日	"文建会""TADA Center——台湾尚青"系列活动之——Cosplay 奇幻乐团，假 8 号仓库举行
2006 年 7 月 15~30 日	"文建会"办理 2006 南岛文化艺术节"染与织"
2006 年 7 月 15 日~8 月 13 日	台湾教育主管部门与台南艺术大学音像数字艺术教育资源中心林佩淳老师合作参加 2006 风情万种当代艺术展
2006 年 7 月 15 日~11 月 15 日	"文建会"办理 2006 澎湖地景艺术节
2006 年 7 月 16~23 日	台湾教育主管部门与台南艺术大学音像数字艺术教育资源中心共同受邀至澳洲雪梨科技大学参访澳洲电影电视暨广播学校，并参加台澳新媒体艺术论坛，并与狄肯大学签约
2006 年 7 月 18 日	台湾工艺研究所办理"榫卯工艺奇妙的榫接家饰"特展与"工艺五行与生活"特展台湾工艺发展协会会员展联合开幕典礼及"榫卯世界榫卯工艺"专题研讨会
2006 年 7 月 19~24 日	台湾新闻主管部门辅导出版业者组团参加 2006 年香港书展
2006 年 7 月 21 日	台湾经济主管部门委请台湾创意设计中心办理"生活形态研究系列研讨会——消费者研究方法论"
2006 年 7 月 22 日	"文建会""TADA Center——台湾尚青"系列活动之——"筝弦相对"联合演奏会，假 8 号仓库举行

续表

日　　期	事　　件
2006 年 7 月 22 日	台中市文化局假 TADA 中心 B03 仓库举行彩绘活动
2006 年 7 月 25~31 日	"文建会"办理"2006 府城七夕 6 岁艺术节"
2006 年 7 月 25 日~8 月 24 日	"文建会"办理 2006 鸡笼中元祭艺文华会
2006 年 7 月 27~30 日	办理行政主管部门 2006 年青年文化创意产业计划竞赛活动系列二"原乡时尚作品设计"研习营活动，藉由研习课程，使学员对于"文化创意产业"及"原乡时尚概念"有其基本完整的认识，并安排地方产业参访及观摩
2006 年 7 月 28 日	台湾教育主管部门与云林科技大学数字媒体设计教学资源中心共同参加 ChinaJoy 2006 中国国际数码互动娱乐产品及技术应用展览会
2006 年 7 月 28 日~10 月 29 日	"文建会"办理 2006 高雄县国际剧场艺术节
2006 年 7 月 29 日	"文建会""TADA Center——台湾尚青"系列活动之最后一场——CAMPO 生活狂欢艺术节及复古车大集合，假 8 号仓库举行
2006 年 7 月 29 日	台中市文化局假 TADA 中心 B03 仓库举行彩绘活动
2006 年 7 月 31 日	台湾教育主管部门与云林科技大学数字媒体设计教学资源中心共同派团参加 SIGGRAPH 2006 国际会议，另与波士顿 Emerson College 举办暑期工作坊
2006 年 8 月	台湾教育主管部门与台北科技大学台湾文化精品设计教学资源中心合办 2006 玻璃家具设计竞赛
2006 年 8 月 1 日~9 月 25 日	台北故宫博物院委请台湾创意设计中心办理新故宫今古意研讨会与工作营及"时尚故宫"——设计达人精品发表会等系列活动
2006 年 8 月 5 日	"文建会"办理 TADA 中心"夏周六·好艺术"系列活动并邀请台湾交响乐团铜管五重奏演出
2006 年 8 月 5~27 日	"文建会"办理 2006 台北县三峡"蓝染节"
2006 年 8 月 7 日	台湾教育主管部门与云林科技大学数字媒体设计教学资源中心合办虚拟数字产品交互式接口研习营
2006 年 8 月 8 日	台制电影片《黑眼圈》获选 2006 威尼斯影展竞赛单元及《一年之初》获选 2006 威尼斯影展影评人周
2006 年 8 月 8~13 日	台湾美术馆举办"郑淑丽创作作品 Baby Love"美国圣荷西巡回展，共约有 11 000 位参观人次

续表

日 期	事 件
2006 年 8 月 10 日	台湾经济主管部门委请台湾创意设计中心办理跨领域知识分享系列研讨会
2006 年 8 月 20 日~9 月 3 日	台湾经济主管部门委请台湾创意设计中心办理国际设计人才短期班——2006 欧洲触感设计研习营
2006 年 8 月 21~25 日	台湾教育主管部门与台北科技大学台湾文化精品设计教学资源中心合办通用设计营
2006 年 8 月 21~26 日	台湾教育主管部门与台北科技大学台湾文化精品设计教学资源中心合办儿童创意设计夏令营
2006 年 8 月 26 日~9 月 10 日	台湾经济主管部门委请台湾创意设计中心办理国际设计人才短期班——2006 美国营销导入设计研习营
2006 年 8 月 30 日~9 月 1 日	台湾新闻主管部门补助台北市影音节目制作商业同业公会，组团参加于韩国首尔举办之第六届韩国国际影视展览
2006 年 8 月 31 日~9 月 3 日	台湾教育主管部门与台北科技大学台湾文化精品设计教学资源中心合办 2006 年国际发明展
2006 年 9 月	台湾教育主管部门与台南艺术大学音像数字艺术教育资源中心共同执行"东森电视建教合作案"(2D 与 3D 电视动画影集学生 24 名) 以及台湾经济主管部门"数字内容学院计划" (大学、科技学院发展数字内容专业学程，学生 18 名)
2006 年 9 月 1~10 日	台湾新闻主管部门辅助台湾电影资料馆办理第四届台湾国际动画影展
2006 年 9 月 1 日~10 月 31 日	"文建会"办理"2006 台中闪亮文化季——台中爵士音乐节"
2006 年 9 月 2 日	台湾工艺研究所与台中县立文化中心合办"好色——植物染创意展"，于台中县立文化中心展出
2006 年 9 月 2 日、9 日、16 日、23 日、30 日	台湾教育主管部门与台北艺术大学传统艺术创意资源中心合办"文化创意产业系列讲座——发现、发芽、发想"
2006 年 9 月 2 日~10 月 15 日	"文建会"办理 2006 桃园县歌谣节
2006 年 9 月 4 日	台湾教育主管部门与云林科技大学数字媒体设计教学资源中心合办"TIAF 台湾国际动画影展"系列讲座
2006 年 9 月 6 日	台湾经济主管部门委请台湾创意设计中心办理"流行设计与趋势"研讨会
2006 年 9 月 6 日~10 月 6 日	台湾教育主管部门与台北科技大学台湾文化精品设计教学资源中心合办"创意 DIY 环保灯具"竞赛

续表

日　　期	事　　件
2006年9月7日	台湾经济主管部门委请台湾创意设计中心办理"数字科技与接口设计"研讨会
2006年9月15日	台湾经济主管部门委请台湾创意设计中心办理"绿建材联盟交流会"
2006年9月16~27日	"文建会"办理2006台南县艺术节
2006年9月22日	台湾教育主管部门与云林科技大学数字媒体设计教学资源中心共同派团参加"Tokyo Game Show 2006(东京电玩展)"
2006年9月25~26日	台湾经济主管部门委请台湾创意设计中心办理"创意设计暨品牌战略研讨会暨第28届中美工商联合会议"
2006年9月27日	台湾教育主管部门与云林科技大学数字媒体设计教学资源中心合办艺术与设计菁英海外培训计划成果发表会
2006年9月27~29日	台湾教育主管部门与台北科技大学台湾文化精品设计教学资源中心共同参加瑞典D&E研讨会
2006年9月29日	台湾教育主管部门与云林科技大学数字媒体设计教学资源中心共同举办2006国际动画影展研讨会
2006年9月30日~10月15日	台湾经济主管部门委请台湾创意设计中心办理2006第四届台湾设计博览会、预见趋势——2006台湾设计奖论坛、"设计师之夜"及"2006第二届台湾设计奖颁奖典礼"
2006年9月30日~10月31日	"文建会"办理2006金门碉堡艺术节
2006年10月1日	台湾行政主管部门2006年度青年文化创意产业计划竞赛活动系列二——"原乡时尚作品设计"决赛竞赛暨成果发表会假华山文化园区举行,广邀产、学业等专业人士进行评比,评选出冠、亚、季军各组及佳作两组
2006年10月4日	台湾教育主管部门与台北科技大学台湾文化精品设计教学资源中心共同参访芬兰University of Art and Design Helsinki,并举办2005年度台湾教育主管部门艺术与设计精英海外培训计划学员成果发表记者会
2006年10月7~22日	"文建会"办理2006宜兰在地艺术节系列活动
2006年10月7~29日	"文建会"办理"2006飞跃精灵·舞动秋色——彰化艺术节"
2006年10月11日	台湾教育主管部门与云林科技大学数字媒体设计教学资源中心之动画作品《花神》入围第三届德国诗作影展(ZEBRA Poetry Film Award 2006)

续表

日　　期	事　　件
2006 年 10 月 11 日	台湾教育主管部门与云林科技大学数字媒体设计教学资源中心合办 2006 海峡两岸动漫与游戏设计研讨会
2006 年 10 月 12 日	台湾教育主管部门与云林科技大学数字媒体设计教学资源中心合办 2006 数字媒体设计教学研讨会
2006 年 10 月 12~13 日	台湾教育主管部门与成功大学生活流行用品设计教学资源中心合办 "The Gene of Excellent Design" 论坛
2006 年 10 月 12~20 日	台湾新闻主管部门组团参加 2006 韩国釜山影展及市场展
2006 年 10 月 18 日~11 月 12 日	"文建会" 办理第五届 "台湾衣 Party" 活动,以 "时尚的样子·邂逅法国在台湾" 为主题,邀请影响台湾 9 位顶尖服装设计师,以台湾服饰文化为主轴,展出 38 套作品,并与法国知名设计师皮尔·卡丹合作,在中西文化的交流下,共同演绎时尚文化的迷人风采
2006 年 10 月 19~22 日	台湾教育主管部门与成功大学生活流行用品设计教学资源中心合办汽车设计与油土模型制作工作坊
2006 年 10 月 20 日	台湾经济主管部门委请台湾创意设计中心办理跨领域知识分享系列研讨会
2006 年 10 月 24 日	台湾教育主管部门与台北科技大学台湾文化精品设计教学资源中心共同参加文化创意研发成果记者会
2006 年 10 月 25 日	台湾经济主管部门委请台湾创意设计中心办理设计流行趋势研讨会
2006 年 10 月 26 日	台湾新闻主管部门办理数字出版创新奖暨补助发行优良数位出版品颁奖典礼
2006 年 10 月 26 日	台湾教育主管部门与云林科技大学数字媒体设计教学资源中心合办 2006 数字媒体设计大师工作坊
2006 年 10 月 28~30 日	"文建会" 办理 2006 花莲石艺 "嘉年华"
2006 年 10 月 29 日	台湾经济主管部门为推动台湾数字休闲娱乐产业创新营运模式,辅导台湾业者跃狮影像科技,与剑湖山乐园合作开发的虚拟实境室内型主题乐园:"耐斯广场数字玩国",于本日开幕
2006 年 11 月 1~8 日	台湾新闻主管部门组团参加 2006 美国电影市场展
2006 年 11 月 2 日	台湾教育主管部门与云林科技大学数字媒体设计教学资源中心合作之动画作品入围,并派团参加第八届韩国富川国际学生动画影展(Puchon International Student Animation Festival 2006)

续表

日　　期	事　　件
2006 年 11 月 7 日	台湾教育主管部门与云林科技大学数字媒体设计教学资源中心合作之《真爱》等两部作品入围，并派团参加第 22 届德国柏林短片动画影展(The 22nd International Short Film Festival Berlin)
2006 年 11 月 7 日	台湾经济主管部门委请台湾创意设计中心办理产业辅导与育成研讨会(IDEO)
2006 年 11 月 8 日	台湾新闻主管部门辅导办理"台湾电影 50 年"庆祝晚会，为 2006 台湾国际影视博览会活动正式开锣
2006 年 11 月 8~25 日	台湾新闻主管部门办理 2006 台湾国际影视博览会活动
2006 年 11 月 9 日	台湾经济主管部门委请台湾创意设计中心办理生活形态研究系列研讨会
2006 年 11 月 10~25 日	台湾新闻主管部门辅助办理第 43 届金马奖相关活动
2006 年 11 月 11~19 日	"文建会"办理 2006 南投陶与竹文化艺术节
2006 年 11 月 11~26 日	"文建会"办理 2006 屏东半岛艺术季
2006 年 11 月 12 日	邀请台北数字艺术节参展国际艺术家 Benoit Maubrey、Loek van der Klis、Kaffe Matthews、Taro Suzuki 等 6 人来馆访问，并举办"数字艺术面对面"交流座谈会，约有 65 人参与
2006 年 11 月 14 日~12 月 12 日	每周二于公共电视频道进行《台湾数字艺术新浪潮》节目播映
2006 年 11 月 15 日	台湾教育主管部门与云林科技大学数字媒体设计教学资源中心合作之《失眠》等 10 部动画作品入围 2006 葡萄牙贝雅数字动画影展(Animatu Digital Animation Festival 2006)
2006 年 11 月 21~24 日	台湾新闻主管部门辅助办理第五届亚太影展
2006 年 11 月 29 日	台湾教育主管部门与云林科技大学数字媒体设计教学资源中心合作之动画作品入围，并派团参加第 11 届意大利 ICASTELLI ANIMATI 影展(I Castelli Animati International Animated Film Festival)
2006 年 11 月 30 日	台湾教育主管部门与云林科技大学数字媒体设计教学资源中心共同参加澳洲布里斯本 Game Connect: Asia Pacific 国际研讨会
2006 年 12 月 1 日	台湾教育主管部门与云林科技大学数字媒体设计教学资源中心共同参加"北京电影学院动画节影展"国际研讨会
2006 年 12 月 1 日~1 月 1 日	"文建会"办理 2006 嘉义市国际管乐节

续表

日　　　期	事　　　件
2006 年 12 月 4 日	台湾教育主管部门与云林科技大学数字媒体设计教学资源中心共同参加"Joint International Conference on Cyber Games and Interactive Entertainment 2006 (CGIE 2006)"国际研讨会
2006 年 12 月 15 日~2007 年 3 月 15 日	"文建会"办理"2006 马祖艺术季——国境边城传奇"
2006 年 12 月 16~24 日	"文建会"办理 2006 新竹县国际花鼓艺术节
2006 年 12 月 31 日	"文建会"完成《2005 年度视觉艺术市场现况调查计划》及《2005 年台湾视觉艺术年鉴》，相关报告将作为未来推动之重要参考

资料来源：《2006 台湾文化创意产业发展年报》